ブギの女王・笠置シヅ子

心ズキズキワクワクああしんど

砂古口早苗

潮文庫

ブギの女王・笠置シヅ子
心ズキズキワクワクああしんど

＊目次

OSSK時代の笠置シヅ子。22歳（1937年）

第三章

装幀・装画　南伸坊
写真提供　著者　亀井エイ子

ブギの女王・笠置シヅ子

心ズキズキワクワクああしんど

プロローグ　「ブギの女王」という歌姫の謎と、「占領下」という時代の謎

笠置《かさぎ》シヅ子という人を知っている？　と訊くと、すぐに、

「ああ、知ってる、ブギの女王でしょ？」

と答える人はけっこう多い。そのほとんどは六十歳以上だと思うのだが、最近は若い人も意外とその名前を知っている。しかも知っていると答えた中年以降の人のほとんどが、

「東京ブギウギ、買物ブギー、それから……そうそう、子どもの頃の美空ひばりが自分のモノマネで歌うのを嫌ったらしい」

と言うのだ。このことを知っている人が想像以上に多くて、私は驚き、少し気分が滅入る。


まあ、たしかにそういうことになっている。ブギの女王を語るとき、誰もが知っている〝歌謡界の女王〟を避けて通れないことは薄々わかっていた。今や本家本元よりもマネしたほうが有名なのだ。だがそれ以上のこととなると、みんなあまり知らない。かくいう私も、名前は知っているものの、どんな人か実はよく知らなかった。同時代人ではなく、大正生まれの、私の親の世代に当たるからだ。出身地は私と同じ香川県。香川県人なら多く

の人が彼女の名前を知っている。だが香川の人以外は、笠置シヅ子は大阪の出身だと思っている人が多い。笠置シヅ子といえば大阪弁、だからだろう。

私が物心ついた頃のスターはなんといっても美空ひばりだったが、それでも子どもの頃からずっと気になっていたのが「買物ブギー」という歌。私は今、笠置シヅ子の三枚組みCDを毎日のように聴いているが、中でも「買物ブギー」、あれはすごい。昭和の歌謡曲で、あんなにインパクトがあってポップで面白くて、ヘンな歌は他に聴いたことがない。とくにこのフレーズは今でも新鮮で、爆笑ものだ。

ちょっとオッサンこんにちは　ちょっとオッサンこれなんぼ
オッサンいますか　これなんぼ　オッサンオッサンこれなんぼ
オッサンなんぼでなんぼがオッサン
オッサン、オッサン、オッサン、オッサン
オッサン、オッサン、オッサン、オッサン
オッサン、オッサン、オッサン、オッサン
（村雨まさを作詩、服部良一作曲・編曲「日本のポップスの先駆者たち　ブギの女王
笠置シヅ子」より。一九八九年、日本コロムビアレコード発売）

笠置シヅ子といえば、私には「買物ブギー」ともう一つある。

二十世紀も終わろうとしていた頃、たまたまレンタルビデオ店で「格安レンタル落ちビデオ、どれでも一本九八〇円」の中に、『エノケン・笠置のお染《そめ》久松』というのを見つけた。製作されたのはなんと一九四九年、私の生まれた年だ。その十年後の五九年に東映で製作された、美空ひばりと里見浩太郎主演の和製ミュージカルみたいな映画『お染久松そよ風日傘』を、小学生のときに近所の映画館で観てうっとりした記憶があったから、なんとなく買ってしまった。さして期待もせずに見始めたのだが、オープニング早々からびっくり仰天、目が釘付けになった。なんとも楽しいエノケン・笠置のオペレッタ喜劇映画なのだ。私の頭の中から美空ひばりの『お染久松　そよ風日傘』が、きれいさっぱり吹っ飛んでしまった。

お転婆《てんば》で自由奔放、型破りなヒロインお染を演じる笠置シヅ子の圧倒的な存在感に、天下のエノケンもちょっとかすんでいる。そっけなくビブラートするその不思議な歌声、さりげなく出てくるレビューダンサーの素養、身の軽さ、素早く七変化する表情、これぞまさしく喜劇女優といったインパクト抜群の〝顔〟とツッコミセンス。とくに蔵の中でエノケンとデュエットの「恋は目でする口でする」と、エノケンをリードして歌い踊る「道行きブギ」に、これまたぶっ飛んでしまった。大きな口を開けて歌い、笑顔を振りまき、エネルギッシュに踊りまくるから、喜劇王・エノケンも押され気味だ。演技も、ものすごくうまいのか、ものすごく下手なのかわからないくらい、声と同じく自然であけっぴろげで、すべてが〝地〟で演っているように見える。これが笠置シヅ子なのか、すごい……。そう思ったとたん、身震いした。美空ひばりのお染とはぜんぜん違うが、ひばりが笠置のモノマネでデビューした理由がこのとき、なんとなくわかったような気がした。

　たしかに彼女の顔はどう見ても、きれいきれいの美人型ではない。八の字眉毛に大きな口。だが、見ようによってはものすごくチャーミングで、色っぽくもある。うっかり近づくとマズイことになりそうな魔力、強烈な個性。そしてなんといってもその〝声〟だ。これまたどう聞いても、いわゆる美声ではない。こてこての大阪弁、ハスキーなアルトの地声、気丈で陽気なオバチャン的ガラガラ声に近いが、だからといって、けっして〝悪声〟ではない。まるで黒人ジャズの歌を聴いているような、大人の情熱と哀愁を掻《か》き立てられる気がする。そしてなにより彼女の声には、人の心を開かせるような解放感と、不思議な包容力があるのだ。

　そんな笠置シヅ子が、戦後一躍大スターにのし上がる。敗戦後のドサクサの頃、まるで稲妻のように登場したのだ。なぜ彼女はブギの女王になったのか。十五年もの長い戦争の果てに敗北し、家族や家を失い、食うや食わずの人々が、一人の小柄な女性の歌うブギに熱狂した占領下の日本とは、いったいどういう時代だったのか。ブギの女王という歌姫の謎と、彼女を生み出した時代への謎が、私の好奇心を激しく掻き立てた。

　レコードに吹き込まれた笠置の歌は確認できるだけで約六十曲（舞台や映画などで歌った曲を合わせると七十曲あまり）。当時はすべてＳＰ盤（のちにＥＰ盤、ＬＰ盤、ＣＤなどに復刻）で、笠置の歌はそのほとんどが服部良一の作曲だ。一九五二年になるとブギブームが去り、五六年末を最後に彼女は自ら歌手を廃業した。その直後にテレビ時代が到来したので、笠置シヅ子がブギの女王時代に歌っているテレビ映像はほとんど残されていない。主演した歌謡映画の中にいくつか残されているだけだ。以後は女優・タレントとしてドラマや音楽番組の審査員を務め、映画では主演から脇役に転じ、生涯で六十三作品（確認できる数）に出演した。

ＮＨＫ紅白歌合戦に、笠置シヅ子は四回出場している。第一回紅白歌合戦は一九五一（昭和二十六）年一月三日に行われたが、このとき、笠置は出場していない。第一回出場歌手は男女それぞれ七人。紅組は菅原都々子《つづこ》、暁《あかつき》テル子、菊池章子《あきこ》、赤坂小梅、松島詩子、二葉あき子、渡辺はま子だった。すでに大スターだった笠置シヅ子がなぜ出場していないのか、答えは簡単だ。正月公演ですでにスケジュールが詰まっていたからである。この年は日劇のショー「ラッキー・カムカム」に主演した。当時の感覚としては、紅白歌合戦はまだ始まったばかりのラジオの歌番組で、プロの歌手が檜舞台の日劇正月公演を優先するのは当然だったと思われる。笠置だけでなく、正月は多忙な歌手が多くスケジュールをなかなか押さえられなかったことがその後に問題となり、紅白が年末の大晦日に定着するのは第四回からである。笠置シヅ子の初出場は翌五二年一月三日の第二回で、歌った曲は「買物ブギー」。五三年一月二日に行われた第三回には「ホームラン・ブギ」で出場。同年十二月三十一日に第四回紅白歌合戦が行われ、ここで歌ったのが「東京ブギウギ」。第五回と六回は出場していない。笠置の最後の紅白出場となったのは五六年十二月三十一日の第七回。曲目は「ヘイヘイブギー」。ＮＨＫに保存されている紅白最古のラジオ音声テープは五四年の第五回だから、第七回に出場したときの「ヘイヘイブギー」は保存されていることになる。実験放送を経てテレビ本放送が開始されたのは五三年。紅白歌合戦がラジオ・テレビ同時放送となったのは五三年末の第四回からで、このときの「東京ブギウギ」と五六年の「ヘイヘイブギー」はテレビで全国中継されたはずだが（といってもまだ一般家庭での受信契約数は少なく、急速に増えたのは五九年以降）、残念ながらともに映像は残されていない（ＮＨＫに現存する紅白最古の映像は六三年の第十四回）。

ＮＨＫは一九六九年から「思い出のメロディー」を放送する。〝夏の紅白〟といわれナツメロブームの先駆けとなり、二〇一〇年夏で第四十二回を迎えた恒例番組である。一九七〇年代以後、このような番組が他局でも放送され始め、戦後生まれの私たちが戦前から活躍していた明治・大正生まれの歌手たちを目にすることができた。たとえば東海林《しょうじ》太郎や藤山一郎、ディック・ミネ、灰田勝彦《はいだかつひこ》、淡谷《あわや》のり子、渡辺はま子、近江俊郎などだ。だがそこに、笠置シヅ子が再び現れることはなかった。五七年、なんの未練も残さずあっさり歌手を引退し、女優業に専念すると公表して以後、ブギの女王はミステリアスな闇の彼方に消えてしまったのである。私はその闇から、謎めいた時代の歌姫・笠置シヅ子を甦えらせたい。

一九五〇年頃の新聞雑誌を調べてみると、メディアは笠置シヅ子と美空ひばりのことを

「大ブギ小ブギ」とか、「ブギの女王と、ブギの豆女王」など、セットで形容している。やがて二人の人気が逆転する現場を待ち構えていたかのように、ひばりを「笠置シヅ子の子ども版」とはやし立て、スターはスターを〝踏み台〟にして誕生することを戦後の大衆に強く印象づけた。実はそこには仕掛け人がいたのだ。横浜の劇場で支配人をしていた当時三十代後半のその人物は、南方の激戦地から復員後の四八年、十一歳の無名の豆歌手を発見してマネジャーになり、少女に〝ベビー笠置〟のコピーをつけて売り込んだ男である。彼には目標とする二歳年上の遠縁の男（戦前から芸能ジャーナリストとして活躍し、戦後は笠置についていくつもの記事を書く売れっ子評論家）がいて、自分も折を見てその男のように芸能界で一旗揚げようと考えていた。やがて〝ベビー笠置〟は瞬く間に少女スター・美空ひばりに変身する。こうして笠置シヅ子はマネジャーの男に意図的に、天才少女の申し分のない踏み台にされた。それだけではない。このあと、ひばりを崇拝する〝反骨のルポライター〟が登場し、ひばりの母親の言葉を鵜呑《うの》みにして笠置を悪者に仕立て上げ、ひばりの評伝を書いた（これがまた名著なので困るのだが）。それが今日まで〝真実〟として伝承されていくのである。

私は美空ひばりが傑出した才能の持ち主であることに異論をはさむつもりはない。だが、そのひばりが踏み台にしたスター、笠置シヅ子が今日において正当に評価されないまま、しかも長い間、天才少女に嫉妬《しっと》してデビューを邪魔したなどという話が喧伝され、未だにその汚名が雪《そそ》がれていないことは、だんぜん不当であると言いたい。不当なものを不当なままにされるのは、私にはどうにも居心地が悪い。ところが当の本人は、このことをまったく無視していた。普通ならなんらかの反論をしてもいいのにと思うのだが、なんの言及もしていない。笠置の資料のどこを探しても、ひばりの〝ひ〟の字も見当たらないのだ。

また不可解なことに、戦後の混乱期に一世を風靡《ふうび》した国民的スター・笠置シヅ子の生涯を追った評伝が、今日に至って一冊も存在しないのである。こうなったらもう、私が書くしかない。スターは時代を象徴する。世紀のスター誕生の陰で忘れられていった占領下のスーパースター・ブギの女王がどれほど輝きを放ったスターであったか、そして笠置シヅ子が昭和を生き抜いた魅力的な女性だったことを、戦後復興期という時代の謎とともに解き明かしたい。ブギの女王が脚光を浴びた時代、それはもしかしたら昭和の芸能史、社会史、戦後史でもあり、敗戦後の日本人がどう生きてきたかまで教えてくれそうな気がするのだ。

第一章 「ようしゃべるおなごやな」——讃岐生まれで大阪育ち——

ふるさと公演

香川県東かがわ市は香川県の東端に位置し、徳島県鳴門市に隣接する。二〇二三年現在の人口は二万六千人余り。二〇〇三年に大川郡引田《ひけた》町、白鳥町、大内町の三町が合併して東かがわ市になった。産業は漁業・農業・縫製で、とくにハマチ養殖と手袋の生産地として全国に知られている。瀬戸内海に面する穏やかな町だが、近年は過疎化と少子高齢化が進み、とくに笠置の出身地の旧引田町は県の過疎地域に指定されている。

私は今、セピア色をした一枚の写真を手にしている。「東かがわ市歴史民俗資料館」が所蔵するもので、笠置シヅ子を囲んで合計九人が写っている。前列に座っている六人は笠置と松平晃、奥山彩子《さいこ》ら歌手たちで、全員ステージ衣装だ。後列には二人の男性の真ん中に若く美しい和服の女性がいる。これは一九四九年四月、当時の引田町にあった朝日座での「笠置シヅ子引田公演」のときの記念写真とみられる。私はこの公演の詳しい話を知り

笠置シヅ子引田公演記念写真。1949 年 4 月 15 日。前列中央が笠置シヅ子。後列中央に水野朝子さん。(東かがわ市歴史民俗資料館所蔵)

現在の水野朝子さん。写真中央。

たいと思い、「引田まち並み保存会」会長で医師の山田和弘（一九三二〜）さんを訪ねた。山田さん宅で、山田さんが連絡を取ってくれた水野朝子（一九二一〜）さんにお会いした。この朝子さんが六十年前の写真の、笠置の真後ろにいる和服の女性である。朝子さんの証言から多くのことがわかった。まず写真の日付は四月十五日（公演当日）で、写した場所は引田町で現在も営業を続けている池田写真館の座敷だった。今も面影が残る朝子さんの左側が夫の水野清之助さんで、二〇〇一年に九十一歳で亡くなったそうだ。朝子さんは当時二十八歳、長男が生まれたばかりだった。戦前、江田島で海軍兵学校の教官だった山形出身の清之助さんと結婚後、戦後に朝子さんの郷里の引田に戻った。このとき清之助さんが知り合った同じ地区の一人に、笠置の養父・亀井音吉がいた。音吉は戦時中、大阪で妻・うめを亡くし、息子・八郎が戦死してから東京の笠置のもとにいたが、笠置の住まいが空襲で焼け、戦後は音吉・うめ夫婦の郷里である引田に帰っていた。その矢先、笠置が〝ブギの女王〟となって一躍大スターになったのである。音吉の自慢は、やがて町中の自慢となっていく。

音吉の友人仲間に、町のサロン的な場だった〝散髪屋の中島さん〟や〝化粧品屋の三好さん〟らがいた。そこにまだ若い清之助さんも加わって、自然発生的に「笠置シヅ子引田公演計画」が持ち上がった。むろん、彼らはプロの興行師ではなく素人である。公演場所は当時、萬生寺の前にあった朝日座で、計画に賛同した引田小学校校長が学校のピアノを使用させてくれるなど、〝ブギの女王のふるさと凱旋公演〟話はどんどん進んだ。おそらくあれよあれよという間に町中に広がり、もはや計画は実現に向かって一直線。当時の笠置人気のすごさもあって、前売り券はたちまち完売となった。

　実は前述の写真と同じ場所・同じアングルのものがもう一枚あって、笠置を囲んで五人の年配男性が写っている。笠置はステージ衣装ではなくスーツ姿で微笑んでいて、五人の男性は全員羽織着用の和服姿でかしこまっている。背景のシチュエーションが全く同じなので、おそらく公演の前後に撮ったものだろう。前列中央で笠置の右横に座っているのが音吉だ。この中に友人の中島さんや三好さんなどが写っているに違いない。せっかくの機会だからと、公演計画の中心メンバーで撮ったと思われるが、彼らのどこかぎこちない〝素人にわか興行師〟の素朴な表情がとてもいい。

　二枚の記念写真は半世紀以上を経て、町にとっても貴重なものとなって保存されている。山田さんがしみじみと語った言葉が印象的だった。

「これがまちづくりの本当の良さだと思うんですよ。いわゆる〝偉いさん〟ではなく、この土地に住んでいる普通のお年寄りがみんなで計画して、楽しんで一つのことを実現した。ここに、笠置さんも共感してくれたのだと思います。彼女の人柄が表れていますね」

　水野朝子さんは六十年前を振り返ってこう語る。

「赤ん坊がいましたが、公演当日は夢中で〝お茶子さん〟をしていました。笠置さんの舞台をじっくり観る暇はなく、舞台の袖から覗いたぐらいでした」

　夫が〝実行委員〟の一人になった若い彼女が、なんだかわけのわからないうちにコンサートの裏方に駆りだされていく様子が目に浮かぶようだ。そんな中でも朝子さんは、当時三十四歳のブギの女王・笠置シヅ子をよく見ていた。

「笠置さんは写真で見るよりずっと小柄で、並んでみたら私より小さかったです。あんな小さな身体で、あれだけの声量で歌うのでほんとに感心しました。歌い終わると楽屋へ入るなり、すぐに蒸気が出る器具をのどに当てて、のどをいたわっていました」

ちなみにちょうどこの頃、笠置は雑誌の対談で自分の体重・身長を「十一貫半、丈は五尺に四分足りません」（『サロン』一九四九年九月号）と述べている。当時はまだ尺貫法が広く使われていたようで（計量法が施行されたのは一九五一年）、現在のメートル法に換算すると体重は四十三・一キログラム、身長は百五十・三センチということになる。

四月十五日の公演は後日、新聞で報じられた。小さな記事だが笠置の顔写真つきだ。「故郷へ帰った笠置」との見出しで、「近郷近在からつめかけた群衆で駅前の歓迎は同町始まって以来のてんやわんや」（『東京新聞』一九四九年五月五日付）と書かれていて、なかなか興味深い公演だった様子がうかがえる。まだ戦後間もない頃で、娯楽が少なかった時代だ。しかも引田は香川でも徳島に近い東の端の田舎町である。一九五五年の記録で旧引田町の人口は七千三百人余りで、笠置の出身の旧相生《あいおい》村の人口が四千四百人。一九二二（大正十一）年に興行師・井上政吉が創業したという朝日座は高松から徳島まで知れ渡った劇場で、それまで一日の最高入場者数が七百名だったのが、この日の昼夜二回の公演で二千五百名と記事にはあり、記録破りの大入りだった。この日いかに多くの人々が女王の歌うブギを聴こうと、朝日座に詰めかけたかがわかる（ちなみに当時の朝日座は、高松にあった玉藻座を移築した風情ある建物だったようだが、戦後は映画館に模様替えし、一九七〇年に閉鎖。そのときに興行ポスターなどの貴重な資料も焼却されたという）。

同夜の歓迎会には町長、警察署長、学校長など町内の有力者が出席し、笠置を賛辞した。「この町の代表的長者三人の税金を合計しても笠置さん一人の税金にかなわん、あんたはえらい人じゃ」と、町長がこうブチ上げたのにはわけがある。ちょうど公演の数日前、新聞は東京財務局が発表した昭和二十三年度の著名人の高額納税者を報じ、トップは作家の吉川英治で納税額は二百五十万円、次が笠置シヅ子で二百万円だった。「映画界のトップ上原謙、原節子はともに百三十万円だがはるかに及ばない」（『毎日新聞』一九四九年四月十二日付）と記事にある。この頃、大卒の公務員の初任給は三千円。笠置はこの引田公演の売り上げを町に寄付している。この頃、引田の大スターは、日本の占領下時代の大スターだった。

実は笠置は四月十一日・十二日と、高松東宝で興行をしている。おそらく十四日、歌手やバンド一行を伴って国鉄高徳線で高松から引田にやって来たのだろう。駅に着いたとたん、駅前はブギの女王の大歓迎でごったがえした。十五日は引田で公演して一泊し、また高松に戻って二十三・二十四日に同じ高松東宝で〝アンコール公演〟をした。この時期の笠置は東京で日劇や有楽座などの舞台を毎月のようにこなし、また映画出演やレコーディングなど、超多忙スケジュールだった。その合間を縫うように地方巡業がある。そんな彼女がたった一日だけにせよ、養父の願いと町の人々の〝素人興行〟を受け入れたのである。

水野朝子さんはこう証言する。

「公演の舞台はどれだけの面積で、何人収容するのかなど、条件はいろいろ笠置さん側から言われたようですが、でも結局、ふるさとの公演ということで通じたのだと思います。みんなが素人だったこともよかった。〝玄人ではしません〟と笠置さんから聞かされましたから。それで気持ちよく引田に来てくれました。とくに相生の人はものすごく喜んでいました。相生から出世した人が来てくれた、ゆうて……」

出生の秘密と東大総長

笠置シヅ子（本名、亀井静子）は一九一四（大正三）年八月二十五日、香川県大川郡相生村（旧引田町、現在の東かがわ市）で生まれた。父は相生村黒羽《くれは》庄原に住む三谷陳平（一八九〇～一九一五）で、引田の郵便局に勤めていたが、静子出生の翌年秋に二十五歳で病死している。母は陳平より五歳年下の谷口鳴尾《なるお》で、三谷家で和裁を習いながら家事見習いとして同居していたが、二人の結婚は三谷家で反対され、鳴尾は相生村と山つづきの引田の実家に戻った。このとき近所に、引田でメリヤス・手袋工場を経営していた中島家当主の妹で、大阪から出産で帰省中だった亀井うめがいた。乳の出が悪かった鳴尾は、二番目の男の子・正雄を生んだばかりのうめに静子の添え乳を頼んだ。その縁で、静子がうめにもらわれる話が持ち上がった。まだ十八、九歳だった鳴尾にとっては渡りに船だったが、うめにはすでに長男の頼一がいて、おまけに次男を授かったばかりだった。添え乳で情が移り、また静子が女の子だったことも考えられるが、このときなぜうめが自分を養女にしたのか本当のところはわからない、と笠置は後に語っている。うめは子ども好きで俠気に富んだ気質の女性だったようで、「虫ひとつ食わせず、あんじょう育てるさかい、心配せんとあんたの身を立てることに精を出しなはれ」と鳴尾に言い聞かせて、二人の赤ん坊を連れて大阪に戻ったのである。大阪で米・薪炭商をしていた（後に銭湯を営む）夫の音吉は梅田駅で親子を出迎え、開口一番、「うわあ、どないしてん、双子かいな。こらあ、えらいこっちゃ」と驚き、こうも言ったという。

「なんやしょうむない、女のくせにどえらい口さらしてけつかる」（笠置シヅ子著『歌う自画像　私のブギウギ傳記』一九四八年）

このエピソードはちょっと小説的だが、音吉の性格を端的に表しているようで、後付けであったとしても面白い。こうして静子は亀井夫婦の養女になり、このとき亀井ミツエの名で入籍（小学校へ上がるのを機に志津子、のち静子に改名、届出）した。昔は子だくさんの家や不幸な生い立ちの子どもを養子に出す話はよくあったが、このエピソードも、かつての日本の、貧しくもおおらかで優しく、なおかつ哀しい庶民の人情厚き時代を髣髴《ほうふつ》させる。

笠置の自伝によると、静子が自らの出生の秘密を知ったのは十八歳の秋だったとある。だが正確には、三谷陳平は一九一五年に死去しているので十七回忌は十六年後の一九三一年にあたり、このとき笠置が十八歳だったというのはおそらく数え年で、満年齢では十七歳だったと考えられる。昭和六年のこの年、静子は親戚の法事に行くよう言われ、大阪から相生村黒羽の三谷家を訪れた。この日が十七回忌という〝仏さん〟の前で、静子は一座に乞われて少女歌劇で踊った「春の踊り」「醍醐の花見」を披露するのだが、あとで数人の親戚が密談していたことを偶然耳にする。仏の主、三谷家の長男で跡取り息子だった陳平が自分の実の父親だというのだ。多感な娘心に静子は大きな衝撃を受けるが、思い当たるふしがあった。三歳で病死した弟（正雄）の生年月日が、自分と一カ月ほどしか違わないことを薄々知っていたのだ。それなら、実の母親はいったい誰でどんな人物なのか、なぜ自分を捨て、他人に託したのか……。この法事にも来ていた谷口鳴尾が実母だということを〝中島の叔母さん〟に聞き出した静子は、翌日、一人で鳴尾に会いに行く。生母の家に行くと、三十五、六歳のやせた女が六歳ぐらいの男の子と座っていた。笠置は自伝に「あの人は涙ひとつ見せず、私の前にきちんとすわっていました。それが逆に私の心を切なくして……」と、鳴尾のことを〝あの人〟と書いている。このとき二人は対面しながら親子の名乗りをすることなく、別れた。そしてこのことは自分を実の娘として可愛がってくれる養父母にも誰にも言わず、そのまま胸の奥にしまった。

時は流れて一九五〇年六月、笠置は突然、思いもかけない人物から電話を受ける。電話の主は初老の男性で、〝なんばらしげる〟と名乗った。笠置と同郷の香川県相生村出身で、実父・三谷陳平の友人だったというのだ。

「君の生い立ちのことで、直接会って話しておきたいので時間を都合してくれないか」

そう語ったのは、戦後初の東大総長を務めた政治学者・南原繁（一八八九～一九七四）である。笠置はすぐに会う約束をしたものの、その後双方の都合が悪くなった。ちょうどこの頃、笠置は渡米を目前にしていて、南原もまた東大総長二期目の要職にあった（五一年十二月まで）。互いに〝時の人〟であり、超多忙だった二人の面会が実現したのが、笠置がアメリカ公演から帰国した翌年の一九五一年二月。南原は再度笠置に電話をかけ、マスコミに悟られないよう笠置を東大総長室に招き、笠置の両親のことを話した。二人は長時間、ふるさとのことなどを語り合った。

「周囲がうるさいので大学に来て欲しいと、さし向けてくださった車で東大へ行き、総長室でお目にかかった。先生は娘に語りかけるようなやさしいまなざしで話された」と、笠置は後に語っている。

南原は旧制大川中学（現在の香川県立三本松高校）を卒業するまで相生村にいた。戦後、ブギの女王としてスターとなった笠置が同郷人で、亡き友の娘であることを知った南原は、マスコミが伝える笠置の生い立ちに間違いがあることを知り、それが気がかりだった。

南原は笠置の実父が三谷陳平であること、自分の家からさほど遠くない、長屋門のある地主の一人息子であったことをまず笠置に語った。小学校一年下の同窓生で、その時代よく夏休みには海水浴などに行き、遊んだという。中学も一緒で、その後陳平は電信学校に入り、引田の郵便局に勤めていたが、笠置が生まれて間もなく二十四、五歳で死去した。三谷家が近郊に知られた豪農で代々製糖業を営んでいること、漢学者だった陳平の父から漢学を教えてもらったことや、笠置の生母の鳴尾は裁縫が上手で近所の娘たちに教えていたことなど、南原は知っているすべてを笠置に伝えた。笠置がこうした詳しい事情を知るのに、自らの出生の秘密に気づいた十七歳のときから実に二十年の歳月を要したことになる。南原が笠置に伝えたかったのは、実母の鳴尾が三谷家の女中ではなく由緒ある家の出身で、陳平の母の和裁の生徒だったこと、とくに陳平の性格を知る友人として二人の結びつきの純粋さを示唆したかったのだった。

歌人でもあった南原は笠置のことを短歌に詠んでいる。

若くして　死にたる友の女郎花が　かく世に出でて　大いに歌う

笠置は以後、南原との出会いとその言葉を心の支えにした。この出会いをきっかけに、南原は五一年春、ブギの女王・笠置シヅ子の後援会長を引き受け、このことは「ブギの女王と東大総長」という〝面白い組み合わせ〟ということで、いくつもの新聞・雑誌が取り上げた。

南原繁は戦後最初の東大総長という重責を担った知識人として、また日本人として敗戦の痛手と反省を真摯に受け止めて、戦勝国であるアメリカ・GHQ連合国指令本部の方針とは別に、日本人自身による日本再建を訴えた人物である。当時、貴族院議員でもあった南原の主張の一つは昭和天皇自らが戦争の〝道義的責任〟を取って退位すること、もう一つはアメリカを中心とする国々との講和条約締結ではなく、米ソの冷戦構造に組み込まれない世界平和への模索だった。南原は一九四九年十二月にワシントンで開かれた「占領地域に関する全米教育会議」に招かれて演説し、「全面講和」と日本の「永世中立」を訴えたが、翌五〇年五月三日、南原の思想に真っ向から対立する対米従属路線・単独講和主張の吉田茂首相は自由党両議員総会で「永世中立とか全面講和などは現実とかけ離れた空論」であるとし、南原を「曲学阿世《きょくがくあせい》の徒」と名指しで非難した。この〝曲学阿世〟という言葉は当時の流行語にもなった。南原は六日、記者団に吉田の論を「学問の冒瀆《ぼうとく》」であると反論し、その「官僚的態度」を批判した。八日、吉田はそれを受けて記者団に「南原君が反論しようとしまいと当人の勝手で、私の知ったことではない」と嘯《うそぶ》いたという。思えばこの当時、南原繁という学者がいたことがすごい。政治学者が政治的発言をするのは当然なのだが、それを真っ向から公然と否定する吉田のワンマンが許された戦後民主主義の未熟さに改めて驚く。

　南原が笠置に電話したのはその翌月であり、南原はまさに渦中の人だったことになる。東大総長・南原繁とブギの女王・笠置シヅ子、この二人は戦後復興のほぼ同時期に、政治・思想的な側面と社会風俗的な側面、いわば硬軟両側面で活躍している。一方は戦後復興に心を砕いた指導的政治哲学者として、片や敗戦で傷ついた大衆を勇気づけた国民的スターとして。その二人が同郷人であり、また南原が笠置の実父の友人だったことは、まるで笠置の亡父が引き合わせたような運命的な巡り合わせを感じさせる。以後、笠置は南原を慕い、南原は長く笠置親子を見守った。

少女歌劇に入る

米・薪炭《しんたん》、酒類販売商を営む亀井夫婦の養女になった静子は、大阪市下福島の中央市場近くで八歳まで育つ。音吉もうめも芸事が好きで、うめの勧めで四歳から日本舞踊や三味線を習う（ただし音吉について笠置は自伝に、「養父は遊びごと、勝負事に我が身を忘れがちだった」とも書いている）。これが後の笠置の人生を決定付ける大きな要因になったことは間違いない。静子は一九二一（大正十）年に下福島尋常小学校へ入学するが、このときそれまでのミツエを志津子に改名、九歳のとき静子とし、役所に届けている。静子が小学校に入った頃、音吉は米屋から風呂屋へ転業している。理由は、大正から昭和にかけて大都市の人口急増と、庶民の衛生観念の広がりで銭湯が人気となったことによると思われる。銭湯（風呂屋）は戦後定められた公衆浴場法に基づいて都道府県知事の許認可（直接的には保健所）を得て営業できるが、当時からも保健所の指導を受け、また人口流動による営業区域も定められていたようで、そのため一家はこのあと四度、引越しを繰り返すことになる。一家は一九二二年に下福島から中津に引っ越し、静子は曽根崎尋常小学校へ転校。

翌二三年には十三《じゅうそう》へ引越し、神津尋常小学校に転校。二四年に川口へ引越し、本田尋常小学校へ転校。二五年、大正区南恩加島《みなみおかじま》へ引っ越し、南恩加島尋常小学校へ転校。

幼少期から風呂屋の脱衣場を舞台に踊りや歌を披露したのが近所の評判となり、小屋掛けの浪曲劇団に見込まれて子役の初舞台を踏んだ静子は、一九二七（昭和二）年に小学校を卒業すると当然のように宝塚音楽歌劇学校を受験する。ところが最後の身体検査で身長が足らず不合格になり、ちょうど宝塚大劇場で公演中の「春の踊り」の歌声を悄然と耳にしながら阪急電車で大阪に戻り、トボトボと家に帰ったら、〝近所のおばはん〟が「道頓堀で宝塚みたいなのやってまっせ」と教えてくれた。静子はすぐその足で道頓堀の松竹座へ向かい、松竹楽劇部の事務所へ駆け込んだ。

「わては宝塚でハネられたのが残念だんね。こうなったら意地でも道頓堀で一人前になって、なんぼ身体がちっちょうても芸にかわりはないところを見せてやろう思いまんね。どんなことがあっても辛抱しますさかい、先生、どうかお願い申します！」

静子が必死の思いで何度も自らの情熱のほどを訴えると、奥でそれを聞いていた音楽部長の松本四郎が出てきてこう言った。

「ようしゃべるおなごやな。そないにしゃべれるのやったら、身体もそう悪いことないやろ。よっしゃ、あしたから来てみなはれ」

「ほんまだっか？」

「しょうがないがな。そない言うてやらんと、あんた、いつまでもいなんやろがな」（『歌う自画像』）

静子は宙を飛ぶ思いで、我が家の高い煙突を目がけて帰った。

このやりとりは、なんだか大阪もののドラマを見ているようで面白い。〝笠置シヅ子劇場〟の最初の見せ場は、笠置がこの松本四郎先生に出会い、気に入られたことだ。先輩たちに〝豆ちゃん〟と呼ばれた笠置は松本の恩に応えようと努力し、また松本も笠置に目をかけた。身体の小さかった笠置のために、屠牛場から牛の生血を瓶に詰めてきて飲ませてやったという。静子の初舞台はその年の夏の「日本新八景おどり」で、華厳《けごん》の滝の水玉の精を演じた。芸名は「三笠静子」で、近所の物知りの人物がつけた。〝階級と序列のうるさい大阪松竹少女歌劇〟で静子がしだいに認められたのは、入団五年目の「春の踊り」でコミックソングを歌った頃だった。顔を真っ赤に塗った道化娘・ポンポンサーという役で兵隊の列を歌いながら縫っていくというもの。この三枚目という適役を得たのも、後の笠置を物語る伏線となった。ただ、舞台で役らしい役をもらうまでには大変な忍耐を要したようで、代役にでも抜擢されないとなかなか役がもらえないから、そのために誰が休んでもいいように全部の役を頭に入れた、と後に笠置は述べている。それでも「抜擢されれば同級生からは憎まれ、ねたまれた」という。

松竹が道頓堀の大阪松竹座を本拠地に松竹楽劇部を創設したのは一九二二年四月で、そこに「松竹楽劇部生徒養成所」を開設した。松竹創業者の双子の兄弟（白井松次郎と大谷竹次郎）の兄のほうの白井松次郎が、ライバル・阪急の小林一三《いちぞう》が一九一四年に創立した宝塚少女歌劇団を真似て、大阪で作ったのが始まりだ。二八年十月、その松竹楽劇部が東京へ進出し、東京松竹楽劇部が発足する。年末に開催された旗揚げ公演に、三笠静子は〝西の応援組〟として出演のため大阪から初上京。このとき、東京松竹楽劇部生徒養成所第一期生だった水の江瀧子《たきこ》（一九一五〜二〇〇九）に会う。やがて数年後には〝男装の麗人〟と呼ばれて一世を風靡する水の江と、戦後〝ブギの女王〟になる笠置がこのとき初めて出会った。

一九三三年六月、松竹にとってはとんでもない〝事件〟が起きた。この前年に浅草の映画活弁士や楽士の首切りや減給を行った松竹は、今度は少女歌劇部に対しても一部楽士の解雇のほか、全部員の賃金削減を通告した。これに怒った少女部員たちが新聞記者を集めて「絶対反対」の意志を示し、待遇改善を要求。〝レビューガール〟と呼ばれた彼女たちの中心人物が東京松竹楽劇部一期生で、当時十八歳のトップスター、「タアキイ」「ターキー」の愛称で呼ばれた水の江瀧子だった。世界大恐慌の一九二九年に発表された小林多《た》喜《き》二《じ》の『蟹工船』も読んだという好奇心旺盛な彼女が争議委員長に推されたこともあって、新聞は〝桃色争議〟と書き立て、水の江は〝花の委員長〟と騒がれた。この争議は松竹歌劇だったからできたことで、従順な宝塚乙女だったら起きなかったというのが大方の見方だ。

「私っておっちょこちょいだから」（水の江龍子著『ひまわり婆っちゃま』）と水の江は述懐しているが、そういうところが彼女の魅力でもあったのだろう。左翼演劇女優だった原《はら》泉子《せんこ》やホンモノの共産党員たちも応援に来たといい、少女たちがストライキで応じるなど本格的な闘争に発展した。当時の共産党員の中にはとてもかっこいい男性もいたと水の江は回想しているところをみると、彼女たちの純粋さと同時にいかに暢気《のんき》だったかが窺《うかが》える。

だが、トップスターの一人の津坂オリエらが会社側に寝返ったので、水の江は津坂らを組合から除名する。松竹側は水の江を懲戒解雇すると通告して態度を硬化させたが、水の江以下少女部員は神奈川県湯河原温泉の旅館に立てこもり、一時は水の江が警察に拘引されたりした（水の江の自伝では、警察の留置場に一晩入れられた、とある）。このことは大阪の松竹楽劇部も大いに刺激を受け、会社側に待遇改善を要求したが拒否され、七十人余りの楽劇部員たちは人気スターの飛鳥明子をリーダーに舞台をサボタージュして高野山に立てこもる。その中には秋月恵美子や、三笠静子もいた。当時十八歳の笠置の好奇心、義《ぎ》侠《きょう》心旺盛なところはこの当時から備わっていたと見られ、初対面で仲良くなった水の江瀧子にも通じるところがある。東京組同様、これまたマスコミの話題となったが、結果的に松竹はイメージダウンに追い込まれて彼女たちの要求を呑む。一カ月後の七月、水の江は謹慎処分、飛鳥は退団となったものの、賃金カットは行われず東西少女部員たちの勝利となった。水の江の自伝によると、水の江たちが会社側に突きつけた「二十六ヶ条の要求」（具体的には低賃金、不潔な楽屋部屋、栄養不足の弁当、便所不足などの改善）はほぼ通ったとある。この後、松竹少女歌劇部は松竹本社の直轄となり、名称も松竹少女歌劇団（ＳＳＫ）と改称した（一九四五年に松竹歌劇団・ＳＫＤと改称）。

一九三三年のこの年、松竹が千日前に大阪劇場（大劇）を新設し、松竹楽劇部の本拠地が松竹座から大劇へ移る。この年の秋、静子は「秋の踊り」の舞踊劇「女鳴神」で小姓・采女之助《うねめのすけ》を好演し、トップスター十選に選ばれる。三四年、松竹楽劇部は大阪松竹少女歌劇団（ＯＳＳＫ）に改称（四三年に大阪松竹歌劇団ＯＳＫと改称）。

一九三五年十二月、大正天皇の第四皇子、澄宮崇仁《すみのみやたかひと》親王が成人となって三笠宮の宮号を賜ったのに伴い、三笠を名乗るのは畏れ多いと、松竹側が静子の芸名を「笠置シヅ子」と改名した。パンフレット「大劇」第七十二輯によると、十二月十三日から十九日までの大阪松竹少女歌劇グランドオペレッタ「アベック・トア」の配役リストに、柏ハルエ（マルセル）、アーサア美鈴（ピエール）とともに、「三笠静子改メ　笠置シヅ子（キキ）」と記述されていることから、この公演から笠置シヅ子が誕生した。

OSSK 専門誌『大劇』第七十二輯。中央に笠置シヅ子。三笠静子から改名した直後のもの。1935 年 12 月。

一九三七年、松竹は浅草国際劇場を創設してＳＳＫの本拠地とし、十月、ＯＳＳＫが上京して「国際大阪踊り」を公演。このとき、出演した笠置は東京の松竹側の目に留まり、翌年に松竹が創設する松竹楽劇団（ＳＧＤ）旗揚げ公演に、秋月恵美子とともにスカウトされる。これが、笠置シヅ子の人生の第二ステージとなる。満州事変から日中戦争へ至る軍国主義が台頭するが、ＳＧＤはそんな一九三〇年代の、ちょっぴりモダンでリベラルな時代の雰囲気が繰り広げられる舞台となった。

「流行歌王」登場

松竹はこの頃、ライバル宝塚歌劇の徹底した少女趣味と同種の松竹少女歌劇を運営する一方で、大人向けのレビューを創設したいと考えていた。宝塚がレビューの独立興行で男子禁制なのに対し、松竹は新たなアトラクションとして、映画とレビューの併演を編み出した。それが男性を含むレビュー団・松竹楽劇団（ＳＧＤ）で、帝国劇場での旗揚げ公演「スヰング・アルバム」がこの年の四月二十七日から開催された。主な団員は東西レビュー団から選ばれ、大阪から笠置シヅ子が専属となった。こうして笠置は、一九二七年に十二歳で松竹楽劇部に入ったのを皮切りに、十一年間の大阪松竹少女歌劇時代を経て、一九三八年春、東京で新たな人生を切り開くことになった。笠置シヅ子、二十三歳だった。梅田駅では養母のうめが見送りの人々に、黒紋付の羽織を着て挨拶したほどの張り切りようだった。四月二十一日（三月二十一日という資料もある）、午後九時東京着の特急つばめで上京した笠置は、到着したときにはもうフラフラだったという。

松竹はこのSGD創設に並々ならぬ意欲を示し、莫大な資金を投じた。楽劇団長として総指揮にあたったのは大谷竹次郎の婿養子・大谷博で、構成・演出に益田次郎冠者《かじゃ》こと益田貞信（父は三井財閥創立者・益田孝の息子で、男爵・益田太郎）、演出・山口国敏、振付・蒲生重右衛門、音楽部長で正指揮者に紙恭輔《かみきようすけ》、副指揮者にコロムビア専属の服部良一、また当時タップダンスの名手として名を馳せていた中川三郎が参加するなど錚々《そうそう》たる顔ぶれで、マスコミは松竹楽劇団旗揚げ公演を華々しく報じた。とくに当時二十六歳の益田貞信については「益田男爵の五男貞信君　帝劇入り」と新聞芸能欄が報じた。この端整な美男子・益田に、笠置はほのかな憧れを抱いた。

伯楽《はくらく》という言葉がある。元来、馬の良し悪しを見分ける名人を意味するようだが、才能のある人物を見つけ出して育てるのが上手い人物のことを言う。笠置シヅ子をスターに導いた人物は何人かいるのだが、名伯楽といわれる人物は少なくとも二人いた。その一人が、作曲家の服部良一（一九〇七〜九三）である。私は運命論者ではないが、この世の中には神が引き合わせたとしか思えないような運命的な出会いがあるものだ。笠置シヅ子を発見した服部良一の慧眼か、それとも服部を惹きつけた歌姫・笠置シヅ子の輝くばかりの魅力だったのか……。いずれにせよ、この二人のほんの瞬時の出会いが、昭和歌謡史に残る名コンビ誕生の幕開けとなったのは事実である。

服部は大阪・本庄の生まれで、五歳の頃に谷町へ引っ越している。近くに生国魂《いくたま》神社があり、「ぼくが幼時をすごした家は、その中の、ゴミゴミと立ち並んだ棟割《むねわり》長屋の一軒であった」と自伝にあるが、笠置もまた幼少期に南恩加島の八軒続きの棟割長屋で育っている。このことは二人のパーソナリティーに共通する重要なポイントだ。

　姉二人、妹二人の五人兄弟で、服部は長男。父、祖父ともに土人形師。母は河内出身の女性で働き者で、河内音頭が十八番《おはこ》だったという。いわば笠置も服部も大阪の下町育ち、似たような境遇だったといっていいだろう。小学校の頃、近所の教会の日曜学校で合唱隊に入って賛美歌を歌ったのが、服部少年の西洋音楽への目覚めだった。妹で十歳年下の富子は宝塚歌劇団を経て歌手になっている。十五歳で商業学校に入り、翌二三年、道頓堀のうなぎ料亭が作った「出雲屋少年音楽隊」に入る。一九二六年、十九歳で大阪フィルハーモニック・オーケストラに入団。服部良一の職業音楽人生の始まりである。三三年、二十六歳で上京。

　服部が笠置シヅ子と初めて会ったのは一九三八年四月、帝国劇場の稽古場だった。当時三十歳の服部は、三月に東京日日新聞主催の皇軍中支芸術慰問団に加わって中国大陸から帰ったばかりだった。ちょうどそのとき、先輩の紙恭輔が帝劇を本拠地として新しく発足する松竹楽劇団（ＳＧＤ）旗揚げ公演の指揮者に就任し、服部を副指揮者にと推薦したのである。一九三六年にコロムビア専属作曲家として入社し、翌年には淡谷のり子が歌った「別れのブルース」が大ヒット、新進作曲家として注目されていた服部は舞台音楽にも興味を示し、紙の誘いを受け入れる。ＳＧＤ旗揚げ第一回公演の出し物は「スヰングアルバム」十二景。メンバーはＯＳＳＫ（大阪松竹少女歌劇）から抜擢された秋月恵美子、笠置シヅ子、ＳＳＫ（松竹少女歌劇）から抜擢された春野八重子、石上都らで、中でも花形は大阪の歌姫・笠置シヅ子、と前宣伝に聞かされていた服部は、彼女がどんなに素晴らしい歌姫かと期待に胸を躍らせていた。服部は楽屋で、まるでトラホーム病みのように目をショボショボさせた小柄な女性に会い、一瞬、裏町の子守りか出前持ちの女の子かと思った。その娘が、

「こんど大阪から来た笠置シヅ子です。よろしゅうお願いします」

と、〝鉢巻で髪を引き詰めた下がり眉のショボショボ目〟がピョコンと頭を下げて挨拶したのだ。服部は驚き、少々落胆した。だが服部はまたしても驚かされる。舞台稽古で思わず目を見張った。舞台袖から飛び出してきた歌姫は、さっき挨拶した〝ショボショボ目の女の子〟とはまるで別人だったのだ。三センチ（長い！）もある長いつけまつ毛の目はパッチリ輝き、服部がタクトを振る音楽にピタリと乗って「オドッレ、踊ッれ」と掛け声を入れながら激しく歌い踊る。その動きの派手さ・迫力・スイング感は、他の踊り子とは別格だった。服部は圧倒され、

「なるほど、これが世間で騒いでいた歌姫かと、納得した。その日から、紙恭輔は秋月恵美子のタップのファン、ぼくは笠置シヅ子の付けまつげのファン、とはっきり分かれた」

と自伝に書いている。服部はその日からすっかり、笠置シヅ子の〝三センチつけまつ毛〟に惚れ込んだのである。

後に笠置の運命を決定づけることになる服部との出会いは、このようにコミック小説の

ような、いくぶんドラマティックなものだった。笠置の記憶では、服部との付き合いが始まったのはこの年の七月二十八日からだったという。SGD七月公演「スイート・ライフ」初日前日の舞台稽古で二人は言葉を交わし、付き合いをスタートさせた。以後、服部は毎日のように笠置の部屋にやって来て、夢中でジャズの話をするようになる。こうして笠置の言う「人形遣いと人形、浄瑠璃の太夫と三味線のように切っても切れない関係」が生涯にわたって続くことになる。

笠置は生涯にSP盤約四十枚を残し、六十曲余りの歌を吹き込んだが、そのほとんどを服部が作曲・編曲した。作詞の「村雨まさを」も服部のペンネームで、服部の作詞作曲はわかっているだけで十八曲。笠置に「ラッパと娘」「センチメンタルダイナ」など七曲作り、彼女は〝スヰングの女王〟と評判になった。そして戦後、笠置を婚約者の死の悲しみから再起させるために「東京ブギウギ」を書き、今度は一躍〝ブギの女王〟にした。これは服部が戦前、黒人ジャズからブルースの流れをくむブギウギ（boogie woogie）のリズムをヒントにした和製ブギで、笠置のために作ったブギの曲は最初の「神戸ブギ」（一九四六年）から最後の「芸者ブギ」（五四年）まで二十二曲（レコード吹き込みと舞台のためのものも含めて）ある。笠置の歌の三分の一は〝服部ブギ〟だ。

二人が出会った帝劇時代に男女関係を噂されたことはあったが、一連のブギがヒットした戦後間もない頃、「笠置は服部の愛人だった」と評論家に雑誌で指摘されたことがある。笠置は一笑に付し、「あの人はワテの先生やがな、しょーもない。すぐうわさを立てられてしまう……」ときっぱり否定している。服部にとって笠置は自分の音楽の〝創造の泉〟であり〝霊感の源〟であり、それを笠置は十分に理解していた。それ以上でも以下でもない〝師弟関係〟であることを、笠置は強調した。

スヰングの女王

笠置シヅ子は〝見せる歌〟を体現した戦後最初のスターだといっていいのだが、厳密にいえば、そんな彼女の登場はすでに戦前にあった。

歌姫・笠置シヅ子の全体的な活動・キャリアを考えると、まずジャズ歌手としてスタートしたことは見逃せない。私を含めて多くの人は戦後の〝ブギの女王〟以降の笠置シヅ子しか知らないが、その前に〝スヰングの女王〟だったことを知る人は少ない。言い換えれば、ジャズ・スウィングとブギ、この二つのリズムと女王の称号は別々のものではなく、連なったもの、連続したものと考えたほうがいい。昭和の歴史がいきなり戦後から始まったわけではないのと同じように。ブギの女王という謎を追えば、戦前・戦中の笠置の活躍に導かれていくのは自然なことだ。

一九三八年四月の帝国劇場でのＳＧＤ（松竹楽劇団）旗揚げ公演から一年足らずで、当時洋画で人気のアメリカ女優・マキシン・サリバンやベティー・ハットンのような歌姫がついに日本にも現れたという評判が立ち、笠置のもとに連日、新聞・雑誌記者が押し寄せた。入団してまだ間もない笠置は『映画朝日』七月号の巻頭グラビアに登場する。キャプションには「颯爽としてＯＳＫから迎えられた松竹楽劇団のジャズ歌手　笠置シズ子」とある。二十四歳の笠置の初々しさがとてもまぶしい貴重な写真だ。他にも特筆すべき雑誌がある。レビューや映画に深い造詣を持つ具眼の士で、戦前戦後を通じ多くの批評を書いた評論家の双葉十三郎は、三九年四月のＳＧＤ公演「カレッジ・スヰング」を観てたちまち笠置のファンになり、映画雑誌『スタア』三九年六月上旬号で「笠置シヅ子論」を書いた。なんともチャーミングな顔写真つきでほぼ一頁、笠置を〝スヰングの女王〟と大絶賛したのである。

「凡そショー・ガールとして、またスヰング歌手として、当代笠置シヅ子に及ぶものはないであろう。……全く彼女は素晴らしい」

と書く双葉の、笠置への惚れ込みようが伝わってくる。南部圭之助や野口久光も笠置に魅了され、たちまちファンになった。

一九三九年七月、笠置は服部の尽力で晴れてコロムビア専属歌手になる。服部良一が懇意のコロムビア文芸部の山内義富に、「おもしろい歌手が出るから見にこないか。夜光塗料を塗った衣装でね、いきなりオーケストラから飛び出すんだ」と言って誘い出したのは六月公演「ジャズ・スタア」のときだった。

「どうだ、おもしろいだろう。日本にこれほどジャズの雰囲気をもつ歌い手はあるまい。これからみっちり育ててみたい」

山内にそう語る服部は自信にあふれていた。すぐに服部の厳しいレッスンが始まり、七月公演の「グリーン・シャドウ」で服部は「ラッパと娘」を作曲した。笠置は舞台で黒人の娘に扮し、SGDスイングバンドの楽長でトランペッターの斉藤広義と掛け合いで歌った。これはアメリカ映画『芸術家とモデル』という映画の中でルイ・アームストロングと掛け合いでマーサ・レイが歌ったシーンを服部が頭に描き、笠置のために作曲したものだった。これが評判となって双葉十三郎も絶賛し、今日まで「日本ジャズ・ショーの傑作であった」（瀬川昌久著『ジャズで踊って』）といわれている。七月二十七日にスタジオで吹き込んだこの「ラッパと娘」が、笠置シヅ子のコロムビア専属第一回のレコードとなった。

実はこの「ラッパと娘」で、笠置は高音を殺して地声で歌うことを服部に命じられて、ついにのどを潰して病院で診察を受け、医者にしばらく歌うことを禁じられた。「ジャズの発声法は地声が自然なのだ」という服部の持論を実践した結果だったが、笠置は後悔するどころか、その足で舞台に戻って歌った。自分が歌わないと服部が困るし舞台が成り立たない……、こうして笠置は歌手として第一歩を踏み出したと同時に、のどの痛みを我慢してでも歌いたいというプロ根性とショーマンシップを備えていく。

この時期、SGDから支給される笠置の月給は二百円で、当時の若い女性がもらう給料としてはかなり高額だった。だがこの中から百五十円を大阪の両親に仕送りし、二十円を寄宿している山口宅に支払い、残りの三十円で衣服その他を賄ったのだから、笠置がいかに親孝行な娘だったかがわかる。

どういう経緯かは不明なのだが、三九年十二月三十日に公開された松竹下加茂《しもかも》映画『弥次喜多　大陸道中』に、笠置は出演した。歌う映画スター第一号と言われた高田浩吉《こうきち》主演映画で、戦前から作られたオペレッタ喜劇映画と思われる。おそらく笠置が歌うシーンも挿入されていると思われるが、この映画の資料がまったくない上に、フィルムが残されているかどうかもわからない。笠置がこの年に服部から贈られた曲は「日本娘のハリウッド見物」「ラッパと娘」「センチメンタル・ダイナ」の三曲で、そのどれかが映画の中で歌われたと思われる。

一九四〇年に入り、笠置は浅草国際劇場でのＳＧＤ二月公演、グランドショー『愛染かつら』に出演することになった。『愛染かつら』は三八年、川口松太郎原作の小説が松竹で映画化されて九月に封切られるやいなや、西條八十《やそ》作詞、万城目《まんじょうめ》正作曲の主題歌「旅の夜風」とともに日本中大ヒットとなり、三九年にはあちこちの軽演劇団で亜流やパロディー劇が演じられるようになった。ＳＧＤでもこれを取り上げ、笠置が高石かつ枝の役を演じたのだが、このときのことを笠置は戦後、雑誌にこう書いている。

「自分の経験でつらかったことは、楽劇団にいたとき、『愛染かつら』を国際劇場でやったのですが、一生こういうことはすまいと思いましたね。どうしても『愛染かつら』の高石かつ枝ではないと、再三、大谷さんにおことわりしたのですが、その当時は

『愛染かつら』の嵐でしたから、どうしてもうちでやるといわれました。はじめストーリーが浪曲まじりであったりして、いろいろ先生方が苦心してくださいましたけど、やはり所詮私らのものではありませんでした。じっさい、着物を着て舞台に出て……どうも『愛染かつら』の高石ではないですよ。これには参ったな。いまだに思い出すと、気持ちが悪いですね」（『軽音楽の技法　上巻』より「修業の回想」、婦人画報社、一九四八年）

笠置シヅ子の高石かつ枝もちょっと見てみたかったという気もするが、二度とこういう経験はすまい、と思ったというのは、断固として自分が何を演じるべきか、笠置はこの時期すでにわかっていたのだ。

松竹VS東宝

一九三九年春、笠置の東宝への移籍問題が起きる。当時、前年の旗揚げ公演「スヰング・アルバム」に出演して以来、〝スヰングの女王〟と絶賛されていた笠置のこの移籍問題は、新聞の芸能欄の話題に上り、笠置の写真入りで報じられている。かぎつけた新聞記者に質問された笠置は多くを語らず、

「私の口から何も申し上げることが出来ません。私は一人ぽっちで、その上田舎者ですか

ら、皆さんにご迷惑をかけるようなことはしたくないのですけれど…と、憂わしげに語っていた」（『朝日新聞』一九三九年三月二十五日）と記事にはある。

笠置を東宝に誘ったのは、すでに前年六月にSGDを去っていたジャズ・ピアニストで華族（注・華族制度は一八六九年から一九四七年まで続く）の益田貞信（父の益田太郎が太郎冠者と名乗ったことで、別名・益田次郎冠者ともいわれた）だった。プロデューサーとしての益田の洗練されたモダニズムが、やがて大衆路線に合わせていく松竹との方針と反りが合わなくなるのは時間の問題だった。その才能を東宝系の劇場などで発揮することになった益田は、SGD時代に笠置の才能を見抜いていたと思われる。益田が在籍していた短い間、笠置は益田に気に入られ（笠置は振付けの蒲生重右衛門には嫌われていた）、笠置もまた二歳年上の益田にほのかな恋心を抱いていた。だから笠置は、益田からの東宝への誘いを断れなかったのだろう。後年、笠置は益田への感情は初恋のような淡い片思いだったと述べているが、むろん、笠置の気持ちは益田に伝わっていたと思われる。

益田に移籍を誘われた笠置は、東宝が経営する有楽座の事務所でひそかに樋口正美という人物と会い、月給三百円という条件で移籍を承諾して契約書に調印した。松竹からもらう当時の笠置の月給は二百円だったから、かなりの高待遇である。そのほとんどを実家に仕送りし、おまけにこの頃、養母のうめが病床にあって治療費が笠置の肩にかかり、経済問題から移籍を承諾したのである。この年の笠置はSGDでの活躍に加え、レコードデビュー、映画出演などで人気は上昇していて、東宝にとっても魅力的な芸人だった。ところがこれを知った松竹幹部は激怒。笠置は団長の大谷博に呼ばれて叱責され、大谷の葉山の別荘で二十三日間、夫人の監視の下で監禁同様の身になるのである。寄宿先の、演出家で笠置の身元引受人だった山口国敏はちょうど中国戦地に出征していて相談できず、笠置が相談する相手は服部良一しかいなかった。服部が「笠置君がやめるのなら僕もやめさせてもらう」と言ったことから、二人の間を誤解されてゴシップの種にもなったが、とりもなおさず服部が笠置のために奔走することになり、松竹と東宝の間で金銭問題が解決して笠置は松竹に留まることで解決した。それにしても、服部はなぜ笠置を松竹に留めることに一人で尽力したのだろう。この頃から映画音楽も手掛けたいと強く希望していた服部自身、東宝を敵に回して松竹のためにあからさまに動くことはしたくなかったはずだが、将来ある笠置のために松竹との関係を懸念したからであり、師匠が弟子のピンチを救うのは当然だったかもしれない。この当時、笠置だけではなく芸人の移籍トラブルが多発していて、芸能界の大問題となっていた（象徴的なものが一九三七年の〝林長二郎、後の長谷川一夫襲撃事件〟だ）。

だが、私はどうもそれだけではないような気がする。笠置のピンチ（松竹のピンチ？）と同様に、服部のピンチでもあったのではないか……。服部はこのとき、自分のジャズを完成するためにどうしても必要な歌手・笠置シヅ子を失いたくないという強い思いが働いたと私は見ている。だがもう一つ服部は、笠置が益田貞信の誘いに心を動かされた事実を知ったのも確かだ。そのとき、服部はどんな思いだったのだろう。服部と益田は同じジャズを志す音楽人だが、考えてみれば生まれも育ちもまったく対照的だ。それを意識したかどうかは別として、とにかく服部は愛弟子を必死で説得し、東宝から（もしくは旧知だった益田貞信から）奪還したのである。

ちょうどこの直後、明らかに松竹の東宝への〝笠置の件の報復〟の意味で、ＳＧＤの大谷博が宝塚歌劇の演出家・白井鉄造を引き抜こうとしたが、白井が応じなかったため失敗に終わっている。

敵性歌手

一九三八年早々に弟の八郎が丸亀連隊に入営し、三九年秋に養母うめが死去して後、大阪に一人残された養父・音吉を、笠置は三軒茶屋の借家に引き取ることにした。実子の中でたった一人生き残った八郎は兵隊にとられ、しっかり者の女房にも先立たれ、まだ六十歳にならなかったが働く意欲をなくした音吉にとって、頼りになるのはうめが養女にもらってきた笠置だけだったのである。

四〇年一月八日、笠置は上京してきた音吉を東京駅で出迎えたとき、音吉は汽車の窓から不安そうな顔を出して「静子ウ」と呼んだ。

「そのかっこうが珍妙だったのを今も覚えています」

と、笠置がその八年後に出版した自伝に書いている。

亀井音吉は若い頃から女房泣かせの遊び人だったようで、かつて大阪の下町にどこにでもいた、まるで織田作之助の小説に出てくるような、甲斐性なしだがどこか愛嬌があって憎めない典型的な浪花男（讃岐生まれだが）に似ている。笠置はこの音吉のことをあまり語っていないが、生涯、養女として育ててくれた恩義は尽くした。

一九四〇年一月、帝劇「新春コンサート」。二月、SGD（松竹楽劇団）の本拠地が大劇場の帝劇から松竹経営の邦楽座（戦後は「ピカデリー劇場」に改称）へ移った。一九一一年に創設された帝国劇場は関東大震災後に建て直され、三〇年に松竹の経営になった。だが三七年に東宝が吸収合併して東宝の経営となり、松竹がSGD創設に伴って東宝から借りていたもので、この年の二月に契約が切れたためだった。松竹はなんとしてもSGDの存在を丸の内に留めておく必要があったが、時代は戦時体制へと向かい、モダンでアメリカナイズされた男女混合レビューを売り物とするSGDに逆風となる。SGDは規模の縮小を余儀なくされたのである。六月、浅草国際劇場公演「ラ・クンパルシータ」。十月、邦楽座「轟け凱旋　世界の行進曲」。

一九三七年に始まった日中戦争が泥沼化し、四〇年には内務省が芸能人の外国名や〝ふざけたような〟芸名禁止を通達するなど、さまざまな取締りが強化されていく。笠置もジャズという〝敵性音楽〟を歌う歌手の代表格とみなされて警視庁から呼び出された。笠置の弁によると、

「戦意を昂揚せんならんとき、あんたの歌はフンイキがあんまり出すぎて困る。とうぶん

遠慮してんか……」

という注意を受ける。大きな声と派手な動きが目立ったのだ。笠置はマイクの前で「三尺四方はみ出してはいけない」と、まるで東海林太郎のように直立不動で歌うことを命じられた。歌と踊りは笠置にとって一体の芸であり、切り離せない。動きを禁じられたら笠置シヅ子の存在そのものを否定されたのも同様である。このときのことを、笠置は後にこう語っている。

「まあそんな意味の懇談的なもんやったけど、どこかの新聞には〝笠置シヅ子叱らる〟と大きく書きたてられましたワ。これは河童が陸に上がったよりももっとサンタンたる気持ちでっせ。こんなみじめなもんあらしめへん……。それから二十年十一月までの戦争中の五年間のブランクはアテの地獄でした」(『毎日情報』五一年一月号「未熟な人間」笠置シヅ子)

服部良一の自伝では、笠置はこのことを、「先生、わてな、警察へ引っ張られましたんや」と、例の〝しょぼしょぼ顔〟で訴え、〝泣き出しそうに〟こう言った。

「付けまつ毛が長いゆうて、それ取らな、以後歌っちゃあかんと言いよりますのや」

当時、付けまつ毛の長い歌手や踊り子は彼女だけではなかったと思うが、とくに笠置シヅ子は声の大きさや派手な踊りでかなり目立つ存在だったことは間違いない。やがて笠置のみならず、〝鬼畜米英〟のモノマネみたいな芸人は警視庁検閲係の刑事から睨まれ、男性歌手でその対象にされたのが、灰田勝彦やディック・ミネだった。戦後に笠置がある人物から聞かされた話によると、戦時中に当局から「敵性歌手」として最も手ひどく糾弾されていたのが笠置シヅ子とハワイ生まれの灰田勝彦で、喜劇役者は清水金一と森川信。彼らは活動の場を極端に制限された。「国粋団体がうるさく、防ぎようがなくなって、灰田と笠置をやめさせようと思っていた」（『歌う自画像』）と、当時の警視庁検閲係長・寺澤高信という人物が戦後、新聞の座談会で語ったという。

「（戦時中の芸人迫害の）発頭《ほっとう》（注・文中のママ）人《にん》は軍部だった。無理解な取締りをためらっていると、われわれまで自由主義者と軍部はきめつけた」（旗一兵著『喜劇人回り舞台笑うスタア五十年史』）

寺澤はこうした取締りは軍による国策だったと述べているが、笠置にマイクの「三尺四方」内で歌えというものを始め、芸人へのこうした直接の命令は、一九四〇年二月一日付警視庁令第二号「興行取締規則」の強化によるものだった。他にも松竹少女歌劇のスターで男装の麗人と謳われた水の江瀧子や川路龍子は、「婦徳を汚すもの」として男装禁令となり、泣く泣く女役に転じた。

軍部に協力的だった古川ロッパでさえ内心は忸怩《じくじ》たるものがあった。「戦時中、われわれ喜劇役者は、一日として安らかな日はなかった」というロッパは、四三年七月八日の日記で怒りを爆発させている。

「ロッパというのも自粛せよと言って来た由きいて、腹立つ。アダ名なら兎に角、ロッパというのは俺の名だ。それを片仮名で書いちゃあ何故悪い？　もう少しで警視庁へのり込んであばれてやろうかと思った。このままじゃあ、然し、胸がおさまらない」（『古川ロッパ昭和日記』）

一九四一年一月、帝劇「桃太郎譚」を最後にとうとうＳＧＤ松竹楽劇団が解散となった。思えば笠置は、少女歌劇時代は男役でもなく、さりとてお姫様にも向いていなかったから、男女混合の大人向けの洒落たスタイルをとったＳＧＤが彼女の個性や芸風を発揮できる場となった。そこで服部良一にも出会い、歌手の道が開けたのだ。笠置がＳＧＤに入団したことは人生で最大に近い幸運だったが、たった三年でＳＧＤが閉鎖になってしまった。それは戦争に邁進する時代によるもので、無念にもあきらめるしかなかった。これを機に笠置は松竹を退団し、服部良一の援助を受けて独立することになった。独立後すぐに「笠置シヅ子とその楽団」が結成され、楽団のリーダーはトロンボーン奏者の中沢寿士《ひさし》が務めた。中沢は戦後、日本のビッグバンド・ジャズの草分けとなった人物だ。さらに淡谷のり子の世話で中島信というマネジャーがついた。すぐに服部良一のプロデュースで淡谷のり子と笠置の「タンゴ・ジャズ合戦」が邦楽座で開かれるが、この後、当局から「敵性歌手」の烙印を押された笠置は丸の内界隈で仕事ができなくなり、地方巡業や内地の工場慰問などで戦時中を凌ぐことになる。敵性音楽のジャズはご法度となったので、服部良一が笠置のために、東南アジアを舞台に想定して作曲した「アイレ可愛や」をレパートリーとして歌った。歌手は持ち歌がないと仕事がなかったのだ。

私は最近、古書店でこの頃の貴重なチラシを入手した。チラシにはこう書かれている。

「銃後を鼓舞する音楽大会」「来る22・23日　昼夜二回」

「決戦態勢標語　屠れ！　米英我等の敵だ　進め！　一億・火の玉だ」

出演者は藤山一郎と楽団新世紀、淡谷のり子とその楽団、灰田勝彦・晴彦とモアナグリークラブ、笠置シズ子とその楽団などで、六人の顔写真入りだ。場所は「東宝直営　阪急会館」。当時、神戸の阪急三ノ宮駅にあった映画館でのコンサートだった。二十二日・二十三日とあるが、何年の何月かは不明である。チラシの「進め！　一億・火の玉だ」という標語は、四〇年に設立された大政翼賛会が日米開戦直後に作ったもので、この音楽会も四一年十二月八日の日米開戦後間もなく行われたと思われる。

「銃後を鼓舞する音楽大会」チラシ。1941年12月日米開戦直後のものか。

永井荷風は日記『断腸亭日乗』の四一年十二月十二日にこう書いてい

ることからも、それが裏づけられる。

「開戦布告と共に街上電車その他到処に掲示せられし広告文を見るに、屠れ英米我らの敵だ進め一億火の玉だとあり。或人戯れにこれをもじりむかし英米我らの師困る億兆火の車とかきて共同便処内に貼りしといふ。現代人のつくる広告文には鉄だ力だ国力だ何だかだとダの字にて調子を取るくせあり。まことにこれ駄句駄字といふべし」

音楽会が二十二日、二十三日とあるのはその年の十二月か、あるいは翌四二年の一月あたりだろう。おそらく同じような音楽会が東京で開かれた後に大阪でも開かれ、そのときのチラシだと思われる。こうしたコンサートは内務省情報局が推進したもので、当時としては一流歌手の出演者が並んでいるが、ジャズやハワイ音楽などを歌う笠置と灰田勝彦はこの後すぐに軍部から、敵国の歌を歌う〝敵性歌手〟とされ、彼等は活動場所を奪われていく。軍部から嫌われた笠置は、軍部に厚遇された藤山一郎や渡辺はま子らに比べて戦時中の軍隊慰問興行の回数は極端に少ない。それに笠置は中国本土や南方などの外地の皇軍慰問にはまったく行っていない。それは笠置が〝敵性歌手〟で、軍部から〝お呼び〟がかからなかったからでもある。戦時中の笠置の活動は以前に比べて少なく、内地の軍需工場慰問か映画館などでの実演興行だった。淡谷のり子が戦後によく語ったような〝外地での軍隊慰問巡業の苦労〟は一切しなかったと、笠置は戦後に語っている。

戦局が悪化した一九四四年になると大劇場が次々と閉鎖され、笠置の楽団も解散を余儀なくされる。マネジャーの中島が、笠置に無断で楽団を他の興行主へ売却してしまったのである。楽団を持たず独りになった笠置は、吉本興業のマネジメントを受けて実演興行を渡り歩く生活だった。四四年、経緯は不明だが笠置はこの年、ボードビリアン・川田義雄（四九年に晴久と改名）主演の全線座舞台「鼻の六兵衛」に出演している。

笠置は、戦時中の公演で「アイレ可愛や」のほか、二つの軍歌を歌った（歌わされた？）と述べている。「真珠湾攻撃」と、四一年十二月に仏印（フランス領インドシナの略。現在のベトナム・ラオス・カンボジア）沖で戦死した笠置の弟・八郎のために服部良一が作詞（ペンネームの村雨まさを）作曲した「大空の弟」である。この「大空の弟」がどのようなものだったかは残念ながらレコードも資料もなく、まったく不明である。

服部は四一年三月に封切られた東宝映画「音楽大進軍」で音楽を担当し、その中で自らが作曲した「荒城の月ブギ」が歌われた。戦時中の国策映画ではあったが、服部のブギが映画の中で初めて披露された。

ところで服部良一が戦時中、軍歌をまったく作らなかったから偉い、という人がいるが、それは間違いである。軍歌とは、狭義では軍国主義国家や軍隊を賛美する歌だが、他にも戦時歌謡、国民歌謡、兵隊ソングといった俗曲まであって、軍歌といわれるものは広範だ（戦前・戦中のみならず戦後もしばらく人々の間で歌われた）。服部といえども時局には抗しがたかったようで、数は不明だが日中戦争から太平洋戦争中にかけて何曲かは作曲している。ただし古関裕而《ゆうじ》など、戦時中にかなりの数の軍歌を作曲した作曲家（作詞家では西條八十が群を抜いて多い）がいたので、服部は少ないほうだったことは間違いない。服部は作らなかったというより、そもそも軍歌というものが得意ではなく「作れなかった」といったほうが適切だろう。

笠置が敗戦まで不本意な〝地獄〟だったというのは決して大袈裟《おおげさ》ではなかった。思えば四歳で日本舞踊を習い、十二歳で松竹楽劇部生徒養成所に入って以来ひたすら好きな芸事に励み、一九三八年春のSGD入団後は実力が認められ人気も上昇していた時期だけに、自ら招いたものではなく戦争というどうにもならない理由での五年ものブランクは、羽根をもぎ取られた鳥のような、実に悔しいものだったに違いない。

ブルースの女王

戦争中、悔しい思いをしたという歌手は笠置だけではなかった。淡谷のり子（一九〇七～九九）もその一人のようだ。淡谷がマニキュアを塗り、細く長い眉を引き、濃い口紅を塗って銀座を歩いていると、国防婦人会のタスキをかけたオバサンたちに呼び止められ、「この非常時に贅沢は敵です」と文句をつけられたとき、淡谷はそのオバサンの目をじっと見返して、「これ私の戦闘準備なのよ。兵隊さんが鉄カブトをかぶるのと同じように、ゼイタクなどではありません」と言い返したというのは有名な話だ。

青森なまりが残る淡谷が生来の姉御肌的な反骨精神を燃やし、女だてらに啖呵を切る姿が目に浮かぶようだ。戦時中、淡谷が警察で書かされた始末書は何枚にも上ったという。

にもかかわらず、淡谷は内地・外地へ何度か皇軍慰問に行っている。たとえ本人が不本意であっても一流歌手として〝活躍〟することができたのだ。その点から言えば、笠置の歌うジャズは淡谷のブルースよりも敵性音楽とみなされていたわけで、その意味では、戦時中ほとんど歌手として自分らしい表現活動ができなかった笠置のほうが〝地獄〟だっただろう。

淡谷のり子は服部良一と同じ歳で、笠置より七歳年上である。青森の豪商の家に生まれたが、十代の頃、家が破産して母と妹と共に上京。東洋音楽学校（現在の東京音楽大学）に入学。画家のモデルのアルバイトをするなど苦学の末、卒業後は流行歌手になり、一九三一年コロムビアレコード専属になる。服部良一の入社初仕事が三六年の淡谷の「おしゃれ娘」だったが、ヒットしたのは三七年の「別れのブルース」。翌年の「雨のブルース」「思い出のブルース」と次々に服部のブルースを歌い、淡谷はたちまち〝ブルースの女王〟と言われた。笠置が帝劇で服部との出会いの幸運を得てジャズ歌手として評判になるのもちょうど同じ時期だが、笠置が戦後〝ブギの女王〟として一世を風靡すると、この二人の女王はなにかと比較された。片やブルース、片やブギ。いわば〝静〟と〝動〟である。生まれも寒い青森と温暖な香川。淡谷の実家は没落したとはいえ豪商、笠置は米・薪炭商で後に風呂屋だった。出身も音大と少女歌劇。状況はたしかに対照的だ。何事にもさっぱりしていて竹を割ったような潔い性格は似ているように見えるが、淡谷がライバルとして、また先輩歌手として、笠置を意識していたのは事実である。やがて戦後、笠置がブギをヒットさせて急に売れっ子になると、淡谷は〝歌謡界のご意見番〟となって、笠置を新聞雑誌などで公然と批評・批判をするようになる。

アジアの歌姫

自分の意思とは関係なく、戦争と深くかかわった歌姫がいた。李香蘭《りこうらん》である。本名・山口淑子（一九二〇〜）。今では多くの人が彼女を「かつて日本の満州侵略という歴史の中で翻弄され、数奇な運命を辿ったアジアの歌姫」だったことを知っている。日本人である彼女は十八歳で満州映画協会専属の中国人女優・李香蘭としてデビューし、以後、終戦まで多くの国策映画に出演した。一九三九年の東宝映画「白蘭の歌」の主題歌「いとしあの星」と、四〇年の映画「支那の夜」の主題歌「蘇州夜曲」はともに服部良一が作曲した。映画では李香蘭が歌い、レコードはコロムビア専属歌手の渡辺はま子が吹き込んでいる。

一九四一年二月十一日の紀元節から一週間、陸軍と満州映画株式会社とコロムビアレコードが企画した日劇公演「捧げよ感謝　勇士の傷に　建国祭を記念して　日満親善　歌の使節　歌う李香蘭」（ものすごいタイトル！）が催され、一週間の公演で十万人が押し寄せたという。初日はファンが押し寄せて警官や消防車まで出動し、〝日劇七廻り半事件〟として社会現象になった。ただしこれには、初日のこの日に長谷川一夫が舞台に登場したことや、紀元節ということで宮城に拝謁した群集が有楽町駅に流れたことで〝七廻り半〟

になったという説もあるが、やはり当時の李香蘭の人気がどれほど絶大だったかを物語るものだろう。ちなみに日本劇場の歴史（一九三三〜八一）ではこの公演の十万人と、戦後に笠置シヅ子が一週間に七万人の観客を動員し、一位の李香蘭と二位の笠置シヅ子の記録は突出していて、以後、誰にも破られていない。ちょうどこの頃から、〝敵性歌手〟のスヰングの女王・笠置シヅ子はＳＧＤが解散となって、まるで李香蘭と入れ替わるように有楽町・丸の内界隈の劇場から締め出され、地方巡業や軍の工場慰問公演で凌《しの》いでいた。

だが四五年八月、〝アジアの歌姫〟は日本の敗戦によって華やかな舞台から奈落の底に突き落とされる。日本人に協力した〝漢奸《かんかん》〟であるとして上海の収容所で国民政府から死刑判決を受けるが、ロシア人の友人が彼女のために奔走して戸籍謄本を手に入れ、日本人であることが証明され国外追放（無罪）となり、四六年四月、日本に帰国した。戦時中、日本軍の侵略戦争に利用されて大スターとなった歌姫は、戦時中地獄で敗戦後〝天国〟になったブギの女王・笠置シヅ子とは対照的である。

この二人の歌姫の人生が交錯するのは戦後である。一九四九年一月五日付の新聞記事によると、日劇正月公演「歌う不夜城」で主演することになっていた山口淑子が、年末の巡業での無理がたたって急性肺炎で倒れ、彼女の戦後初の日劇舞台と期待されていたが出演不能になった。日劇は急ぎ代役を八方探して交渉したが、書き入れ時の正月には暇な歌手はなかなか見つからない。一カ月半の長い地方巡業から暮れの二十六日に帰ったばかりの笠置は、元日から有楽座エノケンと共演の「愉快な相棒」に出演することになっていて、疲れを休める暇もなく有楽座の稽古でクタクタだったが、日劇からどうしてもと出演を懇請され、急遽、有楽座とのかけもちでの出演を承諾した。元日早々から毎日、笠置が舞台衣装を着けたまま有楽座と日劇のあいだを〝リンタク〟で往復。日劇「歌う不夜城」初日の最終回公演にエノケンも駆けつけて飛び入り出演し、笠置と「ヘイヘイブギー」を合唱して観客を喜ばせた、と当時の新聞記事は伝えている。

私は山口淑子に電話でインタビューした。

「たしか、笠置さんと共演したことはないと思うのよ。もちろん何度かお会いしたことはありますす。戦後、彼女がすごい人気の頃、日劇か有楽座だったか忘れましたけど、私は客席から彼女のステージを拝見しました。ほんとに素晴らしかったわ！ ワオーワオー！って、題名は……、そうそうジャングル・ブギーを、まるで吼えるように歌うのでびっくりしました。それからすっかりファンになりましたよ。あの頃が笠置さんの最盛期でしたかしら。なにしろ服部先生が彼女をとても気に入っていましたからね。お二人とも大阪の生まれでしょ？ 違うの？ 笠置さんは香川県の出身なの？ まあ知らなかったわ。大阪とばかり思っていたわ」

山口淑子はとても若々しい艶やかな声でこう言った。

軍靴の下で燃えた恋

吉本穎右《よしもとえいすけ》（一九二三～四七）に初めて会ったのは四三年六月二十八日だったと、笠置は日付まで明確に覚えている。当時の笠置は地方巡業や意に染まぬ戦時増産激励などの工場慰問をしていた頃で、笠置にとって〝地獄の日々〟だった。そんな頃、名古屋の太陽館に出演することになり、ちょうど御園座で公演していた新国劇の辰巳柳太郎とは旧知のあいだだったので、笠置は辰巳の楽屋へ挨拶に行った。そこで笠置は、〝眉目秀麗な青年〟（自伝『歌う自画像』）に会う。そのときはお互い言葉を交わさなかったが、このあと笠置が太陽館に出演中、吉本興業の名古屋主任が笠置の楽屋に来て、笠置の大ファンだという〝ぼんぼん〟を紹介した。目をやると辰巳の楽屋で会った青年で、彼は笠置に一枚の名刺を差し出し、吉本穎右と名乗った。ここで二人は初めて言葉を交わした。穎右は実家が大阪で明日帰るという。笠置はとっさに、「自分も明日、名古屋を発って神戸の相生座へ行くので「いっしょに乗りまほか」と誘った。翌日、笠置が名古屋駅に着いて穎右を探していると、吉本興業の支配人が来て、ぼんぼんはもう汽車に乗っているという。笠置は荷物が多いので穎右を呼んできてほしいと頼んだ（だが理由はそれだけではなかったと私は思う）。荷物を持って欲しいだけなら、ほかに誰かいただろう）。穎右はすぐにやって来て、笠置の荷物を持って一緒に列車に乗った。そして穎右は神戸まで笠置を送り、それから大阪

へ引き返した。頴右のことを、

「ひじょうに心のやさしい、フェミニストでした」

と笠置は自伝に記している。

私は笠置シヅ子の一人娘の亀井ヱイ子さん（一九四七〜）から父・吉本頴右の写真を見せてもらったが、たしかに往年の映画俳優を思わせる実にハンサムな青年だった。SGD時代にほのかな恋心を抱いた益田貞信といい、この吉本頴右といい、笠置は知的でハンサムな男性が好みのタイプだったようだ。

吉本頴右は早稲田の学生で、当時二十歳だった。笠置は自分を慕う九歳年下のこの青年に好感を持つ。やがて頴右が笠置の家へ遊びに来たり（当時は家に養父・音吉がいたが）、笠置が市ヶ谷にある吉本家の別宅へ遊びに行くという二人の付き合いが始まった。しばらくの間は笠置が頴右を弟扱いし、頴右も笠置に甘えるという姉弟的な仲だったが、二人が恋に落ちるのに、さほど時間はかからなかったようだ。もともと二人は互いに一目惚れだったのだ。

一九四四年七月、サイパン島が米軍攻撃で陥落してしまうと、国中で軍靴の音が響き、時代は若者の未来や希望を奪っていった。この頃、頴右は結核に罹る。若者の命は自分たちのものではなく、国家のものだった。そして四四年暮れ、二人は結ばれる。

「サイパンが落ちて、今にも本土の上空に大編隊が飛来するとの恐怖の中で、私たちの情念は火と燃えさかりました」（『歌う自画像』）

頴右はこの年喀血《かっけつ》し、学徒動員も免除になっている。不遇な歌手と〝不治の病〟を背負った青年の恋、まるで神が引き合わせたかのような、運命的ともいえる恋だった。二人の逢瀬は切なく、そうであればあるほど恋は燃え上がっただろう。やがて二人は結婚を誓う。この、四四年暮れから四六年までの二人の〝愛情生活〟（『歌う自画像』）は、日本人にとって最も不幸なときだったが、皮肉なことに笠置にとっては「わが生涯の最良の日々」だった。歌手としては地獄の時代ではあったが、女性として生涯でたった一度の恋に落ちたのだ。笠置と頴右にとって、生きるためには必要な、必然的で運命的な恋愛だった。

四五年五月二十五日、東京大空襲。笠置は京都・花月で公演中だったので無事だったが、三軒茶屋の住まいを焼け出され、無一物となった。音吉は郷里、香川の引田に戻る。市ヶ谷の吉本邸も焼失。頴右の叔父の吉本興業常務で東京支社長・林弘高の世話で、笠置と頴右は林家の隣家のフランス人宅に年末まで仮住まいする。二人が同じ屋根の下に暮らしたのは、後にも先にもこの年の数カ月間だけだった。やがて八月十五日を迎え、長い戦争が終わった。

戦時中、松竹少女歌劇の大スター・水の江瀧子もまた、戦火の中で恋に落ちていた。

笠置シヅ子と水の江瀧子という対照的なレビュースターの二人が初めて出会ったのは、一九二八年十二月に浅草松竹座で行われた大阪組の上京公演で、東京松竹楽劇部の旗揚げ公演を兼ねた「奉祝行列」（昭和三年十一月十日に行われた昭和天皇在位記念公演）のときだった。水の江は一期生で初舞台、笠置は前年に初舞台を踏んでいて大阪組として上京した。笠置（芸名はまだ三笠静子だった）が一年先輩である。このとき水の江は笠置に舞台化粧をしてもらったことを覚えていて、後年、こう語っている。

「この時共演したのが、大阪松竹の先輩の笠置シズ子さんで、笠置さんが初めて私のお化粧をしてくれたの。だから笠置さんとは相当長くつき合ってましたよ。もう亡くなりましたけど」（水の江瀧子著『ひまわり婆っちゃま』）

後に東西松竹歌劇のスター同士になるのだが、十三歳の水の江瀧子と十四歳の笠置シヅ子……、どんなにか可愛いかったに違いない。このときの二人にぜひとも会ってみたかった。

一九三〇年代半ばになると水の江は押しも押されもしない大スターになり、どこにいても女性ファンに囲まれるようになる。そんな生活に嫌気がさし、とうとうノイローゼになった。人間恐怖症である。水の江は三八年に松竹少女歌劇団北支慰問公演から帰国後、三九年に松竹との契約が切れたのを機に「女の眼から逃れたい一心で」休養をとって渡米、四〇年三月に帰国。帰国後、ニューヨークで知り合った日系二世の青年と婚約したが、ほどなくしてその青年から婚約解消の手紙が来た。理由は戦争。日米関係が険悪になり、二重国籍だった青年がアメリカの国籍を取得したからだという。

このあと水の江はまた松竹と契約し、中国へ巡業に出かけている。満州の奉天《ほうてん》（現在の瀋陽《しんよう》市）に行ったときの歓迎の宴席で、まだ婚約解消の痛手から癒されない水の江はウオッカをガブ飲みして酔っ払ってしまった。
「立とうと思ったら、腰が抜けて、もう立てないの。それでその時、松竹の宣伝部にいて、私の担当だった廉ちゃん（兼松廉吉さん）っていうのに抱きかかえられるようにして帰って来て、そこでうまいことされちゃったみたいで、それが廉ちゃんとできた最初」（同）
　水の江は四二年末にＳＳＫを正式に退団。ＳＳＫの宣伝部にいた兼松廉吉が彼女のマネジャーとなり、四三年一月、劇団たんぽぽを丸の内の邦楽座で旗揚げした。その後一座は中支、南支、朝鮮半島を含む各地に慰問巡業に出かけた。太平洋戦争が始まり戦雲も悪化した頃、群馬県太田市にあった中島飛行機工廠で公演中、Ｂ29の爆撃に遭う。そのとき水の江はトイレの中にいたが、水が流れない。兼松が早く逃げろと言ったが、水の江はトイレを流さないまま出るのは嫌だとわめいた。
「皆は逃げちゃって、爆弾がどんどん落っこちて来る中で、水汲んで来て、ジャアジャアやって、全部、流してくれた。そん時、初めて、ああ、この人、いい人だな、と思った。」（同）
「そういう関係だから、あまりベトベトしているのは無いの、忙しくて、巡業巡業で」と水の江は言うが、その妻子ある〝廉ちゃん〟との関係は、爆撃のない戦後になっても続いた。〝廉ちゃん〟がマネジャーとして黄金期に、しかも男盛りの四十三歳で自殺するまで……。
　ハンサムで〝ぼんぼん〟の吉本頴右と笠置の、出会いから死別までのたった四年のはかない恋もせつなくて胸に迫るのだが、タアキイさんと、ハンサムでインテリで女にも男にもモテてちょっとずるくて優しい〝廉ちゃん〟との十年余りの不倫関係にも、私はいじらしさを感じてしまう。戦争であろうが爆弾の雨が降ろうが、笠置も水の江もみんな若く、懸命に生きていたのだ。

レビュースターとして笠置と水の江の芸風は全く異なっていたが、恋愛に関して淡白で、その反面、ひとたび恋に落ちると二人とも一途だったことはよく似ている。その後の二人の人生から考えてみると、似ているところと相反するところがあって興味深い。二人とも好奇心旺盛で、生一本な性格で、姉御肌的な義侠心や人間好きなところはとても似ているのだが、〝スター性〟という点においては、やはり水の江のほうが勝っていたように思う。笠置は華やかなスター生活よりも、子どもを育て、花を育て、家の中にいることを大切にした生活者としての一面があった。一方、十代からスターになり、大勢の取り巻きに囲まれ、「ひばりのおっかさんよりすごかった」という姉がすべてを取り仕切り、「一度も能動的になにかをやったわけではなくいつも誰かがお膳立てしてした」という水の江とはまったく違っていた。笠置は大スターになったのが三十代だったし、水の江のような〝酒豪〟ではなく逆に一滴も飲めないし、賭け事もしないし、お金に堅実で、おまけに〝不倫〟はしない主義だった。いかにも潔癖で苦労人と言われた笠置らしい。

ここで私は同性愛者を差別する意図は全く無いことを断っておかなければならない。

男装の麗人・水の江瀧子は背が高くスラッとしていて、少女歌劇で多くの少女ファンを魅了し、同性愛のような恋慕の情を少女たちから一身に受けた。この〝男装の麗人〟という言葉は魅惑的で、ドラマティックで、どこか倒錯したエロティシズムの匂いがする。たしかショパンの愛人だったジョルジュ・サンドや、〝女スパイ〟川島芳子もそう言われていた。だがこう言ってはなんだが、少女歌劇の〝男装の麗人〟は、演じるという芸ではあるが、なんといっても見世物であり、ニセモノでもある。水の江は魅力的だったと思うが、彼女に熱狂するファン心理は幼稚な〝はしか〟の熱のようなもので、後に「同性愛なんか無かった」と水の江がきっぱり否定する気持ちは理解できる。それは本当だろう。むしろ彼女はそうした同性愛を、「気持ち悪い」と言って嫌っていた。というより、彼女もまた一人の女性だったのだ。女性だから〝男装〟するのであって、男はしない。水の江瀧子は、〝男装の麗人〟を実にうまく演じていただけだろう。戦後のエピソードだが、四九年の大映映画『花くらべ狸御殿』で水の江は狸の美青年・黒太郎を演じ、そのときのことを後にこう語っている。

「この映画で私は初めて女の人とキスするシーンを撮ったんだけど、口の先をくっつけただけでびっくりして、熱出して一日寝込んじゃったの。これがほんとの知恵熱ね」（『ひまわり婆っちゃま』）

一方、笠置シヅ子も少女歌劇出身だが、同性愛的な匂いが全く無い。ＯＳＳＫ時代は恋愛経験も無かった。笠置は仲間から「エロぎらいの神様」といわれたという。男女混合のＳＧＤ時代の笠置には女性よりインテリ男性のファンが多かった。

第二章 「センセ、たのんまっせ」——アプレ・ゲールという怪物——

焼け跡・闇市

敗戦直後の東京がどんなふうであったか、街の風景を想像できるだろうか。明治維新から敗戦までの七十七年間、営々と築かれた帝都が焦土と成り果てた姿を、私はこの眼で見たことがない。戦後生まれにとってはまさにある種のワンダーランドである。笠置シヅ子が〝スヰングの女王〟から〝ブギの女王〟へと変貌して脚光を浴びた、第二のステージの占領下時代とはどのようなものだったのだろう。まずは敗戦後東京の風景、帝都の〝焼け跡・闇市ワンダーランド〟を探しに行こう。七十年以上も前のことだが、手がかりはいくつかある。

永井荷風の従兄弟で（といっても互いに険悪な関係だったという）、当時三十八歳の作家・高見順は敗戦後三カ月経った一九四五年十一月十六日の日記にこう書いている。

「東京駅から白木屋へ行く道、毎日の道路が、これまた森のケダモノの道と同じく、いつの間にかきまってしまった。自然に、本能的にきまった道を通る。全くケダモノとかわりない。焼跡に何もないからだ。ちょっと道をかえて、知らない通りの店でものぞきながら歩こうかと、心をひくような何もない。森と同じなのだ。だから自ずと森を行くケダモノと同じように、きまった道を行く。味気ない顔をして、トボトボと歩いて行く。人間の心を踊らせるような何もない。好奇心をそそる何もない。眼を楽しませる何もない。精神を喜ばせる何もない。あるのは屈辱感。暗い敗戦感」（『敗戦日記』より）

焼け跡をトボトボ歩く高見の姿に、〝戦時中、左翼を転向した〟インテリの挫折感を吐露せずにはいられない弱さと誠実さが強く感じられる。

それが六日後の十一月二十二日になると、彼はこう書く。

「今日から日本劇場が再開されました。戦時中は風船爆弾の工場になっていたとのことですが、再び『映画と演劇』の劇場になりました。新聞にこんな広告が出ています。

帝都の人気独占　東宝舞踊団　ハイライト　日本劇場

私も久しぶりのレビューなのでのぞいて見ようかなと、電車の窓から見下ろすと、劇場の周囲は大変な人の群、雨が降っているというのにえんえんたる行列です。いかに人が娯楽に飢えているか――物に飢えながらも――を語っているようでした」

高見が十一月二十日からの日劇再開第一回公演を知って、暗い敗戦の屈辱的挫折感から少しは生きる希望を見出したかのような仄《ほの》かな光が感じられる。まさにそのレビュー「ハイライト・ショー」の看板には、轟夕起子《とどろきゆきこ》、灰田勝彦、岸井明とともに、やがて敗戦の復興に立ち上がる日本人の象徴的存在となるブギの女王・笠置シヅ子の名前があった。

焦土・帝都の風景を、私は活字ではなくぜひとも映像で見てみたいと思ってあれこれ探したら、興味深いものが見つかった。ニュースフィルムでなんども見たことのある東京や広島・長崎の惨状を映したドキュメンタリー映像ではなく、一本の娯楽映画である。それは『東京五人男』というコメディー作品で、一九四五年十二月二十七日、有楽町の日本劇場で初公開、翌四六年一月三日一般公開された東宝映画だ。斉藤寅次郎監督、横山エンタツ、花菱アチャコ、古川ロッパ主演。私はこれをビデオで見た。そこには焦土の生々しい姿、爆撃の跡もすさまじい東京の焼け跡が映し出されていて思わず目を見張った。これってどこなのか、これが東京なのか――。不謹慎な言い方かもしれないが、この、見渡す限りなんにもない妙なすがすがしさに、心が奪われた。

物語は、エンタツ、アチャコ、ロッパら徴用工として軍需工場で働いていた五人の男たちが敗戦直後の東京へ帰ったところから始まり、焼け跡の丘で五人は力を合わせて生活の復興を誓う。そのほか闇物資で太る資産家や、物資を横流しする役人や闇屋、米を売り渋る金持ち農民が出てくるのだが、そんな時代でも逞しく生き抜こうとする庶民の生活をコミカルに描いている。買い出しの荷物で超満員の電車や芋ばかりの配給でも、人々には戦争は終わったのだという明るさと希望が感じられた。チャップリンやキートンの映画のようにバラックの家が傾いたり回転したり水浸しになったり流されたりと、エンタツ・アチャコのドタバタギャグにはちょっと苦笑させられたが、ろくな家もなく、食うや食わずなのに〝桜丘配給所〟ではみんな我慢強く、怒らず、文句も言わず、黙って行列に並んでいる。ラストシーンの、群集が立ち上がって「三合配給絶対確保」「大邸宅を開放せよ」などと書かれた横断幕を掲げ、

「みんなで働きゃ復興はすぐだ」

「明るい東京　楽しい東京　ぼくらの東京　みんなの東京」

などと歌いながら力強く行進するシーンに驚いた。石も火炎瓶も飛んでいない。全共闘世代の私には信じられないほど、かつてこんな日本があったのかという不思議な感慨があった。

『東宝五十年史』によると、『東京五人男』は「九月二十二日のGHQ指導に従って企画された第一号であった」と記されている。敗戦後のほんの数カ月でこんな映画が製作されたこと自体、驚異的なことだ。製作経緯はどんなものだったのだろう。なんとこの映画はもともと戦時中、それも敗戦の色濃い時期に戦意高揚の目的で製作されていたのだが、完成を待たず敗戦となり、テーマをまったく百八十度転換して撮り直したものだったのである。いわゆる〝敗戦またぎ〟といわれる映画で、その最初の企画だった。当初のストーリーは徴用された五人の男たちが力を合わせて〝鬼畜米英〟に立ち向かう、というものだったようで、それが八月十五日を境にしてまったく逆の意味の映画に作り変えられるとは、まさに驚きである。四五年九月十九日のGHQ発令による検閲・プレスコード（新

聞・放送等規定）は、戦時中の軍による言論統制に代わる占領下時代の言論規制だった。この当時、戦時中から製作中だった二百三十六本もの映画が非民主的とされ、上映禁止か焼却処分となった。軍国主義を鼓舞するもの、たとえば仇討ち・切腹から日本思想の象徴とみなされた富士山が映った映画も含まれ、例外は松竹映画のオープニングタイトルに出てくる富士山だけだったという。その一方で、キスシーンが健全な性描写とされ解禁されている。

オキュパイドジャパンとなった日本では、新聞・雑誌はもとより、映画・演劇もすべてＧＨＱによるこの検閲に従わざるをえなかった。別に皮肉を言うわけではないが、古いものでもリメイクすればいいという、なんとも合理的なＧＨＱの〝指導〟の正体を垣間見たような気がする。そしてさらに言えば、ほんの少し前まで軍部の指導に従った〝一億一心、総火の玉〟の日本人が、今度は新たな支配者ＧＨＱ、言い換えれば〝アメリカさん〟の指導にも同じように従って(?)、人々が活き活きと戦後復興に立ち向かうという映画を作ったのだから、大衆というものの弱さ・強さ・したたかさを感じないわけにいかない。

ちなみに、厳密にいえば敗戦後初めて公開された日本映画は『東京五人男』ではなく、四五年十月十一日に公開された松竹映画『そよかぜ』である。これもまた〝敗戦またぎ〟映画だった。ＧＨＱ検閲通過第一号は『東京五人男』ではなくこっちだという説が根強い。いずれにせよ、公開されたのは『そよかぜ』のほうが早い。こんなところにも東宝と松竹の競争意識が表れているようだ。二作品とも戦時中に戦意高揚目的で作られていた映画で、

『そよかぜ』も当初は陸軍慰問音楽隊の青年たちの奮闘物語だったが、ＧＨＱによって劇場オーケストラ部員の三人の青年と下宿屋の娘との明るい恋物語に作り変えられた。挿入歌となったのが、ＳＫＤ（松竹歌劇団）出身の並木路子が歌う「リンゴの唄」（サトウハチロー作詞、万城目正作曲）だった（レコード発売は四六年一月。この歌の完成が間に合わず、撮影中に並木路子が歌ったのは「丘を越えて」だったという。「リンゴの唄」は後のアフレコで差し替えられた）。これが四六年早々から瓦礫《がれき》の帝都に流れてたちまち大ヒットし、日本中がまず最初にこの歌声に励まされて戦後復興を遂げていったという、〝復興ソング第一号〟の歴史的な歌となった。

九月のＧＨＱ指導に従い、『東京五人男』が新しい映画としてクランクインされたのは十一月で、『そよかぜ』より時間がかかった。五人の主人公が焼け跡に揃ってあたりを見渡している小高い丘の上からの俯瞰《ふかん》シーン、そこに映し出された焦土・東京のパノラマは、作られたドラマの中の映像ながら六十年以上の年月を経てもなお、ああこれがまさしく敗戦の現実なのだと誰もが痛感するはずだ。

五人の主人公の一人、戦前戦後を代表する喜劇人でエッセイストでもあった古川ロッパは『古川ロッパ昭和日記』を書き遺し、その戦後篇（昭和二十年〜二十七年）の中でこの映画のことが書かれている。十月二十九日の日記に、「あれはマックアーサー司令部の検閲に通った唯一の企画」とあるのだが、こんな時代でもロッパの関心は戦争や検閲や占領軍のこと以上に、食べ物のこと（彼はいつどこでどんなものを食べたかという食事の詳細を記録していた）、お金の心配、そして仕事への不満や皮肉（例えば専属だった東宝が戦前はロッパを優遇したが、戦後一変して冷遇したことなど）だった。『東京五人男』は十一月二十日正式にクランクインされ、十二月十日のロッパの日記に、私が強烈な印象を抱いた焼け跡のシーンのことが書かれていた。それによると映画で見た小高い丘の上の焼け跡シーンは、渋谷駅から道玄坂を上ったあたりだったことがわかった。

肉体歌手と肉体作家

復員兵が〝闇屋〟になり、戦争未亡人が〝闇の女〟になるしかなく、ほとんどの日本人が敗戦の虚脱状態に放り出されたとき、無頼派といわれる作家・坂口安吾（一九〇六～五五）が『堕落論』を発表したのは一九四六年四月である。初めてこれを読んだとき、私はなんだかホッとした。敗北・挫折・混乱に陥っても、人は自分を取り戻すことができるのだということを知って、救われる思いだった。

「人間は堕落する。義士も聖女も堕落する。戦争に負けたから堕ちるのではないのだ。人間だから堕ちるのであり、生きているから落ちるだけだ」というのは一見偽悪的ではあるが、痛切な皮肉の裏側には希望が隠されている。虚脱状態というのは堕落への不可欠な引導であり、堕落しきることと以外に「人間を救う便利な近道はない」と坂口は書く。日本も日本人も「正しく堕ちる道を堕ちきることが必要」であり「堕ちる道を堕ちきることによって、自分自身を発見し、救わなければならない」とする『堕落論』とは、まさに痛烈な皮肉としての日本人の〝懺悔と再生の書〟だったのだ。だが、人や国家が「堕ちきる」とはいったいどういうことなのだろう。弱く愚かな人間は結局はまた、〝処女〟という名の清廉潔白な理想を刺殺し、〝武士道〟とやらを編み出して死や暴力を美化し、〝天皇〟という覇権主義の傀儡をまたしても担ぎ出さずにはいられない、と坂口は言っているように私には思える。

坂口安吾は日本の敗北がもたらした退廃と孤独を見据えて、敗戦後の十年を生きた。彼は戦後日本の日米同盟と再軍備による経済成長を引き換えにした〝堕落〟を見ずに死んだが、それから半世紀以上を経た今、私たち日本人と日本という国はもう十分「堕ちきった」だろうか。それとも、堕落の底はまだ先なのだろうか。いずれにしてもその「堕ちきった」先には、どんな救いがあるのだろう。日本人はいったいどうすれば救われるのだろうか。その暗示が、一九四八年に発表された『不良少年とキリスト』の中の次の言葉だろう。

「人間は、決して、勝ちません、ただ、負けないのだ。勝とうなんて、思っちゃ、いけない。勝てるはずが、ないじゃないか。誰に、何者に、勝つつもりなんだ」

一部の日本人はあの戦争に負けてからも、いつもどこかで仕返しをしたい、いつか勝ってやろうと思っていたのではないか。勝つなんて、できっこないのに。いったい何に、なんのために勝つつもりなんだろう。勝ってどうするんだろう。戦時中、なべや釜を鉄砲の弾にして、女たちにも竹槍を持たせて駆り立て、国の暴走を誰にも止められなかったように、人間はいつになっても戦争という破壊力を美しいと感じ、運命や天皇に従順であることの幻影に、とり憑かれたいのだろうか。正しく〝堕落〟することをしないで、破滅への道を選ぶのだろうか——、安吾はそう言っているような気がする。

敗戦と共に〝思想〟は敗北し、代わって〝肉体〟が賞賛される。中でも田村泰次郎（一九一一～八三）は、一九四七年に『肉体の門』を書いて一躍ベストセラー作家になった。田村は早稲田仏文科時代から小説や評論を書くが、四〇年、中国戦線に召集入隊。四六年二月に復員するまで、七年間にわたって中国各地を転戦した。一九四〇年以降、中国で田村が実際に体験したのが戦争の悲惨さだった。田村は復員した直後、四七年に時代の寵児となった五歳年上の坂口安吾のベストセラー『堕落論』を読んで、刺激を受ける。

田村がもっと反発したのは、「田村の文学には思想がない」と批判した左翼知識人だった。彼らの〝思想〟を田村は嫌悪する。

「私は民族を戦争の惨禍から救うことになんの力の足しにもならなかったような『思想』はいまではちっとも信用していない。信用していないどころか、そんないい加減な上すべりの、おっちょこちょいの『思想』には、腹立たしさと憎しみさえ覚えている」（『肉体の文学』）

田村が最も否定する〝思想〟とは「卑怯な思想」であり、「戦争中には一番愛国者のような面つきをして、戦争に協力し、戦争に敗れると、こんどは昔からの戦争反対者のようなことをぬけぬけと公言できる、神経の便利な思想」である。お国の言うことなんか信じたらとんでもないことになる。どんな思想や、どんな勲章よりも、ただひたすら生きていることのほうが尊い。肉体の温かさを体感してこそ、生きる喜びを表現できるのだ――。

そんな〝肉体文学の旗手〟田村泰次郎は、たちまち〝肉体作家〟と呼ばれるようになる。身体ごとぶつかるように踊り、叫ぶように歌うブギの女王・笠置シヅ子はさしずめ〝肉体歌手〟だ。

敗戦後の世相はどこもかしこも、肉体が発する〝灼熱のパッション〟に飢えていた。そんな時代の寵児となった歌手と作家、笠置と田村には合い通じるものがあった。二人が雑誌で対談したのは必然的で、象徴的なものだった。しかも〝肉体雑誌〟と呼ばれたカストリ雑誌での顔合わせで、対談の舞台としても申し分ない。その対談を少し引用してみよう。

田村・笠置さんは楽町――だけに限らないが、何かしらんが、街の女の連中にとても人気があるんですね。このあいだお米（注・ラクチョウのおヨネ。当時、有楽町あたりに出没した街娼たちのリーダー格だった女性）が三、四人で来た。私は血圧が高いので会わなかったが、白鳥会館を作るということで――、

笠置・ええ、あの人たちが集まってタイプライターとか、洋裁とか診療所を作って、自分たちの集まる場所にするわけですね。なんでも腕に仕事をつけて更生したいというの

で……。

田村・具体的に進んでいるかね。

笠置・進んでいるが鉄筋でなければ許さないというので、大分予算が狂ったといっていました。

田村・鉄筋では大変だ、ちょっと出来ないね。

笠置・やるといっていました。

田村・他の建物に木造を許して、それだけに許さぬというのはおかしいね。

笠置・いろいろ今、工作をしているという話で、ここ二、三日は見えないが、この間中は毎日来ました。花輪を客席からくださったり。

田村・それはどういうわけで。いつごろからファンですか。

笠置・東京ブギウギを唄った時ですから、二十二年の九月から十月にかけて――。

田村・総見なんかあったのですね。

笠置・必ずありました。日劇の頃は流し込みですから七十人ぐらい、有楽座では七十人とれないから五人とか七人、毎日来ます。

（略）

田村・小説は好きですか?

笠置・好きです。なんでも閑さえあれば手当たり次第に読みます。最近一番感心したのは『風と共に去りぬ』と『細雪』です。今、『軍艦大和』(注)を読もうとしてますけど、有楽座が終らなければとてもだめですね。

田村・戦記物にも興味がありますか？

笠置・大いにあるわ。

田村・とにかく戦争は忘れたいという人があるけど、日本は負けたんだし、もっと真相を知りたいという気持ちはありますよ。だけれどもセンチメンタルに書いたりヒロイズムに書いたりするようなことではだめだ。（略）それより本当に正確な記録、戦史を、昔軍の枢要な地位にいた人は書くべきだ。（略）

笠置・『軍艦大和』を読みたいと思って、前から買ってあるんですが、なかなか読めない。あれにはきっと、あたしたちの肩を突いてくるような激しいものがきっとあるにちがいないと思っていながら、仕事に追われていてなかなか読めない。（略）

記者・下山事件は、どうお思いですか？

笠置・この頃の新聞を読んでいると、日本かどうかわからなくなってしまう。下山さんのときは、私は報知（新聞）から聞きに来られました。どう思うかといってね。私は悲しいという一言に尽きると言いました。

田村・犯人なんか捕まってみないとわからない。新聞を見れば見るほどわからない。（略）ああいう事件によって、人心が異常だ異常だと言ってしまうと、自分でその暗示にかかってしまうんだから……。

笠置・三鷹事件にしたってもう少し賢明な方法がありそうなものですね。全然思いもか

けない人が死ぬなんて悲しいことですね。（略）

田村・われわれにはどういう状態であるかわからない。これは歴史の大きな流れの中で、あとで考えてみてわかるだけで、自信あることは言えない。

笠置・見当がつかない世の中になって、こわくなってしまいます。私は女ですからなおのこと深い考え方も浮かばないし、ただこの頃の事件は悲しいということしか言えない。もう少しいい世の中になってほしいと思うだけで……（略）

田村・でもこういうことは歴史の一つの流れから出てくるもので、よけようと思ってもよけられないが、お互いがもう少し楽しくしようという気持ちは必要だ。私は大体享楽主義だから人間はみなうまいものを食い、楽しい生活をしたい、そういう世の中にしたいという気持ちはいっぱいだ。

笠置・そうですよ。

（『サロン』一九四九年九月号、「もう少し楽しくしようという気持ち」より）

「あたしたちの肩を突いてくるような激しいものがきっとあるにちがいない」という笠置の言葉が、私の胸に深く迫る。笠置はその後『軍艦大和』を読んだだろうか。弟の八郎を死なせたあの戦争とは一体なんだったのか——。それは戦後の人々の誰もが抱えた問いだっただろう。誠実で、純粋な人ほど多く抱えたその問いは、果たして解かれただろうか。

（注・ここでの『軍艦大和』とは、雑誌『サロン』一九四九年六月号に掲載された吉田満著

『小説　軍艦大和』のこと。当時話題になり、同じものが雑誌『創元』同年十二月号に掲載される予定だったが、GHQの検閲で全文削除された。GHQから独立回復後の一九五二年八月に吉田満著『戦艦大和ノ最期』（創元社）として出版され、反響を呼んだ）

「東京ブギウギ」誕生

一九四五年十二月初旬、上海から第一回引き揚げ船・盟友丸で鹿児島加治木港に着き、そこで握り飯と金一千円を支給され、ムシロを敷いた無蓋貨物列車で品川駅に到着した男がいた。中国メロディーを現地で肌に触れて学ぼうと、四四年六月に中国大陸へ陸軍報道班員として三度目の従軍に就き、一年半ぶりに帰還した服部良一である。服部が軍部から与えられた任務は上海地区で音楽を通じて〝文化工作〟を行うこと、いわば戦地慰問、音楽広報活動だった。当時彼は報道部に詰めていた作家の高見順、石黒敬七《いしぐろけいしち》、画家の高野《こうの》三《み》三男《さお》、作詞家の佐伯孝夫らと一緒で、北支・中支の前線を巡回する芸能慰問団に加わっていた渡辺はま子、妹の服部富子等とも一時行動をともにした。作家の高見順も服部とともに上海にいたが、服部より先に四四年十二月に帰国。四五年十二月十六日付の高見の『敗戦日記』に服部の名前が出てくる。

東京に着いた服部は、品川駅から有楽町駅へ向かう途中に日劇の前を通ったとき、眼を見張った。偶然にも高見順が電車の窓から見て「のぞいて見ようかな」と思った同じ看板だった。日劇は戦時中、軍部に接収されて風船爆弾の工場になったところだが、空襲を免れた日劇の円形劇場を見て、服部は感動する。戦後初の公演「ハイライト・ショー」が上演されていて、看板には灰田勝彦、轟夕起子、笠置シヅ子、岸井明といった旧知の歌手たちの顔ぶれが並んでいたことを喜んだ。服部はすぐにも楽屋を訪ねて、懐かしいかつての仲間たちと再会したかったが、家族の安否が気づかわれて、そのまま吉祥寺へ直行することにした。

「敗戦の東京に、早くも大衆娯楽の復活のきざしを目にすることができて、ぼくは心を励まされる思いであった」（服部良一著『ぼくの音楽人生　エピソードでつづる和製ジャズソング史』）と、このときのことを自伝に記している。三十八歳の服部が生きて再び日本の土を踏み、戦火を免れた日劇の姿を見てどれほど嬉しかったかが伝わってくる。このときから、大衆音楽家として活躍する服部良一の戦後の華々しい後半生が始まった。

一方、笠置シヅ子の戦後は四五年十一月二十日からの日劇再開第一回公演「ハイライト・ショー」からで、日劇・有楽座などの舞台や恋人との〝愛情生活〟とともに、幸運にも歌手としての多忙な日々が始まる。五月の大空襲で焼け出されてから四五年末まで、笠置と吉本頴右は荻窪のフランス人宅に間借りしていた。二人が一つ屋根の下で暮らした幸せな日々はこのときの約半年間だけだった。四六年になると頴右は早稲田大学を中退し、叔父・林弘高の下で、吉本興業東京支社社員として本格的に働くことになった。笠置は四六年一月二十一日から、当時、吉祥寺にあった服部良一宅の二階に仮寓したが、当時の服部家は五人の子どもに恵まれた大家族だった。この頃、笠置は美容院で荘村正栄という女性と知り合った。軍人の夫がまだ復員せず一人暮らしだった彼女は笠置のファンで、日劇の楽屋へもよく遊びに来るようになり、笠置が家に困っていることを話すと、「じゃあうちへいらっしゃい」と誘った。笠置は四月には服部宅を出て、四六年末まで大田区の洗足池ほとりの荘村宅に住む。この年、頴右は笠置のためにマネジャーを付ける。戦前にコロムビア制作部にいて、服部の紹介で笠置の「アイレ可愛や」などをプロデュースした人物であり、戦後は吉本興業に入社していた山内義富だった。山内のマネジメント能力は絶大で、笠置は山内を「おじさん」と呼び、全幅の信頼を寄せて山内の妻子ともども家族ぐるみの付き合いをしていく。四六年五月末、笠置は舞台の合間に頴右と山内の三人で箱根に静養に出かけ、この年の十月、妊娠に気づく。頴右の子どもを宿したのだ。

敗戦直後の日本人には屈辱感、虚脱感、そして不思議な解放感が入り混じっていた。四六年早々には、飢えた人々であふれた焼け跡・闇市にどこかもの悲しさが漂う並木路子の「リンゴの唄」が流れ、彼女は〝復興ソングを歌う敗戦歌手〟第一号となった。四七年になると菊池章子が「星の流れに」(作詞・清水みのる、作曲・利根一郎)を歌うが、有楽町などの繁華街に出現した哀しい〝夜の女〟を歌ったもの。これは作詞家の清水が東京日日新聞に掲載された女性の手記をもとに作詞したもので、満州から引き揚げてきた彼女がすべてを失い〝夜の女〟として生きるしかないという嘆きを込めた〝反戦歌〟だった。田村泰次郎原作『肉体の門』の映画(マキノ正博監督、轟夕起子主演)が四八年十月に公開されたのを契機に、徐々にヒットしていった。

敗戦後の混乱の中で、笠置は夢中で生き延びた。一九四五年五月二十五日の大空襲のとき、笠置は京都公演中だったが、三軒茶屋の借家も家財も全焼し、ハダカ一貫になった。二年後、生きる支えだった吉本穎右に病死され、生涯で最も苦難の時代になる。

「その〝どん底〟の底でヱイ子を生んだのです」(『婦人公論』一九六六年八月号、笠置シヅ子「ブギウギから二十年」)

五月に婚約者を亡くし六月に出産後、一人で愛児を抱えた笠置シヅ子から、「センセ、たのんまっせ」と頼まれた服部は、自伝にこう書いている。

「笠置シヅ子は悲嘆のどん底に突き落とされた。しかし、泣いてばかりはいられない。愛児のためにも、自分のためにも、芸能界へカムバックしなければならなかった。—ぼくは彼女のために、その苦境をふっとばす華やかな再起の場を作ろうと決心した。それは、敗戦の悲嘆に沈むわれわれ日本人の明日への力強い活力につながるかも知れない。何か明いものを、心がうきうきするものを、平和の叫び、世界へ響く歌、派手な踊り、楽しい歌……」(『ぼくの音楽人生』)

四七年の秋、今度は「リンゴの唄」や「星の流れに」にはない明るく陽気なブギのメロディー「東京ブギウギ」がラジオから流れ始め、たちまち爆発的な大ヒットとなる。やっと二人の音楽が迎え入れられる時代がきたのだ。服部の曲への思いをしっかり受け止め、〝敗戦歌手〟笠置シヅ子は全身全霊で歌った。理屈も嘘もない、服部と笠置の思いがその時代と日本人の心に通じ、渦のように一つになった。服部の「心がうきうきするものを平和の叫び　世界へ響く歌」という思いを笠置が受け止めて「歌い、踊り、咆え、叫んで客席と一体化した熱気」となった「東京ブギウギ」は日本中津々浦々に響き渡った。それはまるで「平和の叫び」そのものだった。ちょうどこの年の春、日本国憲法が施行されたばかりで、平和を謳う憲法と「東京ブギウギ」は、同じ年に生まれた。

婚約者の母

四七年一月、笠置は荘村正栄宅から世田谷・松陰神社前に一軒家を借りて引っ越し、マネジャーの山内義富一家と住む。一方、頴右の肺結核は次第に悪化していき、彼は西宮市の自宅へ戻って療養に専念することになる。一月十四日、笠置は東京駅で彼を見送ったが、これが頴右との今生の別れとなった。妊娠五カ月の笠置は服部良一を始め周囲をハラハラさせながら、一月二十九日、笠置主演の日劇「ジャズカルメン」初日の幕が開いた。当時の雑誌には、笠置の「ハラボテのカルメン」という記事もあって驚く。実はこの「ジャズカルメン」で、笠置は引退するつもりだった。結婚を誓った頴右との約束だったのだ。やがて出産が近づき、当時の芝区葺手町にあった桜井病院に入院していた笠置の下へ、五月十九日午前十時二十分、吉本頴右が急逝したとの知らせが入る。当時は奔馬《ほんま》性結核と呼ばれていた〝不治の病〟が、二十四歳の命を奪った。彼の死は、二人の女性を悲しみと失意のどん底に突き落とした。来月早々に出産を控えた身重の婚約者と、最愛の一人息子に将来を託していた母、大阪の吉本興業社長・吉本せい（一八八九～一九五〇）である。

兵庫県明石生まれの林せいが、大阪上町の荒物問屋・吉本吉兵衛（本名・吉次郎、通称・泰三）に嫁いだのは一九一〇（明治四十三）年。家業そっちのけで寄席道楽に明け暮れていたという吉兵衛が、北区天満にあった寄席「第二文藝館」を買収して妻のせいとともに寄席経営に乗り出したのが一九一二年四月一日（現在の吉本興業創業日）。二人は小寄席の端席を次々と買収し、「花と咲くか月と翳るかすべてを賭けて」との思いから「花月」と名づけ、大正末には大阪だけで二十余りの寄席を経営し、東京へも進出する。経営手腕は吉兵衛よりせいのほうが上手《うわて》だったようで、彼女は今日まで〝伝説の女興行師〟と語り継がれる。ちなみに一九五八年、山崎豊子が吉本せいをモデルに小説『花のれん』を書き、第三十九回直木賞を受賞している。翌年には東宝で映画化され、主演の淡島千影（吉兵衛役は森繁久弥）は大阪女の逞しさとせつなさを好演した。

せい夫婦は二男六女をもうけたが、長男以下五人の子どもが次々と夭逝した上に、次男（頴右）が生まれた翌年の一九二四年、吉兵衛が三十七歳の男盛りに急逝してしまう。せいは三十四歳の若さで未亡人になったのである。やがて昭和に入り、関西発祥の松竹と東宝が二大勢力となって興行が発展する中にせいは堂々と割って入り、業績を伸ばしていく。華やかな舞台の裏では熾烈な競争が繰り広げられるのだが、せいは女の細腕で大阪女の

〝ど根性〟を発揮した。そんな彼女が一人息子の頴右をいかに溺愛し、自分の後継者として期待していたかは理解できないことではない。

一九四三年頃に出会った頴右と笠置シヅ子が、翌年には結婚を約束するまでの仲になったことはせいの耳にも入る。このとき、せいが二人の結婚に猛反対したという話はおそらく事実だろう。頴右はまだ学生で、おまけに笠置は九歳も年上である。OSSKやSGDで評判の歌姫だったとはいえ、笠置シヅ子もまた、かつてせいが日々面倒を見、育て、ときには札束で引き抜き合戦を繰り広げてきた同じ芸人であり、やり手興行師から見れば〝商品〟なのだ。また息子を溺愛する母親としてみれば嫁が誰であろうと、息子の勝手な恋愛結婚をすんなり許すとは思えない。このことは当時もマスコミの格好のネタになったようで、後々まで「ブギの女王と吉本興業御曹司の許されぬ結婚」と喧伝された。だが実際は、せいがかたくなに反対していたわけではなく、せいの心も徐々に軟化し、とくに笠置が頴右の子を身ごもってからは二人の仲は周囲も公認だった。せいの実弟で吉本興業常務・東京支社長の林弘高が笠置のもとへ〝姉の使者〟となり、ことは円満な方向へ進んでいたようだ。せいにとっては孫の誕生である。服部良一も自伝で「事態は好転していた」と証言している。笠置自身も、出産後は頴右との家庭を持つことを夢見て芸能界から引退することを決めていた。日劇「ジャズカルメン」は笠置にとって最後の舞台、引退公演になるはずだった。だからもしも頴右が急逝さえしなければ、〝ブギの女王・笠置シヅ子〟は誕生しなかったことになる。

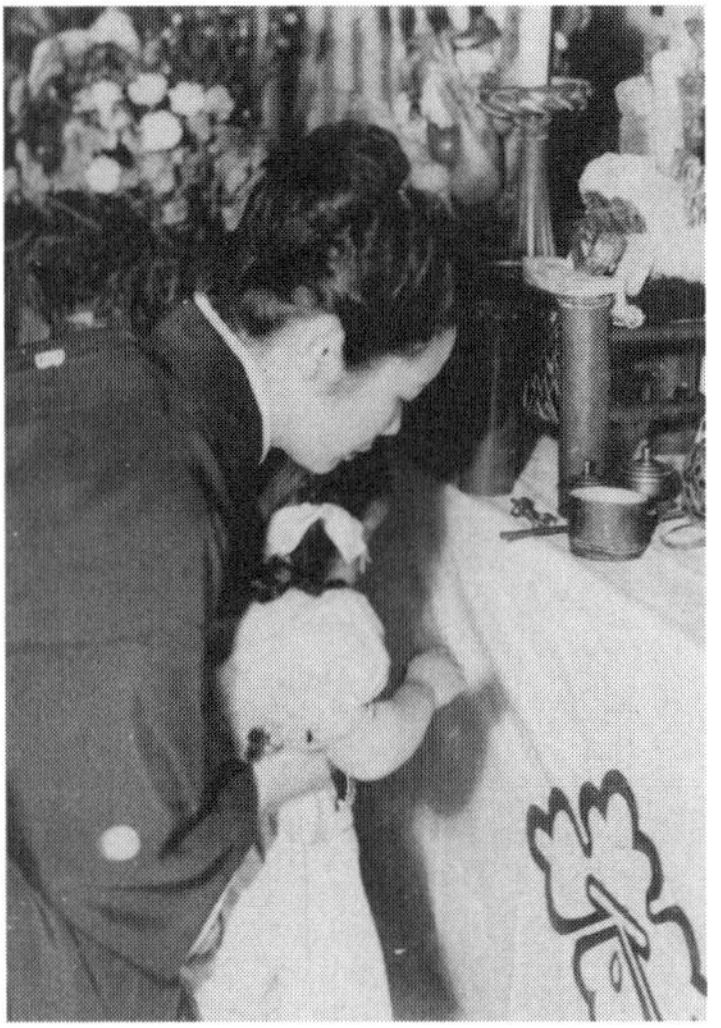

1950年3月27日、大阪・四天王寺での吉本せいの告別式で。娘ヱイ子と焼香する笠置シヅ子。

　しかし皮肉なことに、せいは孫の誕生の直前に突如、一人息子を失った。一代で吉本王国を築いた〝女傑〟〝女太閤〟も、この事実には打ちのめされた。一方、最愛の婚約者を失った笠置はいとし子が授かり、悲しみの中で再び舞台に立つことを決心する。

　一躍スターとなった笠置は多忙なスケジュールに追われるが、幼いヱイ子をつれて大阪で入院中のせいのもとに病気見舞いに訪れている。笠置が初めて吉本せいに会ったのは、頴右が亡くなった四カ月後の九月、大阪の梅田劇場に出演したときだった。西宮の甲子園に近い吉本宅へまだ生まれたばかりのヱイ子をつれて、せいの病気見舞いに行った。翌年の頴右の一周忌にも訪れ、頴右の墓のある服部墓地にお参りしている。だが一九五〇年三月十四日、吉本せいは回復することなく息子のもとへ逝った。享年六十。吉本興業はせいの実弟・林正之助（一八九九～一九九一）が社長になり、吉本家から林家に実権が移る。

シングルマザー

「安心して赤ちゃんを産んでください。必ず自分の子として届けます」という手紙を笠置のもとに送ったにもかかわらず、吉本頴右は西宮市の実家で息を引き取った。笠置は自分が養母・亀井うめの死に目に会えなかったことを重ね合わせ、生涯で最も忘れられない人の臨終にも立ち会えなかったことを嘆き悲しんだ。笠置は桜井病院の院長とマネジャーの山内から頴右の死を聞いたとき、全身がブルブルとふるえて、お腹の子までが息を止まらせないかと思うばかりだった。とめどなく涙が湧いて、夜明けまで眠れなかった。頴右がラッパを吹いて、自分が歌っている夢を見た。あれは帝劇だろうか、浅草国際劇場だろうか……と、夢うつつの狭間でうなされる。ようやくうとうとしたと思ったら桜井院長の声に夢からさめたと、一九四七年五月二十三日の日記に記す。

二十五日には吉本家から使者の前田栄一（当時の吉本興業営業部長）が産院に来て、「男の子やったら頴造、女の子やったらヱイ子と名づけるのがご遺言だす」と笠置に伝える。前田は吉本せいに仕えた金庫番のような人物で、〝がま口さん〟と呼ばれていた。笠置は前田から三万円の入った預金通帳と印鑑を渡される。頴右が笠置と生まれてくる子どものために遺したものだ。同時に、笠置が吉本家からもらった〝最初で最後の金〟であり、笠置はそれを手に泣いた。これから生まれる子どもを頴右は「なぜひと目でも見て行かれなかったのだろう。神も仏もないと、私はすすり泣きながら天を怨んだ」と日記に書いている。

五月二十八日、笠置は初めての出産なのに付き添ってくれる身寄りが一人もいないので心細く、頴右の浴衣と丹前が荷物の中にあるのを思い出し、それを産院の壁につるしてもらうと、いくぶん気丈夫になった。六月一日、笠置は陣痛に襲われると、壁から頴右の浴衣を外してもらい、それをグッと抱きしめた。とたんに彼の移り香が身体をつつみ、決してひとりぼっちでお産をするような気がしなかった。こうして愛する人の浴衣を抱きしめ、笠置は明け方に女児を生んだ。三十歳をすぎての初産で心配していたが、元気な赤ん坊だった。六月三日、服部良一夫人の服部万里子、頴右の叔父・吉本興業の林正之助社長が見舞いに来る。六月五日、祝いに来た、同じく頴右の叔父で吉本興業の林弘高常務が、ヱイ子と筆太に命名書を書き、頴右の遺影の前に供える。六月七日、服部良一や、当時キネマ旬報にいた芸能ジャーナリストの旗一兵らが見舞いに来る。桜井病院の応接間で服部がピアノを弾いて、ヱイ子のお七夜の祝盃を上げる。

「ただ残念なことはヱイ子を私生児にしたことです」と、笠置は手記に書いている。自分は望まれない結婚で生まれ、ヱイ子と同じように父が病死して父の面影をまったく知らない。だが、幸い養父母が現れて育てられた。「私には養父があります。それだけ幸福だったといえますが、ヱイ子に養父があらわれなかったのは、なまじ母に『ブギの女王』時代があったからなのです。これがヱイ子の将来に禍となるか福となるか——」

笠置と頴右は結婚を誓ったが、戦中戦後の混乱の中で内縁関係のままだった。頴右は生まれた子を認知し、笠置と正式に結婚して籍を入れるつもりだったが、病に倒れてそれを果たせなかった。いかに無念で心残りだったか察せられる。だが、父親が死亡したあとではもはや認知が不可能になり、生まれた子は法律上〝非嫡出子〟、俗に言う〝私生児〟となる。たとえ新憲法の下でも入籍は難しかったようだが、事実婚を証明するなど何らかの方法で父親との親子関係を証明する方法もなくはないらしい。だが笠置はあえて戸籍にはこだわらない道を選択した。そこにはまっすぐに生きる笠置のいさぎよさ、自立した女性の矜持が感じられる。こうして笠置シヅ子は未婚の母になり、「乳飲み子を抱えたブギの女王」となった。この頃の映画雑誌にそんな笠置についてこういう記事がある。

日劇「踊る漫画祭　浦島再び龍宮へ行く」1947年10月、公演中の楽屋で生後4カ月の娘ヱイ子を抱く笠置シヅ子。（亀井ヱイ子氏所蔵）

「吉本家よりヱイ子ちゃんの引取りを言ってきたり、林弘高氏からも預かろうとの話もあったが、彼女は愛児を自分と同じ貰われっ子の宿命に落とすに忍びず、あくまで手元で育てる決意らしい」（映画雑誌『東寶　エスエス』一九四八年三月号「ステイジ女性寸描」旗一兵）

笠置をそばで見ていた服部良一は自伝にこう書いている。

「幕間には楽屋へ走り帰って、ヱイ子ちゃんをあやし、ときには乳房をふくませて、また、あわただしく舞台へかけ戻る。質素で、派手なことをきらい、まちがったことが許せない道徳家でもあった。しかし世話好きで、人情家で、一生懸命に生きているという感じをにじませていた」。ここには師匠・服部の温かいまなざしがある。

笠置は日劇「ジャズカルメン」の舞台を最後に引退して出産後には吉本頴右との結婚を計画していたが、それも叶わぬ夢となった今、愛児を抱えて再び歌手として復帰しようと決意した。笠置はそのときのことを、手記にこう書いている。

このブギに再起を賭けた私は、全身のエネルギーをふりしぼり、声帯のエンジンをフルに回転させて、歌い、踊り、咆え、叫んで客席と一体化した熱気のうちに、自分自身の新しく生きる力をヒシと確かめようとしました。その意味で『東京ブギウギ』は私自身の復興ソングだったのですが、思いがけなく戦後大衆の復興ぶしともなり、――（略）『ブギの女王』なんて身にあまるキャッチフレーズさえいただくようになりました。
（『婦人公論』一九六六年八月号「ブギウギから二十年」）

自らの復興と、大衆の復興が渦のように一つになったのだ。
何事にも全力投球で体当たりする笠置の戦後は、〝ブギの女王〟とともに〝未婚の母〟として生きることから始まった。たしかに笠置は器用な歌手ではなかったが、それだからこそ「笠置シヅ子は笠置シヅ子以外、誰にもマネできない」というプライドと意地があっただろう。どうすれば自分らしい表現ができるかと日々努力し、服部良一の期待と厳しい指導に懸命に応え、歌にすべてを賭けた。だが周囲は服部のように、ひたむきで頑固な性格の彼女を理解する人間ばかりではなかった。

榎本健一とともに「エノケン・ロッパ時代」を築いた名喜劇俳優の古川ロッパは膨大な著書『古川ロッパ昭和日記』を遺していて、昭和二十四年九月五日に笠置のことが出てくる。ロッパはこのとき歌手の灰田勝彦（一九一一～八二）と共演の映画『花嫁と乱入者』の撮影で京都にいて、一緒に撮影所に向かう車の中で灰田がロッパにこんなことを語った。「藤山一郎が入院しているときいたが、見舞いに行かなかった。笠置シヅ子がピンちゃん（注・歌手の藤山一郎）と同舞台で『子どもが病気故、今日はトリ（注・最後の出演者）を藤山さんにしてください。早帰りしたい』と言ったら、藤山は『僕は君の子どもとは何の関係もないよ』と言って、きかなかった由、それがシャクにさわって」
灰田勝彦は舞台や映画で笠置と何度も共演していて、笠置のよき理解者だったが、藤山一郎はそうではなかったことがうかがえるエピソードだ。笠置と藤山はともに戦後を代表するトップ歌手として数多く共演しているし、藤山はいかにも優等生で誠実な印象があって私には意外な気がした。灰田からそれを聞いたロッパがなぜそのことを日記に書いたのか、理由はこのあとでわかる。ロッパは「僕なら藤山に賛成だが」と、灰田には言わなかったことを日記に書いているのである。

たしかに、「仕事は厳しいものだ、甘えるな」と言いたげな藤山のクールな考え方のほうが、芸能界のみならず世間では一般的なのかもしれない。一方、子どもが病気のときぐらいトリを代わってあげてもいいではないかと考える灰田は、おそらく笠置と似て人情深い優しい人柄だったのだろう。そんな灰田が、同年齢だが歌手としては先輩の藤山の非情さに腹を立て、藤山が病気と聞いても見舞いには行かなかったことをロッパに話している。それは笠置が決して人に甘える性格ではないことを灰田はよく知っていて、よほどのことがない限り藤山にトリを交代してくれとまで頼まなかっただろうという確信があったからだと私は思う。笠置は基本的に自分に厳しい努力家だ。何かと人に甘えるような女性なら、灰田も味方はしないだろう。だがしかし、古川ロッパが藤山のほうに与する人間だったことを、灰田は知らなかったようだ。

敗戦歌手　その①「うたっておどるかさぎしづこ」

服部良一とブギのリズムとの出会いは戦時中にさかのぼる。戦時中、服部が中国本土に渡ったのは三回。最初が一九三八年の中支慰問団参加。二度目が四一年。この頃すでに日本は軍事態勢で総力戦が叫ばれ、男性も女性も遊んでいる者は軍需工場へ徴用されるか、戦地へ送られた。そこで服部は、音楽家を組織して「音楽挺身隊」を作った。音楽でお国のために奉仕することだが、いわば〝徴用逃れ〟でもあった。服部がブギのリズムを知ったのはこの頃で、上海にいたときだった。

このとき服部が手に入れたエイトビートの躍動するリズム、ブギウギの楽譜が「ビューグル・コール・ブギウギ」だった。それをもとにして、服部自身が音楽を担当した四三年の東宝映画『音楽大進軍』の中で大谷冽子に歌わせた「荒城の月ブギ」が、〝服部ブギ〟第一号だった。ブギ第二号は陸軍上海報道班嘱託として従軍していた四五年五月、服部が三度目に中国へ渡ったときだった。中国上海競馬場で行われた李香蘭のリサイタル、中日合作音楽会「夜来香幻想曲」で服部は音楽監督を務め、李香蘭に「夜来香ブギウギ」を歌わせた。たしかに山口淑子の自伝によれば、練習中、李香蘭が「なんだかうたいにくい。お尻がムズムズして、じっと立ったままではうたえない」と訴えると、服部は彼女に「それじゃ〝気を付け〟の姿勢ではなく、リズムのとおりに体を自由に動かしながらうたってごらん」と促した、とある。服部が後に笠置にブギを歌わせたのは、大谷冽子、李香蘭に次いで三度目だったことになるが、服部は大谷と李香蘭で〝実験〟していたのだ。自分のブギが完成するには、ブギにふさわしい時代と、ふさわしい歌手が不可欠だった。それを模索していたのである。そして戦後、図らずもその二つをつかむチャンスが到来する。服部はそのいきさつをこう書いている。
「終戦後、耳に眼に映る事物のすべてがユウウツの種で、従来『別れのブルース』『雨のブルース』等々、暗い感じの曲を多く書いて日本人の感傷癖を高めていた自分は、もうブルーステンポの曲を書くのは嫌になって、何か自分の気持ちも、世間をもパッと明るく転換させるような曲を書きたいと悩み続けていた。（略）『そうだ、自分の心の悩みを解決してくれるのはこのリズムだ』と感じた。そうして間もなく出来上がったのが『東京ブギウギ』である」（『サンデー毎日』一九四八年五月十六日号、「ブギウギ由来記」より）
笠置シヅ子の再起の曲作りを引き受けて間もなくの四七年夏、コロムビア本社で「胸の振り子」（唄・霧島昇）を吹き込んだ帰り、服部は満員電車のつり革につかまっていたとき、レールをきざむ電車の振動が八拍のブギのリズムに感じられた。
「ツツ・ツツ・ツツ・ツツ…ソ、ラ、ド、ミレドラ… 電車が西荻窪に停るやいなや、ぼくはホームへ飛び出した。浮かんだメロディーを忘れないうちにメモしておきたい。駅舎を出て、目の前の喫茶店『こけし屋』に飛び込んだ。ナフキンをもらって、夢中でオタマジャクシを書きつけた」（『ぼくの音楽人生』）
「東京ブギウギ」（当初の題名は「東京ブギー」だったようだが、翌年には「東京ブギウギ」に改められている）が戦後を象徴する流行歌として大ヒットした理由はいくつか考えられる。第一に、昭和の流行歌王・服部良一が作曲したということ。服部は戦時中、軍国主義に沿った歌を何曲かは作曲している。だが自分には軍歌が似合わないことを服部自身が最もよく知っていた。第二に、作詞が鈴木勝ということ。鈴木は服部が戦時中上海時代に知り合ったジャーナリストで、英語が堪能な文学青年だった（仏教哲学者・鈴木大拙の息子）。服部の自伝によると、「ぼくは、新しいリズムには既成観念のない新しい作詞家のほうがいいと考えていたので、鈴木君に『東京ブギウギ』の詞をはめこんでもらうことにした」とある。曲が最初で、あとから詩ができたわけだ。そしてなにより第三に、戦時中不遇だったレビュー・ダンサーでジャズ歌手、笠置シヅ子が歌ったこと。この三つが重なってヒットしたのであり、どれ一つ欠けてもダメだっただろう。

レコーディングは一九四七年九月十日（ただし服部良一の自伝による日付。笠置の記憶では八月二十九日だったとしている。もしかしたらその二日間にわたって録音されたのかもしれない）。レコーディングが始まる頃、コロムビアのスタジオに米軍クラブの下士官が缶ビールやコーラを手にぞろぞろやって来た。英語の達者な鈴木が宣伝したのだ。周囲は困惑するが、服部は、日本は今占領下で、進駐軍を邪険に追い出すわけにはいかないと考え、「いいでしょう。かえってムードが盛り上がるかもしれない。このままやっちゃいましょう」と、レコーディングを断行した。心配は無用で、G・Iたちは真っ先に歓声を上げた。「笠置シヅ子のパンチのある咆哮のような歌唱、ビートのきいたコロムビア・オーケストラ、それを全身で盛り立てている大勢のG・I、最高のライブ録音のムードだった」（『ぼくの音楽人生』）。

こうして生まれた「東京ブギウギ」はまず米軍のG・Iたちに受け入れられた。その直後、笠置が出演する九月の大阪・梅田劇場で初披露され、これが大成功。「東京ブギウギ」は東京ではなく、大阪で火がついたのである。十月十四日からの日劇「踊る漫画祭　浦島再び龍宮へ行く」で「東京ブギウギ」が歌われ、NHKラジオでもさかんに流され始める。十二月三十日公開の東宝映画『春の饗宴』に笠置が出演して歌い、翌四八年一月にレコードが発売、三月には爆発的にヒットし、日劇公演「東京ブギウギ」では超満員となった。

どんな流行歌にもいえることだが、それが歌われた時代背景、世相を抜きにしてその歌の真実は語れない。「東京ブギウギ」がなぜあれほど大ヒットしたのか、衣食住にも娯楽にも飢えた人々が〝ブギの女王〟に熱狂したのか、最大の理由はズバリ、〝敗戦〟である。戦時を生き抜いた果てに戦いに負けて、戦争が終わった。そして帝国臣民が最初に味わった屈辱、恐ろしいほどの生活難がやってきた。だが、負けなければどうなっていただろうか。軍閥がのさばるだけだ。当時の日本人が軍閥を崩壊させるには、連合軍に敗退する以外、どんな選択があっただろうか。

「日本が米軍に敗れて軍国主義から解放されなかったら、ブギウギ時代はもちろん訪れず、それに便乗した私の体当たり芸道もひらけないまま、なまいきに福祉法の庇護をご辞退できる身分にはなっていなかったかもしれないのです」（『婦人公論』、「ブギウギから二十年」）

と笠置は手記に書いている。これは共感できる。〝敗戦歌手〟を堂々と受け入れているのだ。

そして、いつまでも絶望や閉塞、厭世・虚無に浸っているわけにはいかないと、人々はやっとの思いで立ち上がった。四九年に服部良一が作曲した「青い山脈」が高らかに新しい民主主義時代への希望を歌うが、そこへ至るまで「東京ブギウギ」の爆発的なヒットは、明るさの裏の刹那的な解放感と明日への不安感といった、不安定で複雑な〝歴史的環境〟を如実に反映したものだった。

四九年八月十六日の新聞に、「敗戦歌手の笠置」と題された笠置の写真つきの小さな芸能記事がある。

「笠置シヅ子は一口で言えば、エノケンを女にしたようなものだ。流行歌手には珍しく悪声の方だが、その野生的、官能的な歌と、ダイナミックに踊りまわる奔放な動きは従来の歌い手に見られなかった点で、見る者をして植民地的気分にひたらせてくれる。（略）服部良一とのコンビで生まれた、その得意とする多くの陽気なブギものや、『セコハン娘』のようなユーモラスなブルースにも一脈の哀愁が感じられるのは、やはり敗戦歌手のせいであろうか」（『東京新聞』）

笠置の歌が野生的で官能的、といった表現なのが興味深い。〝植民地的気分〟とか〝敗戦歌手〟という言葉にも、スターを生み出す時代性が感じられる。こうして「東京ブギウギ」は敗戦後のＧＨＱによる植民地的雰囲気の中で生まれた〝浮かれ調子型流行歌〟の象徴となった。

ところで笠置が戦後〝ブギ歌手〟としてマスコミに登場するのが四七年末からで、笠置シヅ子に〝ブギの女王〟という枕詞・冠詞がつけられるようになるのは四八年からである。他に敗戦歌手、アプレ・ゲール歌手、デカダンスの女王、というのもある。ちなみに戦前、戦中はスヰング娘、スヰングの歌姫、ジャズの女王、敵性歌手、といったものだった。こうして笠置シヅ子は、戦時中はジャズを歌って当局から〝時局にそぐわぬ敵性歌手〟の烙印を押され、戦争に負けると今度は〝植民地的敗戦歌手〟と言われ、アプレ・ゲールの代表格とされる。アプレ・ゲールとはフランス語で戦後の意味で、第二次世界大戦後、従来の古い価値観を無視した刹那的で退廃的な若者文化を指す言葉だ。世間は笠置のような女性を戦後の新しい女と勝手に決めつけ、〝アプレ・ガール〟や〝アプレ〟とも言った。彼女自身は戦前も戦後も一貫しているのだが、時代の変遷でスターになって一挙一動注目されていく。笠置は混沌とした渦の中で黄金時代を築いていくが、冷静に自分を見つめてこう書いている。

「近ごろ、私は大変皆さんから面白がられ、大騒ぎされます。或る人は戦後のジャズ解禁の風潮に乗ったのだと言い、また或る人は大阪生まれの私の図太い歌唱神経が今の世相・人心に適合したからだと言われます。しかし私は昔とちっともちがっていないのです。十年前、大阪松竹歌劇から独立して上京した時の私を知る人はよく御存知だろうと思います」(『スクリーン ステージ』一九四八年九月号「ブギウギ人生　私はこういう女です」)

自分自身は戦前と少しも変わらないのに、戦後一躍スターになったことへの戸惑いの心情がよく表れている。

四九年は笠置の人気がまさに絶頂期となったが、雑誌『婦人世界』十一月号巻頭グラビアで詩人のサトウハチロー（一九〇三〜七三）は「笠置シズ子表情百態　笠置シズ子礼賛」という記事を書いている。サトウは四五年秋、並木路子が歌う「リンゴの唄」（万城目正作曲）を作詞していち早く戦後の活動を再開した詩人である。笠置にも四九年七月に「ホームラン・ブギ」（服部良一作曲）の作詞をしている。サトウの記事はこの時代の笠置と日本人の意識を的確に表現していると私は思うので、一部を紹介したい。

「何をしても変でない人。どんなことをしてもいやみにならない人。それが笠置君です。（略）笠置君には不自然なところがないのです。気取ったところ、乙にすましたところがないのです。生地のままです。（略）ざっくばらんで正直で、お天気がいいといってはよろこび、小雨がふったといっては幼女のようにべそをかき、おなかがすくとちょっとしおれ、おべんとうがくると手をたたく、まことにテンシンランマン、かくしごとのないこと、天下一品です。少しでも世の中を明るくしよう、たのしくしよう——笠置君は深く意識はしていないでしょうが、こういうキモチで毎日をおくり、舞台に立っているることはたしかです。笠置君をみているとうれしくなり、笠置君と逢っていると元気づけられ、笠置君のことを思うと、自分も働こうという気になります。（略）」

ちなみに、これを書いた同じ頃に美空ひばりという天才少女歌手がメジャーデビューした。それから約三カ月後の一九五〇年一月二十三日、サトウの『東京タイムズ』連載のエッセイ「見たりきいたりためしたり」が後々まで物議をかもすことになる。サトウは笠置を礼賛する一方で、「大人の真似をするゲテモノの少女歌手」と、ひばりを批判（〝中傷〟とする意見もある）したのである（ちなみに六二年、サトウはひばりの歌「ほんとかしらほんとかしら」「わが母の姿は」を作詞し、ひばり親子と和解している）。

そんな、ほとんど直感的に詩を書くサトウのような詩人の目とは違うが、ジャーナリストもまた時代のスター、ブギの女王に注目していた。五〇年二月六日朝日新聞夕刊に、「『快調音』の魅力　ブギまくる笠置シズ子」と題されたコラムがある。筆者は〝葉〟(注)。

「戦後日本に二つの怪物が横行している。共産主義ならびにブギ・ウギすなわちこれ。この二つだけが、『戦前』と全くケツベツした日本製アプレ・ゲールのシンズイなのである。とすれば、わが笠置シズ子も徳田球一程度に意気ケンコウたるべきこと、論を待たぬ。事実、この二人は共通した美質を持っているようだ。そのドラ声において、そのアバレ方において。女という人種は、たまたま不美人に生まれついた事態をチメイ的弱点であるかのごとく錯覚するものだが（逆もまた真）笠置ハンは実にエライ。弱点を強みにまで逆用したんだから。舞台いっぱいハネ回り、眼をむき、足をふんばり、両手で中空をつかみとり、滅茶苦茶のリズムに、ちょいとセンチなメロディの、歌だかクダだか分からん快音をふりまいて、しかもハナハダ不自然じゃない。吉本興業のボンボンとの間に生まれた今年二つの子どもをかかえて、未亡人笠置シズ子にいささかの暗さもない。快なり、というべし」

　戦後の日本共産党と、大衆に支持され進駐軍にもファンの多いブギの女王・笠置シヅ子が同じ〝怪物〟という見方には驚くが、なかなかうまい対比で感心させられる。ちょうどその当時からさかのぼること百年、マルクスとエンゲルスが「ヨーロッパに共産主義という怪が現れた」と発表した『共産党宣言』の冒頭をまねているのだ。きっとマルクスも墓の中で苦笑していたことだろう。まさか日本という極東の小国で、コミュニストとブギの女王という怪物が暴れているとは――、と。大新聞社のインテリコラムニストが書いたものと思われるが、敗戦後に突如として大スターになった笠置が世間ではどういうふうに思われていたかが実によくわかる記事だ。一方で、朝日のコラムニストに、ブギの女王の人気ぶりを伝えるのに面白い相手として名前を出された徳田球一（一八九四～一九五三）という人物が気の毒にも思える。徳田は一九二二年に日本共産党結成に参加、二八年に治安維持法で逮捕されてから十八年間獄中にいたが、四五年出獄して進駐軍を〝解放軍〟と呼んで（あとで労働者から反感を買うが）日本共産党を再建するが、五〇年にはGHQと日本政府の反共政策で公職追放となり北京へ亡命。五三年に北京で病死した。

　その徳田と笠置の〝ドラ声とアバレ方〟が似ているという以外、おそらく二人にはなんの接点もないと思うが、たしかに似た要素はある。戦時中の二人はともに〝地獄〟だったことだ。一方は〝アカ〟、一方は〝敵性歌手〟。戦後はそれぞれ〝解放されたコミュニスト〟と〝ブギの女王〟となり、ともに敗戦という歴史的状況によって一躍喝采を浴びて登場。瞬く間に〝大衆の星〟になったことは興味深いものがある。

しかしその後、敗戦直後のGHQ対日政策が「民主化・非軍事化」だったものが、一九四九年の中国共産党軍勝利が決定的となって米ソ冷戦時代へと突入すると、五〇年には朝鮮戦争が勃発し、再軍備・レッドパージの「逆コース」へと転換したことで徳田は亡命を余儀なくされ、再び国民の前から姿を消した。かつて世界中でファシズムと共産主義の戦いの嵐が吹き荒れ、日本では軍国主義ファシズムが崩壊したが、それを倒したのは自由主義陣営のアメリカであって共産主義ではなかった。国民の多くが左翼思想の無力に落胆した理由は、おそらくソ連のスターリン時代における血の粛清が後に明らかになったことでもわかるように、共産主義・社会主義といえども、党や国家が個人を抑圧する独裁体制であり、戦前の帝国主義と根っこは同じであることに気づいたからだ。

そこで思い出すのは、四六年に国会で憲法改正が論議されたとき、共産党の野坂参三は「自衛戦争は正しい戦争」であるとして〝戦争放棄〟に反対し、なんと吉田茂は「正当防衛を認めることとそれ自体が有害」と反論した（数年後にアメリカから再軍備を要求されて警察予備隊を作ったが）。驚くことにこの時期、左翼は〝平和憲法〟に反対していたのだ。左翼のみならず右翼も多くの国民も、戦争や天皇制、アメリカに対する感情など、自分たちが再建する国家についての感情が、厳しい生活難の中でねじれ、渦巻いていた時代だったことがよくわかる。

徳田は朝鮮戦争の年、レッドパージで日本から去ったが、日本国憲法が施行された年に

「東京ブギウギ」を歌って彗星のように登場した笠置もまた、まるで申し合わせたように進駐軍占領時代が終わると同時にブギブームが去り、スターの座から降りた。敗戦後、ほぼ同時に大衆の前に登場し、熱狂的な支持を得て、ほぼ同時に消えた徳田と笠置の二人だったが、当時の中国・ソ連に盲従する共産党中央集権的エリート集団にいた指導者の一人・徳田球一より、政治的イデオロギーとは全く無縁のブギの女王・笠置シヅ子のほうが、反戦とか非戦を声高に口にしなくても平和の喜びを体全体で叫ぶようにして歌うことで、はるかに大衆から支持されていた。

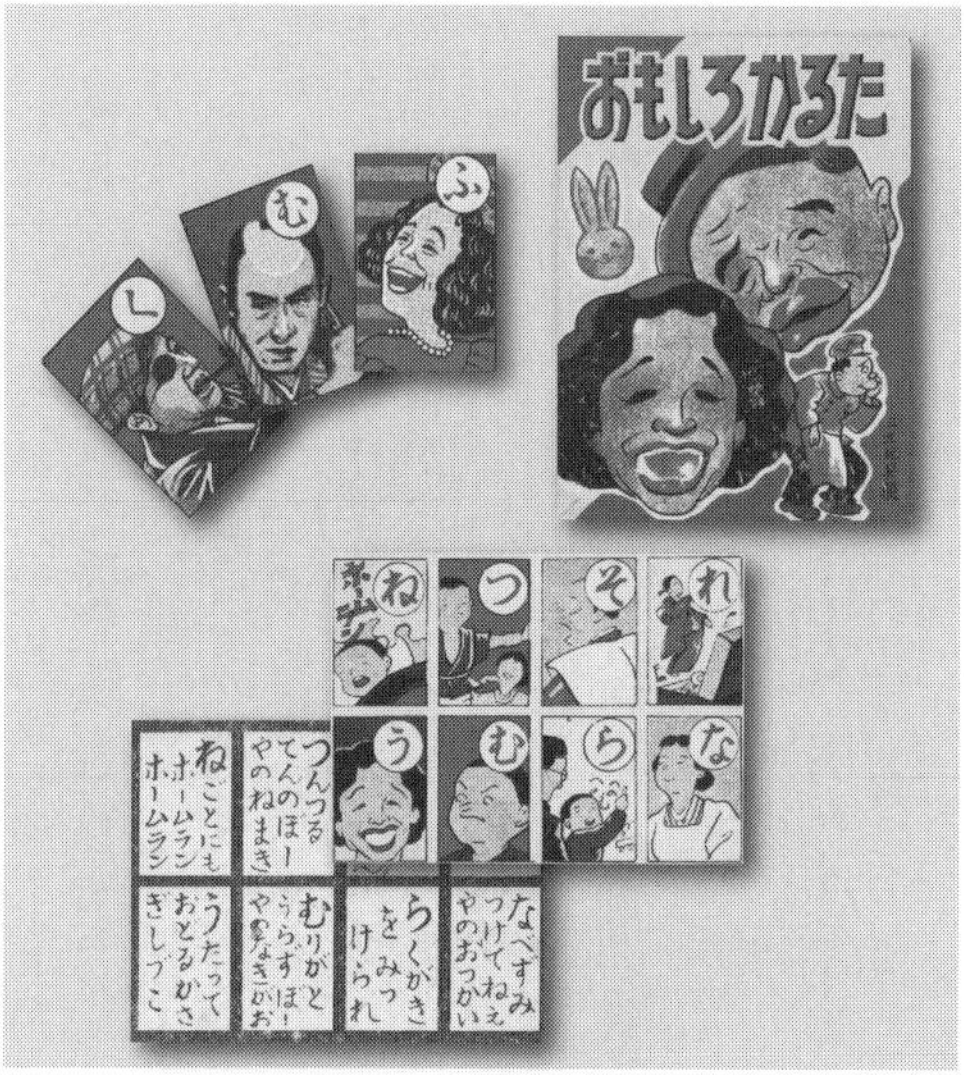

「おもしろかるた」の箱のエノケンと笠置の似顔絵と、“う”の札の「うたっておどるかさぎしづこ」。

　エネルギッシュに歌って踊る歌手は現代では珍しいことではなく当たり前のことになってい

るが、その意味で笠置シヅ子は、敗戦後の暗黒時代を照らした最初の〝アメノウズメノミコト〟だったといえる。戦後、駄菓子屋やおもちゃ屋で売られていた「おもしろかるた」というものがある。紙箱にはエノケン・笠置の名コンビの似顔絵。〝う〟の読み札は「うたっておどるかさぎしづこ」で、取り札の絵はもちろん大きく口を開けた笠置シヅ子の似顔絵。エノケンやロッパ、柳家金語楼、エンタツ・アチャコ、十代の美空ひばりも登場。おそらく昭和二十五年前後と思われる。この頃、当時のヒーロー・ヒロインである時代劇映画スターや野球選手が登場する子ども向けカルタや双六《すごろく》、くじ引き、カードなどが、さかんに作られた。

（注・この〝葉〟とは、朝日新聞社会部記者の斉藤信也で、夕刊インタビューシリーズ「人物天気図」の筆者。南原繁東大総長から湯川秀樹博士まで百人をインタビューし、のちに『人物天気図』として出版された）

敗戦歌手　その②ブギの女王のハイヒール

今となってはもはや叶えられないことだが、私はどうしてもブギの女王の生の舞台が観てみたいと無性に思う。服部良一が彼女の才能に惚れ込み、吉本頴右が憧れて恋人になり、エノケンがコンビを組み、〝ラクチョウの姐さん〟たちが熱狂し、山口淑子がジャングル・ブギーの舞台を絶賛し、林芙美子が楽屋まで会いに行き、高峰秀子が追っかけファンだったというほど、笠置シヅ子は著名な文化人から有楽町ガード下の〝夜の女〟まで魅了した歌姫だった。さぞかし迫力のある瀟洒《しょうしゃ》な舞台だったのだろう。一度でいいから日劇や有楽座や浅草国際劇場での笠置のステージを観てみたかったが、今となってはその願いは叶わない。ただし、映画でなら観ることはできる。笠置シヅ子がブギを歌っているシーンは、数本のビデオやDVDに残されている。昭和二十年代前半から後半にかけての歌謡映画・和製ミュージカル映画に、笠置は主役か準主役で出演した。ほとんどが喜劇で、必ずといっていいほど笠置が歌うシーンがある。だがなんといっても戦後間もない映画でフィルムが残っているかどうかさえ不明なものも多く、実際は笠置が歌って踊るシーンはわずかしか観ることができない。

そんなブギの女王の実演を観たことがあるという、貴重な人に会った。香川県観音寺市在住の須川勇さん（一九二五〜）だ。一九四一年に旧国鉄に入社し、戦後は多度津機関区に配属されて機関士となった。須川さんの記憶によると、「昭和二十四年、当時は三越の東側にあった高松東宝へ、後輩の機関助手と一緒に観に行った」そうだ。一九四九年の笠置の高松東宝での興行は四月十一、十二日と二十三、二十四日だったことがわかっているので、おそらくそのいずれかだろう。

「後輩に、笠置シヅ子が来るのでぜひ行こうと誘われたが、切符はとても手に入らないといわれ、助役さんに頼んだらすぐに二枚とってくれました」

若い国鉄機関士の二人は仕事を終えて早速、内町の高松東宝へ行く。すでに満員で立ち

大映映画「春爛漫狸祭」（1948 年）でハイヒールを履いて歌い踊る笠置シヅ子。

見が出るほどだったが、二人の席は前のほうのいい席だった。映画が一本上映されたあとに歌謡ショーが始まり、笠置が最後に出てきて、「東京ブギウギ」の他に何曲か歌った。「やっぱり笠置シヅ子のブギはよかったですよ」と須川さんは当時を思い出す。実はそのブギより、須川さんがもっと鮮烈に覚えていたことがあった。

「笠置シヅ子の履いていた靴の踵がとても高かったのでびっくりしました。もう歌って踊って、激しく動き回るんで、ようまあ、あんな高くて細い靴で転ばずに踊れるなあと、見とれていました。前のほうにいたからよく覚えているんです」

須川さんは六十年近く経っても、ブギの女王の履いていたハイヒールと、足の動きをまるで昨日のことのように覚えていた。「他の歌手も出てきて歌いましたが、それは全然覚えていません（笑）」

須川さんは大阪でも笠置のショーを観ている。「まだ独身で若かったのと、運賃がタダでしたから」と笑った。

「笠置シヅ子は当時大スターでしたが、美《み》ち奴《やっこ》や天津《あまつ》羽衣《はごろも》も好きで、梅田や道頓堀・千日前・難波あたりの劇場でよく観ました。歌や踊りのＯＳＫに芝居・演芸・浪曲と、戦後はいろんな興行をやっていて、どこもいっぱいでした」

その二年後の一九五一年四月二十、二十一日に、当時の金子正則香川県知事の要請を受けて、笠置は高松東宝で香川大学設立募金のため「救援ブギ　春のさくら祭」と題するチャリティー公演をしている。地元の新聞は、笠置と金子知事との紙上対談記事とその写真も掲載するなど、この公演を大きく取り上げた。

「『春のさくら祭』は二十日高松東宝劇場で幕を開いたが、香大資金募集の趣旨のためか、はるばる田舎から出かけて来たお年寄りの姿も多く見られ非常な盛況で、笠置シヅ子を始め服部富子、堺駿二、服部リズムシスターズ、リーガル千太万吉、益田隆舞踊団、楽団クラックスターのメンバーが繰り広げる多彩な舞台に沸いた」（『四国新聞』一九五一年四月二十一日）

郷土のために一肌脱ぐというのは、いかにも義理がたい笠置らしい。この公演を見たという高松市郊外に住む元教師で随筆家の薄井八代子さん（一九二四〜）は、舞台で歌い踊る笠置の身体がとても細く華奢なので意外だった、と話す。

「かぶりつきで観たのでホコリが口に入ったのを覚えています（笑）。その頃は映画館に実演があって、高松にもスターがいっぱい来ました。長谷川一夫も来て、芸者さんたちに〝流し目〟するので観客がキャーキャーと喜んでね。でも私はだんぜん、笠置さんのほうがよかったですね。敗戦後は、みんな笠置さんから元気をもらったんです。今の人たちのように〝癒される〟なんてものではなく、笠置さんの歌を聞いてうかうかしていられないという気持ちになりました。とにかく戦争が終わったんだから、元気を出そうと――」

ラクチョウの姐さん

敗戦の荒廃の中で人々は日々、すさまじい飢えと格闘した。一九四五年末に渋沢敬三大蔵大臣が「来年は一千万人の国民が餓死するかもしれない」と発表する。ギョッとするような発言だが、上野駅地下道には毎日餓死者があふれ、大阪だけでも一カ月に七十人の餓死者が出たというから、大臣の発言はさほど大袈裟ではなかった。四六年十二月、厚生省は全国に浮浪者が六千人（そのうちの四千人が浮浪児）、また〝闇の女〟が一万八千人と発表。四六年一月、性病の蔓延を防ぐために警視庁が街娼を初検挙して以来、〝パンパン狩り〟〝狩り込み〟といわれる街娼の検挙が繰り返された。

彼女たちの年齢は十代半ばから四十代半ばで、約三分の一が二十歳未満だった。検挙後は病院へ送られて診察後、性病に罹っている者は治療、ない者は放免され、行き場のないその多くはまた夜の街へ戻った。

四七年、政府は街娼が六大都市だけで推定四万人、四八年には全国で四五万人と発表。敗戦の現実はまず、夫や親を失った女性と子どもを悲惨な境遇へ追いやったのだ。

〝闇の女〟〝夜の女〟といわれた街娼たちは有楽町や上野などのガード下に多く出没した。有楽町から銀座、築地あたりの劇場や映画館、旧第一生命本社ビルに置かれたGHQ本部にも近く、とくに彼女たちの得意客が進駐軍の兵隊だった。米兵を相手にする彼女たちは〝パンパン〟と呼ばれて蔑まれるが、当時の世相を反映する存在となってたちまち小説や流行歌にも登場する。有楽町界隈は、夜の女と靴磨き少年たちの〝職場〟であり、敗戦日本の縮図となった。そこはまた浅草とともに戦前から娯楽の殿堂の場であり、歌姫・笠置シヅ子の職場でもあった。やがて有楽町の夜の女たちが、ショービジネスの世界で脚光を浴びるブギの女王の熱狂的なファンになるのは自然なことだった。彼女たちは、いわゆる〝遊郭の女郎〟と呼ばれた女性たちとは違い、自らの意志による売春のせいか、どこか自由な奔放さがあった。

四六年、GHQは日本の民主化改革の一つとして公娼廃止指令を出す。娼妓業・遊郭は廃止となったが（五八年に売春防止法施行）、女性の自由意志による売春自体は禁止していない。理由は米兵の〝買春〟を黙認したからである。そこで当局は米兵の（街娼のためではなく）性病を防ぐために大掛かりな性病対策に乗り出し、四八年五月、一本の映画が公開された。溝口健二監督の松竹映画『夜の女たち』である。田中絹代、高杉早苗の演技が評判を呼び、たちまち大ヒットとなった。占領下時代、映画はすべてシナリオの段階からGHQ民間情報教育局（CIE）の検閲を受けたが、この映画は売春・性病の問題を国民に広く認識させるためにとくにGHQが製作から〝指導〟し、推奨したのである。

ストーリーは戦争未亡人となり、子どもも亡くしたヒロインが「食べるため、世の中や男たちへの復讐のため」に娼婦になり、やがて性病に罹り、更生施設に入って改心するというもの。やや道徳じみてはいるが、溝口健二の演出と田中絹代の演技が光る。舞台は敗戦直後の大阪で、難波や心斎橋、天王寺あたりでロケされ、まだ空襲の後も生々しい場面も出てくる。映画のシーンにはダンスホールでブギの歌が流れ、四七年に笠置が歌ってヒットした「セコハン娘」を高杉早苗が歌う場面があって、女性たちのせつなさが漂う。

みなさんどなたも　私のことを　セコハン娘と誰でも言います
私のこの着物もドレスも　ハンドバックも　このハイヒールも
何一つ　あれもこれも　私の姉さんのお古ばかり
だから私は　セコハン娘

（結城雄次郎作詩、服部良一作曲・編曲）

ブギのリズムは元来、黒人ジャズやブルースの流れをくみ、逆境の中でも世を恨まず、強く明るく生き抜こうという希望を与えるものだ。だが何より〝ブギの女王〟が〝夜の女〟たちの心を捉えたのは、未亡人となった笠置シヅ子が乳飲み子を抱えて懸命に歌い踊る姿に、同性として心打たれたからだ。彼女たちは、苦しさを顔に表さずに舞台で明るく力強く歌い踊る笠置シヅ子に、生きる希望を投影していた。日劇のステージのかぶりつきに、花束を持ち、目を輝かせた彼女たちの姿を見ない日はなかったと、服部良一は証言している。

笠置もまた彼女たちの境遇を決して他人事とは思えず、わが身を重ねていた。

「私が未亡人で子どもを抱えながら歌っていることに共感するものがあるのでしょう。それに自分のように声を出し切って歌うことに、あの人たちは自分に代わって叫んでくれているのだと思うのではないでしょうか」（『婦人公論』一九六六年八月号「ブギウギから二十年」）

「東京ブギウギ」が大ヒットした直後、〝ラクチョウのお米〟姐さんをリーダーとする〝夜の女〟たちが笠置の熱狂的なファンになり、やがて自分に会いたがっていると知った笠置は多忙な中から時間を作って彼女たちに会い、こうした境遇の女性が自立するための更生施設作りの相談に乗るなど一役買っている。雑誌『サロン』（四九年）に田村泰次郎と笠置の対談で紹介されているが、白鳥会館という更生施設は、彼女たちが職業訓練のため、タイプライターや洋裁などを習って自立と親睦を図る場だった。

笠置と彼女たちの友情は、スターにありがちな作られた美談ではなかった。彼女たちから単に人気を得ただけに終わっていないところが、いかにも義理人情を重んじる笠置らしい正義感を物語っている。たとえば、淡谷のり子は戦後、「パンパンの歌を歌うのは嫌だ」と言って「星の流れに」（最初のタイトルは「こんな女に誰がした」だったが、GHQから「反米感情を煽るおそれがある」とクレームがきて変更された）を歌うのを拒否し、四七年、菊池章子が歌ってヒットした。同じ頃、水の江瀧子は劇団たんぽぽの間で、ベストセラーになった田村泰次郎の『肉体の門』を演ろうという話が出たとき、反対した。「何が嫌だったかって、女は売春婦しか出ないんですよ。だから、『私がやることない。売春婦やるのは嫌だ』と言って」（『ひまわり婆っちゃま』）

水の江は劇団たんぽぽを解散することにし、そこから別に「空気座」を作った団員たちが『肉体の門』を舞台に立ち上げ、それが大ヒットした。水の江にはスターとしてのプライドがあり、それはおそらく淡谷と同様のものだっただろう。淡谷も水の江も、人の上に立つ者としての自覚があり、自分が何をやればいいかをよく知っていた。だからといって、笠置がそのプライドを持たなかったというのとは違う。笠置も戦後スターになったが、もともと人の境遇を思いやることのできる苦労人であり、そこには成功者としての傲慢さは微塵もない。笠置は〝夜の女〟たちと自分との間に心の垣根を作ることをしなかった。自分が歌で人々に元気を与えられるのは、自分もまたいろんな人から声援を得ているからこそできるのだという、淡谷や水の江には希薄な、スターであると同時に生活者としての自覚と、健全な社会性があったからだ。戦後、多くの戦争未亡人たちが母子家庭となったが、笠置は彼女たちが置かれた状況を決して他人事として見なかった。
「世間ではあの人たちのことをパンパンガールなんて悪くいいますけど、わたしにはどうしてもそんな言葉では呼べませんね。あの生一本な純情なところを見ると、あの人たちは決して悪い人たちじゃないと思いますよ」（『サンデーニュース』一九四八年十七号「笠置シヅ子の『ブギウギばなし』」松下井知夫）
　と語っていて、彼女たちに共感の心情を寄せているのがわかる。自分もまた生一本で純情だったからだろう。
「靴磨きの子ども達は可愛いですよ、わたしがコヤがはねて帰るでしょ、するとあの地下鉄の階段あたりのところで待機してるんですね、知らん顔して通るわけにもいきませんよ、私も思わず笑ってやったりして」（同）
　有楽町の地下鉄の階段で、子ども好きの笠置が舞台を終えての帰路、靴磨きの子どもたちに笑顔を見せる表情が目に浮かぶ。
「ラク町でも靴磨きでもなんでもいい、そういう民衆の底の底の人たちにまで、わたしはわたしの芸を理解してもらい、そして一緒に喜んでもらいたい、これがわたしの生き甲斐です」（同）
　五〇年六月、渡米する笠置の歓送特別公演が日劇で行われたとき、夜の女たちの姐御〝ラク町のお米〟は仲間たちに大号令をかけ、日劇の一階の半分、約八百席を買い占め、

「ラクチョウ夜咲く花一同より」と書かれた、ひときわ大きく高価な花束をステージの笠置に贈った。笠置は感激し、彼女たち一人ひとりに「おおきに、おおきに」と応え、握手して回った。

当時の新聞は、「姉ちゃん元気で　笠置シズ子を送る夜の女達」との見出しでこう伝えている。

「ブギのコンビ服部良一と笠置シズ子は来る十六日ハワイ経由で渡米するが、その送別特別リサイタルが十二日夜七時から日劇で盛大に開かれた。しばらく笠置の歌ともお別れというのでこの日同劇場に押し寄せたファン聴衆は三千数百名、入場の際の整理の不手際から壁ガラスを破るというさわぎもあったが、笠置を姉と慕い美しい友情で結ばれている有楽町をはじめ上野、新宿、池袋等のナイト・エンジェル約三百名は早くから予約していたかぶりつきに要領よく陣取って始終黄色い声援を送り心を込めた花束を贈呈、また廿の扉の宮田重雄氏、漫画家の横山隆一氏らも特別にステージに立って両氏に花束を贈った」（『毎日新聞』一九五〇年六月十三日）

笠置のファンクラブには会長の南原繁や石川達三、吉川英治、田村泰次郎、獅子文六、林芙美子、梅原龍三郎、猪熊弦一郎、岩田専太郎、田中絹代、山田五十鈴などの著名人もいたが、その大半は有楽町界隈の〝ナイトエンジェル〟たちで支えられていた。熱心なファンである彼女たちとの交流を続け、娘ヱイ子の誕生パーティーなどに彼女たちを自宅へ招いたこともある。笠置が「東京ブギウギ」でスターになってから十年後の五七年、週刊誌での大宅壮一との対談でこう語っている。

大宅・笠置さんがブギをさかんにうたっていたころ、町のあねごたちに大へんなファンがいましたね。

笠置・まだつき合いしてます。誕生日には、あねご連中がちゃんときます。大阪のあねごが一人、胸が少し悪くて、徹底的に治すというので東京中野の国立病院に入っています。先だってお見舞いにも行って来ました。いろんなことでずっとつき合いしています。私はどういうものか、性分なんでしょうね、おとといも、出たことがないのに何回もいわれて即興劇に出た。野口英世の母をやって、しろうとの人が息子になるところがしているとパッと涙が出てくる。全然だめなんですよ。昔から映画を見ていても、芝居を見ていても、子役が出てきたら、ものいわん先に泣きまんね。なんてだらしがないと思うけど、セリフがいえない。(『週刊　娯楽よみうり』一九五七年七月十二日号「おしゃべり道中」)

後年、笠置は胸を患った〝ラクチョウのお米さん〟が肺結核で危篤と知って駆けつけ、「なんでもっとはよう知らせてくれなんだんや」と言って、すでに臨終で口がきけなくなっていた彼女の枕元で涙を流した。笠置が言うように、自分の芸を理解してくれて喜んでくれることが笠置の生きがいであり、また彼女たちにとっても、笠置シヅ子の熱狂的なファンであり続けることが生きがいだったのだ。この時代だったからこそありえた、スターとファンの関係の最も王道で、古典的な例なのか。

　敗戦後の混乱期に有楽町や上野、新宿などに現れ、生きるために身を売る個人街娼の〝夜の女〟たちの数は、五二年の進駐軍撤退とともに激減した。その後は結婚して家庭を持ったり職業を得て更生した者もなくはないが、健康を害して病死した者が少なくなかったといわれる。彼女たちは遊郭や赤線、風俗店など、いわば管理売春組織の売春婦と区別されてはいたが、いずれにしても敗戦後の一時期、当局（日本政府であれＧＨＱであれ）の手で〝純潔の日本女性を守るための防波堤〟にされた女性たちだった。

自伝『歌う自画像』

「最近、芸能界のいろいろな方が伝記を出版されていますが、実は私も、おすすめに甘えて戦後早々の昭和二十三年に、それらしき半生記を出版したことがございます」（『婦人公論』一九六六年八月号、「ブギウギから二十年」）

　自らこう書いているように、笠置シヅ子には一冊だけ、自伝がある。『歌う自画像　私のブギウギ傳記』というタイトルで、一九四八年九月に出版された。笠置は当時三十四歳。前年に「東京ブギウギ」を吹き込んで丸一年、敗戦後の国民的スターの座に着いたばかりだった。自伝の出版としてはまだ早いが、キャリアは十分だっただろう。内容も出生のこと、大阪松竹少女歌劇時代、ＳＧＤ時代、服部良一との出会いなど波乱万丈の半生が実に巧みに綴られていて興味深い。出版されてすぐにこれを読んだ読書家の古川ロッパは、自著『劇書ノート』（一九五三年十月出版、筆名は古川緑波）に書評を書いている。

「笠置シヅ子自身、こういう小説のようなものを書いたかどうかは知らないが、誰が筆を執ったとしても、これは『愛染かつら』以上と言いたい程の大悲劇である」

　さすがロッパ、舞台・映画・地方巡業と超多忙だった笠置自身が執筆したものではない、と見抜いていたようだ。笠置も「それらしき半生記」と書いている通り、執筆したのは自分ではないと、〝それらしく〟言っている。実際、笠置は四七年秋から数年間、殺人的スケジュールだった。この頃の映画・娯楽雑誌・舞台のパンフレットなど、ブギの女王・笠置シヅ子についての署名入りの記事を探し、そしてそれらをよく読めば、自伝『歌う自画像』を執筆した人物の名前がすぐわかる。旗一兵《はたいっぺい》である。笠置の「東京ブギウギ」がブレイクした直後、とくに四八年早々から旗が雑誌に執筆する笠置についての記事が急激に増えている。その中で旗は、笠置の記憶力のよさ、正確さ、そして頭の良さをたたえている。『歌う自画像』は笠置の出生、生い立ちにまつわるエピソードから、ＯＳＳＫ時代の修業の苦労、経済的な苦労、服部良一との出会い、戦時中の不遇と恋、そして敗戦後につかんだスターの座まで、笠置の詳細な供述を元に、旗の筆で書かれた魅力的な〝自伝〟なのである。ロッパが言うようにまさに悲恋小説的ノンフィクションともいえる。戦前から笠置に注目していたこの旗一兵という人物の経歴を見れば、旗が優れた芸能ジャーナリストであり、一方でしたたかなプロデューサーだったこともわかる。生没年は不明だが、一九三一年に立教大学を卒業して毎日新聞に入社。社会部、学芸部記者を経て三八年、吉本興業企画課に入社する。四五年『キネマ旬報』に入社。五〇年、福島通人が社長になった美空ひばりの「新芸術プロダクション」製作部長に招かれる。五七年、加藤喜美枝と福島が衝突して福島がひばりと決別してから、旗も新芸プロを辞めてフリーの芸能評論家になる。著書に『喜劇人回り舞台　笑うスタア五十年史』『花の春秋　長谷川一夫の歩んだ道』がある。

『歌う自画像』には服部良一が寄稿している。師弟関係には〝白刃をかざした真剣勝負〟の関係の美しさと厳しさがあるが、そこに気づいていたかどうか、服部良一は「可愛い女」と題して笠置をこう書いている。

「笠置君は弟子として非常に可愛い弟子だ。開けっ放しで情にもろくて、苦労性でお天気屋で、なかなかもって面白い性格である。人見知りはするが打ち解けてしまうと甘ったれて、すぐ焼き餅を焼く。歌に対する執念、恋人に対する執念、友人に対する執念、わが子に対する執念、——思いつめるとトコトンまで行かないと承知しない」

当時四十歳の服部の、七歳年下の弟子・笠置への思いが十分伝わってくる一文である。笠置のことを〝可愛い弟子〟のみならず〝可愛い女〟という服部に、私は驚く。服部がこれほど正直に書いているとは意外である。エネルギッシュでガムシャラな笠置、一途な笠置、恋する笠置、愛する笠置、甘える笠置、嫉妬する笠置、頑固な笠置、涙ぐましい笠置――、服部しか知らない笠置が見えてくる。おそらく彼女のほとんどすべてを知る者だからこそ書ける文章だろう。大阪から出てきたばかりの、目をショボショボさせて挨拶した笠置、舞台で歌い踊るダイナミックな笠置、元華族のインテリ音楽プロデューサーに淡い恋心を抱く笠置、自分に全幅の信頼を寄せて歌う笠置、恋する笠置、恋人の子どもを宿し、恋人に死なれて悲しむ笠置、自分に再起を託して舞台に立つ笠置、赤ん坊を愛してやまない母親の笠置……、服部は笠置のすべてを知っているのだ。そしてこの魅力的な「可愛い女」は、自分と同じ大阪人特有の音楽を表現してみせる得がたいパートナーであり、自分が見つけた最高の〝面白い女〟だった。自分に全身でぶつかってくる笠置を、服部は全身全霊で受け止めた。その一方で、作った声は滅びるのが早いからと、笠置に地声で歌えと迫って従わせた厳しい師匠でもある。旗が書いているように、服部は自分に従う笠置の中に「僕と同じように涙ぐましい」部分を見たのであり、言い換えれば、服部にとって笠置は〝自分の分身〟、もしくは〝自分の一部〟だったのだ。

第三章 「おもろい女」——歌う喜劇女優・女エノケン——

喜劇王登場

「皆様は私をブギの女王とかスヰングの女王のフービー・ガールとかに見て、さぞ突飛な、奇抜な女と考えて、そういう角度からいろいろの目論見やお誘いを受けるのですが、私自身は全くブギウギとは正反対なのです。どちらかといえば、古くさい女でしょう」(『スクリーン　ステージ』一九四八年九月号「ブギウギ人生　私はこういう女です」)

笠置は映画雑誌にこう書いてから十八年後、同じように自分をこう分析している。

「なんとなく『おもろい女』と思われながら、案外まともで、おもろない性格の持ち主なので、人生の機微にふれるような記録になりようはございません」(『婦人公論』一九六六年八月号、「ブギウギから二十年」)

笠置は自分で自分の性格を〝フービー・ガール〟でも〝おもろい女〟でもなく、「古くさい女」「案外まともで、おもろない性格の持ち主」と公言している。戦後からずっと

〝アプレ・ゲール〟と誤解されてきたからだ。「奈良漬け一つでもいけないんです」と言うほど、お酒は一滴も飲めない。

「よく『失敗談を――』と言われるんだけど、用心深いですよ。それから遊びごとをしない」などとも述べている。仕事には全力投球し、その仕事が終わったらまっすぐ娘が待つ家に帰る。作家の林芙美子に「あなたはもっと人生のムダを楽しみなさい」と言われて、やっとその意味が分かったのは林が急死して六年も経っていた。まじめで生一本でガンコな性格だからこそ、笠置は明るくてエネルギッシュで〝おもろい女〟を精一杯、演じたのだ。

有楽座「エノケン・笠置のお染久松」舞台写真。1949 年。

笠置シヅ子には生涯に名伯楽が二人いたと私は書いたが、服部良一ともう一人の伯楽、それは昭和の喜劇王といわれたエノケンこと榎本健一（一九〇四～七〇）である。笠置が十歳年上の大スター・エノケンに初めて会ったのは、戦後間もない四六年二月下旬、日比谷・有楽座での稽古場だった。有楽座三月公演「舞台は廻る」（菊田一夫作・演出）でエノケンと共演することになったのである。

そのときエノケンは笠置に言った。君は歌手で役者ではないから、芝居のツボがはずれている、と。そしてこう続けた。

「しかしそれがまた面白い効果を出しているので、改める必要はない。僕はどんなにツボをはずしても、どこからでも受けてやるから、どこからでもはずしたまま突っ込んで来い」(一九七〇年、榎本健一を偲ぶ会発行『喜劇王エノケンを偲ぶ』より)

笠置はエノケンのこの言葉を終生忘れなかった。エノケンは笠置の大阪弁とその表情で表現される〝素〟の魅力、ある意味で本能的な野蛮さが芸人にとって最も重要なファクターであり、それを笠置が無意識のうちに持っていることを発見したのだ。

二人の出会いは敗戦からまだ半年、笠置は「東京ブギウギ」を歌う前年だった(ちなみに劇作家・菊田一夫も戦前から古川ロッパ劇団「笑いの王国」の座付き作者だったがこのときもまだ無名に近く、エノケン劇団で脚本のアルバイトをしていた。ラジオ放送劇「鐘の鳴る丘」がヒットするのは一九四七年、「君の名は」は五二年。後、東宝の重役になる)。厳密にいえば〝ブギの女王・笠置シヅ子〟よりも、〝喜劇女優・笠置シヅ子〟の誕生のほうが一年早かったのである。戦前から浅草を舞台にその名を馳せたエノケンが戦後早々、なぜ笠置を相手役に選んだか詳しいいきさつは不明だが、エノケンのプロデュースであることは間違いない。笠置の才能を見込んでの大抜擢だったといえる。エノケンが「エノケン・笠置」と二枚看板で劇場出演したのは実にこれが初めてのことだった(東宝が企画した、ライバル・古川ロッパとの〝エノケン・ロッパ〟二枚看板の有楽座合同公演は翌四七年)。これ以後、エノケン・笠置コンビの強烈な個性がぶつかる有楽座の舞台は連日満員となり、二人はやがて舞台から映画にも進出。当時の芸能ジャーナリズムの話題をさらった。

古川ロッパは羨望か嫉妬か、日記にこう書いている。

「エノケンも、笠置シヅ子と抱合わせたから入った（正月の有楽座九七パーセント）と言う。俺ばかりではない、今や一人では客が呼べないと思っている時代である。何を馬鹿な、己はもう一度、きっと一人で呼んで見せよう」（『古川ロッパ昭和日記』昭和二十四年二月七日）

エノケン・笠置コンビを服部良一はこう書いている。

「かねがね僕は日本のボードビリアンとして男性では榎本健一、女性では笠置シヅ子を一番だと思っている」（『文藝春秋』一九八五年六月号「回想の笠置シヅ子」）

芸能評論家の旗一兵は笠置をこう評している。

「エノケンさんと太刀打ち出来る強烈なるフンイキを持っている女性ボードビリアンは彼女をおいて居ない」（四八年四月、有楽座「一日だけの花形（スター）」パンフレットより）

また演劇評論家の伊藤寿二はこうも書いて、二人を讃えている。

「エノケンだけでもおもしろいし、笠置シヅ子がひとりで歌っても楽しい。まして、この二人がいっしょに出れば、余計おもしろいにきまっている。（略）終戦後、とかくトンガリがちな人心が、エノケンの映画と芝居や笠置のブギウギの歌のおかげで、どんなにやわらいだかわからない」（四九年七月有楽座公演「エノケン・笠置のお染久松」パンフレット

より）
笠置シヅ子は戦前に服部良一の音楽と出会い、戦後は榎本健一の演技指導という二人の名伯楽を得て、〝ブギの女王〟とほぼ同時に〝女エノケン〟と呼ばれ、エノケンのような〝歌う喜劇役者〟の女版、〝歌う喜劇女優〟となった。
戦前にエノケン劇団にいた武智豊子（戦後もテレビなどで活躍）は抜群の庶民性で〝女エノケン〟といわれ人気を得たが、戦後の笠置の歌と演技、華と愛嬌はまさに〝女エノケン〟そのものだった。一方でエノケンもまた、異色の相手役・笠置によって新鮮な活気を得て、戦後最初の黄金期を迎えたのである。互いに個性の強いこの〝エノケン・笠置〟コンビの誕生は、当時の興行界にも話題と異彩を放った。体当たりでぶつかる笠置の〝ツッコミ〟を、エノケンは「どこからでも受けてやる」と初対面のときの言葉通り絶妙の〝ボケ〟で受け止めた。笠置の喜劇女優としての才能が光ったのは、相手がベテランのエノケンだからこそできたと言っていい。
ところで四九年七月有楽座公演「ああ世は夢か幻か」の公演パンフレットで、子役で出演した当時十二歳の〝エリー・チエミ〟とあるのは、後の江利チエミ（一九三七～八二）である。このとき、チエミは舞台で笠置のモノマネでブギを歌ったが、「日劇のひばりのような派手な演技ではなかったためか、反響は今一つであった」と、服部は自伝に書いている。服部の自伝にはこのほか、チエミはひばり同様、子どもの頃から笠置のファンで「笠置シヅ子さんのマネばかりしていましたよ」と、父親の久保益雄が語っていたことが書かれている。服部とも懇意だったこの父親は戦前から楽団のミュージシャンで、戦後はチエミのマネジャーになって米軍キャンプなどを回るようになる。長兄も付き人になり、チエミは十代にして一家の家計を支えた。江利チエミの母親は東京少女歌劇出身の浅草軽演劇女優・谷崎歳子（本名、久保と志）。夫婦ともに東京吉本興業に所属する芸人で、戦後はチエミに夢を託す。五一年六月、チエミの母が脳溢血で死去。四十六歳の若さだった。

考えてみれば、笠置のモノマネでデビューした美空ひばりよりも、この江利チエミこそ、キャラクターや芸の上で笠置に最も近いエンターテイナーといえるのではないか。五十年代アメリカンポップスを歌う「カバー歌手」の草分けとして登場したが、本来は笠置のようにジャズ歌手として、また「サザエさん」などの当たり役で喜劇女優としての才能を発揮し、その素養も笠置と似ている。五一年に「テネシー・ワルツ」でデビューして以来、六七年まで日劇をホームグラウンドとして活躍したのは江利チエミであり、「お染久松」も舞台で成功したのは笠置と江利チエミである。ただ、彼女の四十五年の生涯の最期は、絶頂期の輝きと比べてあまりに寂しいものだった。

古川ロッパは日記にこう書いている。

「エノケン・笠置合同で正月の有楽座、前売りの景気もよしという。明らかに舞台から閉め出されのこっちは、それをきくと、多少動揺を感じる」（『古川ロッパ昭和日記』昭和二十四年十二月二十七日）

エノケンが笠置を相手役に選んで成功したことで、エノケンにライバル心を燃やすロッパはすぐさま、ＳＫＤ出身で〝ビクターのブギ歌手〟として売り出した暁テル子をロッパ一座に入団させている（だがこの直後、ロッパ一座は解散）。ロッパはロッパにしか出せない持ち味があるのだが、やはり焦りがあったのだろう。

当時は多くの劇場が実演をやめて、安易で利益の大きい映画上映に切り替え、映画館に衣替えしようとしていた。とくに戦前は花形だった大衆演劇・浅草オペラが、戦後は風前の灯になりつつあることを最も身にしみて知っていたのは、エノケンとロッパだっただろう。劇団員を抱える二人はともに戦前から東宝専属だったが、二つの一座は四六年に東宝から独立した（エノケン個人は引き続き東宝専属）。実際は体のいいリストラである（ちなみにエノケンは一九三二年に松竹専属となり、三八年、松竹を退社して一座とも東宝専属になる。四六年、一座は株式会社榎本健一劇団となり、五〇年、劇団は解散。ロッパは三五年に一座とも東宝専属になり、四六年フリーに。四九年、ロッパ一座は解散）。

ロッパとは性格を異にし、誰からも好かれて人徳を得たエノケンもまた戦後という時代と闘っていた。もともとエノケンは昭和初期に浅草で発揮した動きの面白さと歌のうまさ、天性のギャグセンスの持ち主で、昭和十年前後の人気絶頂期には松竹から支払われる月給が千円だった。当時の千円は家が一軒買えた額だ。ほとんど毎晩座員を連れて飲み歩き、専属のジャズバンドを作るなど遊びと芸の区別がなかったといわれる。その喜劇王・エノケンが戦後になると、戦前の浅草とは違う〝笑いの質〟を容赦なく要求され、アメリカナイズされたコンパクトで軽妙な軽演劇が求められる時代になっていく。当たれば殺人的スケジュール、人気がなくなれば捨てられる――、敗戦直後から昭和三十年代半ばに隆盛する映画産業・興行資本による、容赦のない搾取の構図が始まる。

片岡千恵蔵、阪東妻三郎ら戦前からの時代劇スターは自分の独立プロダクションを作って映画の自主製作に手を染めたが、ＧＨＱから時代劇を禁止され、戦後はそのどれもが解散した。製作から配給にシフトした松竹や東宝など、劇場を持つ映画会社は発展していく。日本映画の歴史は大正末期に牧野省三のマキノ映画製作所などで作られた活動写真から始まるが、昭和に入って数々のサイレント映画が作られ、三一年に日本初のトーキー映画『マダムと女房』（松竹キネマ、五所平之助監督、田中絹代主演）が作られる。その直後の三二年頃から、当時の芝居小屋や劇場で映画と実演の二本立て興行が行われるようになった。だがあくまで実演が主体で映画はおまけ、というのが基本的方針だったが、敗戦後に映画が発展していく中で、それは逆転していく。実演のほうが〝おまけ〟にされていくのだ。

この頃のことをエノケンは自著にこう書いている。

「客は入っても、刻々進むインフレがお金の価値を下落させていく、税金が高い、など大所帯を擁する僕の劇団は維持するのも困難になっていった。おまけに劇場の方も次々と映画館に転向していくのだから、どうにもやっていけなくなった」（榎本健一著『喜劇こそわが命』）

エノケン・笠置コンビが人気となった頃、二人は週刊誌で対談してこんなことを語っている。


エノケン・(略)ところでまた二人で何か、思う存分の芝居がやってみたいな。

笠置・(略)四月を楽しみにしていますわ。

エノケン・例の有楽座でやる話か。わしも菊田一夫が本を書いてくれるというので楽しみにしているが…わしと笠置さんがいっしょに出るんだといったら、その脚本なら僕以外に書くものはいない、ってこうなんだからね。彼も自信ありげに張り切っているから、そんならせめて二月前に書いて、じゅうぶんに準備をさせてくれ、といっといたが……。

笠置・そんならこんどは楽しめますね。

エノケン・本次第さ。舞台でこっちをうんと遊ばせてくれなくちゃあね。こんな世の中だから、こっちが舞台で思いきり遊ぶって気でやらなきゃあお客はついてこないと思うな。(略)このごろの芝居はまあせいぜい長くて一時間半くらいのものでなければダメだね。

笠置・こんな面白い芝居、もう少し見たい、というところがちょうどいいのでしょう。

エノケン・そうなんだ。それがつまらん本だった場合、やっている役者もつらいさ。そこへいくと作者はいいよ。「ああどうもこの本はいけなかったな」って帰ってしまえばいいようなもんだが、役者はそうはいかんからね。そのイケナカッタ本を一日二回、幾日間もやっていなければいかんからね。エノケンの奴、このごろちっとも面白くねえじゃねえか、ってこっちが悪口をいわれるのだから、つらいものよ。それにせめて三本立てだとね。いろんな種類のお客に向くようにお膳立てが出来、その中にはただおかしい一方の芝居も入れられるんだが、二本立てじゃ、お客の好みからいってもどっちつかずになってしまう。(『サンデー毎日』一九四八年一月十一日号「笑《ワライ》とジャズる」榎本健一・笠置シヅ子)

こうして戦前から数多くの映画に出演し、戦後は映画の自主製作に乗り出したエノケンだが、四八年に設立した自主映画製作会社・エノケンプロは五〇年十二月に倒産。エノケンは人気と芸歴、その人柄の良さもあって戦後を切り開いていくが、一方で別の苦悩も抱えていた。そもそもエノケンの食生活は今の常識で考えると、健康上かなり問題があったことがわかる。そのことを笠置との対談でこんなふうに語っている。

笠置・(略) ちょっとおやせになりましたね。

エノケン・わしはメシをほとんど食わんたちだから、ちょっと憂鬱で無理するとゲッソリとなる。朝などほんとうは何も欲しくない。ところが食べないと、うちのウバが怒るんでね。どうにかカッコウをつけるんだが、昼のベントウもうちから持っていったものを食べ残して持って帰る。晩は例によって酒を…わしを大酒のみだと思っているようだが、たった五合だ。そこでメシは全然食べずに眠るってことになる。おかず？　酒におかずなんかいらんよ。ミカンをサカナに飲むんだ。妙だって？　皮をむいたのをチャブ台においてな。一袋シャブって、コップをかたむけ、一個あれば五合飲んでしまう。だからメシはまったくの話、今の配給で余るんだ。配給が全然なくなったってわしは死なんね。（『サンデー毎日』一九四八年一月十一日号）

五〇年正月の有楽座はエノケン・笠置の「ブギウギ百貨店」と「天保六花撰」だった。ところがこの公演中、エノケンは足の激痛を訴えて急遽入院。舞台で孫悟空を演じたときに左足に如意棒を落としたことが原因という〝脱疽（壊死）〟と診断される。これ以後、エノケンは再発の〝時限爆弾〟を抱えることになる。一説には、長年の飲酒が原因だったとも言われている。まるでエノケンの休演を待っていたかのように、有楽座は東宝系列の映画専門館に転向してしまう。やがて映画も舞台も、戦前での浅草発祥の大衆喜劇や和製オペレッタから、アメリカのブロードウェーを真似た〝和製ミュージカル〟の時代へと移行していく。

五一年二月、東宝は小林一三の命を受けた帝劇社長の秦豊吉がアメリカから帰国し、帝劇第一回コミックオペラ「モルガンお雪」を上演。当時はまだ宝塚歌劇に在籍していた越《こし》路吹雪《じふぶき》を主演に抜擢している（越路は五一年八月に宝塚を退団）。相手役のモルガンは古川ロッパ。五一年十一月の帝劇ミュージカル「お軽と勘平」では復帰したエノケンが越路吹雪の相手役を務める。以後、五二年三月の同「浮かれ源氏」ではエノケンの源氏に笠置が相手役となり、六月の「美人ホテル」では越路吹雪・エノケンが共演。こうして舞台は徐々に、しかも着実に、歌と踊りと演技を兼ね備えた越路吹雪の時代になっていく。

エノケンの病いが再発したのは五二年十月、広島へ巡業に向かう寝台列車の中だった。かつて二百人の座員と二十五人のオーケストラを擁して日本一を誇ったエノケン劇団が、ついにインフレに勝てず二十年の歴史を閉じることになり、団員の退職金捻出のための巡業に出たのである。如意棒を落として脱疽《だっそ》と診断されたのは左足だったが、今度の再発は右足で、もはや激痛に耐えられなくなってしまう。エノケンは無念の思いで出演を断念。東京に引き返して慶応病院に入院、右足指を切断しなければ治らないといわれる。そのとき、エノケンは戦前から劇団文芸部にいた同行の佐藤文雄に、なんとしても代役を探して公演をやれと命じた。エノケンの代わりなんかいないと佐藤はハネつけるが、エノケンは笠置シヅ子の名前を挙げた。エノケンには、笠置なら必ず引き受けてくれるという思いがあった。そこで佐藤が笠置に電話すると、笠置は即座に「私でお役に立つのならすぐ行きます」と答え、広島へ駆けつけた。

「本当にうれしかったね。たまたまスケジュールがあいていたにもせよ、当時天下の笠置シヅ子だからねえ、有難いやら、うれしいやらよりも、〝偉い〟と思ったよ。そりゃエノケンに対するものだろうけど、誰でもができることじゃない」（井崎博之著『エノケンと呼ばれた男』より）と、後に佐藤はこの時のことを回想している。このエピソードには、師匠の窮地に何をおいても馳せ参じるという笠置の義理固い一面があらわれている。

〝突発性脱疽〟と診断されてから、足指を切断する手術を断り続けたエノケンは、自宅でガス栓を開けて自殺を図るが、そのとき「お世話になった、ありがとう、さようなら」と言ったので、その声でエノケンの妻（元女優の花島喜世子）があわてて飛んできて、未遂に終わったという。エノケンの声が大きかったのと、エノケンが心配で眠れなかったためらしい。エノケンは再び自殺を試み、今度は電気コードで首を括ろうとしたがバランスが崩れて転倒し、またもや妻に見つけられてしまう。足の激痛は大変なものだったようで、エノケンが飲んだ睡眠薬や鎮痛薬の包み紙で千羽鶴を折ったら、部屋中いっぱいになったほどだった。結局、エノケンは東大病院で右足の指先だけ切断する手術をして復活する。

昭和初期の浅草時代からエノケンを知っている水の江瀧子は、エノケンをこう評している。

「大勢の人達にかこまれながら一寸淋しそうな人」（『喜劇王エノケンを偲ぶ』より）

どこか孤独なコメディアン、エノケン。舞台では全身全霊をこめてサービス精神を発揮するエノケンの愛嬌の奥には、喜劇役者人生のせつなさを秘めていたかのような、独特の〝一寸淋しそうな〟表情が隠されていたのかもしれない。

戦後、笠置はエノケンの家に娘ヱイ子をつれて遊びに行き、またエノケンも笠置の家で催されたヱイ子の誕生パーティーに出向くなど、私生活でも服部良一と同様、家族ぐるみの付き合いをしている。笠置の娘ヱイ子も、まだ二、三歳の頃からエノケンに可愛がられたことが記憶にあるという。エノケンも笠置も苦労人で人情家で涙もろく、ともに子ども好き・動物好きという庶民的な性格だった。四九年八月、笠置は九州巡業中に仲良くなった戦災孤児を見捨てておけず、エノケンに相談して引き取ってもらったこともある。エノケンは戦前、浅草の松竹座の専属になった一九三二年頃、松竹座に捨てられていた女の子を引き取って養女にし、戦後も知人の紹介で身寄りのない子どもを引き取って学校へ行かせるなどの面倒を見ている。エノケンには私生活でこうした隠れた一面があった。

エノケンは五七年に長男が二十六歳で病死し、長年連れ添った妻とも離婚。六二年には右脚大腿部からの切断など、重なる不幸にみまわれてまたもや自殺を図るが、その後は見事に復活し、舞台、映画、草創期のテレビでも活躍する。だが六九年十一月の台湾公演で悪徳興行者にだまされてギャラを持ち逃げされたことや、肝硬変の悪化が進み、七〇年一月、エノケンは多くの人々に惜しまれて死去。満身創痍、六十五年の生涯だった。周囲の役者たちやファンは親しみをこめて彼を「エノケン」と呼んだが、笠置は終生「榎本先生」と呼んだ。舞台と映画でコンビを組んだエノケンと笠置シヅ子は、戦後の数年間ではあったが、昭和史に残る喜劇の名コンビだった。

昭和二十年代半ばと推察されるが、東宝宣伝部が行った「エノケンの相手役に最もふさわしい人」というアンケートでは、二位の古川ロッパを押さえて笠置シヅ子が一位、三位は清水金一、四位は岸井明と高峰秀子、五位が柳家金語楼という資料がある。

喜劇王ライバルの日記

喜劇王・エノケンのライバル、古川ロッパ（緑波、一九〇三〜六一）が書き遺した名著『古川ロッパ昭和日記』には、昭和九年一月一日から、亡くなる三週間前の昭和三十五年十二月二十五日付までの二十七年間に、実に千三百人以上もの著名な文化人・芸能人などが実名で書かれている。舞台や映画で共演したこともある笠置シヅ子も何度か登場する。ちなみに名前が出てくる回数が最も多いのが菊田一夫（演出家）で、次いでエノケンだ。この二人はともにロッパの生涯に多大な影響を与え、さまざまな葛藤があったことが赤裸々に綴られている。四巻もあるこの大著を読破するのにはかなりな時間とエネルギーを要したが、それだけの価値がある昭和史・芸能史の貴重な資料である。

どんなジャンルにもいえることだが、対照的なライバルを登場させて競わせると、そこにクリエイティブな火花が散り、より豊かな世界が広がって人々を楽しませる。エノケンとロッパもその例だろう。二人の喜劇王の芸についてはさまざまな人々によって言い尽くされているのでここでは省くが、二人の特色を言い当てた象徴的な言葉がある。昭和十二年十一月二十五日付のロッパの日記に書かれていたものだ。

「これは巷のゴシップだが。古川緑波、エノケンを評して曰く、『ありゃあいい役者だ、うちへ来て役者をすりゃあいいのに』と。エノケン又ロッパを評して曰く、『ロッパはうちへ来て作者になればいいのに』と。ゴシップとしては中々いいではないか」

昭和十二年の頃のロッパは、全盛期の黄金時代だった。大正末期に早稲田の英文科在学中に菊池寛の文藝春秋社が出していた『映画時代』でアルバイトしていたが、菊池寛の誘いで早稲田を中退して編集者になる。だが『映画時代』の経営が行き詰まると、今度はまた菊池寛の勧めで声帯模写の芸人になり、これがウケて喜劇役者になったのが昭和の始め。一九三五（昭和十）年には東宝専属になり、古川ロッパ一座を旗揚げした。この頃のロッパは、最初はエノケンの舞台を見てのファンだったが、もはや自分はエノケンを超えたというふうに日記に書いたりする。

旧華族出身のロッパは優れたエッセイストであり、美食家で読書家で〝日記魔〟で、辛辣な批評家でもあった。むろん、笠置シヅ子にも厳しい目が向けられている。笠置の名前は四十六回（日記に出てくる日数）出てくるが、初登場は敗戦後早々の昭和二十年十月九日。

「笠置が第一で、マイクを通した歌が響く。ひどいジャズで、気狂い何とかに蜂が刺したという感じ」

ライバルのエノケン同様、歌手でもあったロッパはこのとき、戦後早々の九月から再開された有楽町の東京宝塚劇場（太平洋戦争中は日劇とともに風船爆弾工場として使用された。四五年十二月二十四日から五五年一月二十七日まで、ＧＨＱ連合国軍総司令部に接収されアーニー・パイル劇場と命名された）で長谷川一夫や高峰秀子、轟夕起子、灰田勝彦、笠置らとともに舞踊と歌の公演に出演中だった。十月九日は第四週初日で、「歌ふロッパ」という自分の出し物の前に出演した笠置を見ての感想を書いたのだった。日記には嫌いな人物への酷評が多々記されているのでとくに驚くことはないのだが、それにしてもロッパは他人に手厳しい。たしかに声のいいロッパは歌もうまく、戦前にはレコードを何枚か出している。私などはどちらかといえばロッパの演技より歌のほうが好きだ。

十一月三十日に撮影所へ行った〝金欠〟のロッパは、所長で東宝重役の森岩雄に借金を申し込み、ロッパ一座の座長として企画した仕事をいろいろ売り込む。その後「雨になったが傘なし」のまま有楽町に行き、日劇へ寄る。日劇はちょうどこのとき、戦後再開第一回公演中だった。

「舞台袖から『ハイライト』というのを見る。踊り子が裸のような姿で、昔のままのレビュウ、ジャズ。笠置シヅ子が、又気狂いのような踊りをやるのを見ていると、何か大変な間違いを感じる。『ああ敗けてよかった、万歳万歳』と歌っているようにしかきこえなかった。舞台の袖には、MP（注・米軍のミリタリー・ポリス）がニコニコ笑ってみているのだ、敗戦国の姿である」

と、これまたロッパらしく辛辣な皮肉を綴っている。まるで笠置のような歌手がいるから戦争に負けたのだ！　と言いたげだ。笠置シヅ子はこの後も、ロッパの日記に何度か登場することになるのだが、そのほとんどが、落ち目の自分とは逆に〝ブギの女王〟となって一世を風靡するスターにのし上がった彼女への侮蔑と羨望が入り混じる痛烈な皮肉だった。

十二月七日にも、

「岸井（岸井明）が、ダイナを歌って踊り出すが、不思議な間違いを敢えてしている感じ、笠置シヅ子も轟夕起子も灰田も皆同じである」

と書いている。日本の敗戦がロッパにはまだ受け入れられなかったのがわかる。戦争に負けたというのに、楽しそうに生き生きと仕事をしているような歌手たちがロッパには腹立たしいのだろう。ところがその半年後の一九四六年六月二十八日、ロッパは電車の中で笠置に会い、こう評している。

「池上線に乗ると、笠置シヅ子に逢う。此の女、いつも思うことだが、舞台は嫌だが、人間はよろしい」

笠置という人間の何がどう〝よろしい〟のか、詳しくは書かれていないが、おそらく笠置がロッパに礼儀正しく接したからと思われる。戦前、少女歌劇で厳しく叩き込まれたショーマンシップが笠置を後々まで貫いていた。内心はロッパをエノケンほどには尊敬しなかったと思われるが、そこは利発な笠置、おそらく他人に厳しいロッパの性格も知っていて、一応は敬意を示して「ロッパ先生」と呼んだに違いない。

一九四八年三月十一日、ロッパは浅草国際劇場で笠置と一緒の舞台になり、「笠置シヅ子の歌、もの凄く、段々個性を発揮してきた」と書く。心境の変化なのか、嫌いだったはずの笠置の歌を認めているようにも思える。だがその三カ月後の六月二十四日には、やっぱりこう書いている。

「今の世の観客層の低下は、ひどいもので、アロハシャツのアンちゃんとパンパンガールが、観客層の大部分になっている。だから上品なもの、中位なもの皆人気なく、下品なもののみ栄えている。笠置シヅ子然り、岡晴夫然り（彼の歌、低俗にしてきくにたえない）」

こんなふうに笠置の歌をけなしているが、実は四一年に笠置がＳＧＤを退団したとき、ロッパは笠置を自分の一座に勧誘したが断られたという経緯がある。それを忘れていたのか、それとも覚えていたからこそ腹立たしいのか。

笠置に限らず自分の気に入らない者を、なりふりかまわず当たり散らすようなひどい貶しようで憎たらしいのだが、あまりに正直で、ときどき、はっとさせられるような的を射た批判精神も見せたりする。傑出した俳優でありながら、自分の人気下落の原因を〝下品な観客〟のせいにするロッパ。〝上品でインテリ〟を自任するロッパの八つ当たりにしても、戦前の人気絶頂期が忘れられず、戦後はしだいに時代と自分が見えなくなっていく姿がなんとも痛ましい。

戦後歌謡映画再発見

ブギの女王・笠置シヅ子が主役、または準主役で出演した敗戦後から昭和二十年代の映画は、そのほとんどが戦前から作られた〝シネ・オペレッタ〟と呼ばれた和製オペレッタ映画の流れを汲む歌謡映画といわれるもので、笠置は主演した多くの映画の中で自分のヒット曲を歌っている。そこでは、もはや観ることのできない笠置の舞台を再現しているのでありがたい。現在ではこれらの映画は、いわゆる粗製乱造された娯楽映画のジャンルに属するとされ、映画史では二流扱いか、抹殺されてしまったかのようだ。その上ほとんどがモノクロで、ビデオやＤＶＤに復刻されていない作品も多く、残念なことに今日では私たちが鑑賞する機会が少ない。だがいくつかの作品を観てみると、当時の映画人たちの娯楽映画に注いだ並々ならぬエネルギーと情熱に、改めてこの時代に作られた日本映画の質の高さを感じる。

まるで現代日本映画の衰退が嘘のように、映画は戦後、大量消費社会文化を象徴するメディアの先頭を切って急速に発展する。今日、テレビなどで盛んにリバイバル上映されるのは名匠といわれた監督作品ばかりで、なかなか観るチャンスがないのだが、このような娯楽映画をたまに観るとその新鮮さに驚くほどだ。同時期に作られた黒澤明や小津安二郎や溝口健二らの作品だけが日本映画ではないことがわかる。名作、大作、芸術作品ではなくても、いや、どんな映画であれ時代の鏡であり、中には時代を超えた普遍的なテーマや人生哲学を発見できる映画も少なくない。敗戦後間もない日本でこんなに面白い映画が数多く作られていたこと自体、新たな発見である。

敗戦後の進駐軍統治下では、日本で製作される映画はすべてＧＨＱの下部組織ＣＩＥ（民間情報教育局）によって検閲・指導され、完成された映画はさらにＣＣＤ（民間検閲支援）によって二度目の検閲を受けた。こうした厳しい管理体制は一九五二年まで続く。日本映画の検閲にあたった米検閲官は、日本映画を民主主義の宣伝の道具として使ったのだ。戦争を批判し、資本家や軍人の戦争責任を弾劾する映画を作ることが奨励された。この時期に作られたのが黒澤明の『わが青春に悔いなし』や木下恵介の『大曾根家の朝』、今井正の『民衆の敵』、『青い山脈』などだ。いずれも軍国主義や戦争で大儲けした財閥を批判した名作である。だが今井正はそのときのことをこう述べている。

「（略）こういう映画を作らないと、ロッパさんやエノケンさんの企画を通してくれないのですよ。エスケープ映画ばかり出してきて映画会社は日本の民主化に協力してくれないというわけで、財閥をやっつけた映画を撮れば一本のエスケープ映画を許可するという、抱き合わせみたいな条件がつきました」（佐藤忠男著『黒澤明の世界』）

これを読んで私は驚いた。私はむしろこの逆を想像していた。安易な映画とはエノケンやロッパの喜劇映画のほうで、それらはＧＨＱがすぐに許可したと思っていた。今井の『民衆の敵』はまだマシなほうで、当時はＧＨＱによって〝安易な民主主義映画〟が奨励され、作られた。今日、名作とされるものが必ずしもそうではなかったのだ。そういえば、人々が飢えに苦しんでいるというのに、この時期の映画には実に可憐で生活は苦しくても明るく陽気に、未来を信じて希望を持とうという調子のものが多い。「リンゴの唄」を歌う並木路子や、食料の買出しにギャグ連発で奔走するエノケンやロッパ、笑顔を絶やさず歌って踊る笠置シヅ子、いじらしい少女の美空ひばり――。佐藤忠男は『黒澤明の世界』

でこう書いている。

「荒々しい暴力がもっとも日常的であった時代であるが、当時の日本映画には、不思議なことに、荒々しい世相の反映はほとんど見られない。（略）国家権力や占領軍によるそうした規制は、いつしか、規制されている人びとの心の内側にまで浸透してくるのである」

戦後すぐのこの時期に作られた映画はたしかに、民主主義プロパガンダ映画か明るく陽気な娯楽映画のどちらかだ。戦前を引き継ぐような軍国主義的なものや残酷な時代劇はむろん、社会批判などの政治的な意味合いが強い映画はGHQから許可されなかった。またそのような外からの規制以外にも、映画人自身による自主規制があった。こうした事情を知ると、占領下時代に笠置が主演・準主演したような娯楽映画がすべて低級で能天気な〝B級〟ドタバタ喜劇として片付けられないものを感じる。時代的な背景は必ず作品のどこかに投影されているはずだ。私は戦後の喜劇映画、歌謡映画が〝取るに足らない、たわいもないもの〟とは思っていない。規制（自主規制）のなかにありながら、それでもなんとか映画を作ろうと映画人たちは苦労しつつ、工夫したはずである。そこには質の高い娯楽性があり、また当時の人々の人間的な心情を反映したヒューマンな映画もあったはずで、それが貴重なものに思えてくる。いつの時代も娯楽を渇望する庶民にとって、そうした映画は深刻な生活難をつかの間でも忘れさせ、明日への希望、生きる活力をも抱かせる。娯楽映画には今の時代には考えられないようなパワーがあったのだ。たとえば戦前・戦中から作られたシネ・オペレッタといわれた歌謡映画・音楽映画の『鴛鴦歌合戦』（一九三九年）や『孫悟空』（四〇年）、『歌ふ狸御殿』（四二年）などは大ヒットし、軍部が製作した国策映画などは人々が好んで見たわけではなかったことがわかる。とくに木村恵吾が演出した狸御殿シリーズは戦後もそのまま何作もリメイクされ、大ヒットした。主演の宮城千賀子や水の江瀧子は一座を組んで全国を巡業したほど、庶民に受け入れられた。

戦後に笠置が主演した映画はどれも共演者が豪華で、かつての名優、エンターテイナーといった錚々たる顔ぶれだ。その中からいくつかを紹介すると、まず四七年、笠置が戦後初めて出演した映画『浮世も天国』で古川ロッパ、徳川夢声、高勢実乗らと共演。続く『春の饗宴』で轟夕起子、池部良。四八年『びっくりしゃっくり時代』で榎本健一（エノケン）。『歌うエノケン捕物帖』でエノケン、藤山一郎、旭輝子。『舞台は廻る』で若原雅夫、三条美紀。四九年『エノケン・笠置の極楽夫婦』でエノケン、灰田勝彦。『エノケン・笠置のお染久松』でエノケン、清川虹子、田中春男、あきれたぼういず。『脱線情熱娘』で原保美、河村黎吉、堺駿二、岡村文子。『結婚三銃士』で上原謙、高杉早苗。『銀座カンカン娘』で高峰秀子、灰田勝彦、岸井明。（この映画は主題歌を高峰秀子が歌って有名になったが、笠置の魅力がまったく生かされていなくて私は好きではない）

五〇年『ペ子ちゃんとデン助』で堺駿二、沢村貞子、殿山泰司。五一年『歌う野球小僧』で灰田勝彦。『ザクザク娘』で若原雅夫、高杉妙子。『女次郎長ワクワク道中』でキドシン、伴淳三郎、上田吉二郎。『桃の花の咲く下で』で柳家金語楼、北沢彪、花井蘭子。五二年『生き残った弁天様』で古川ロッパ、森繁久弥、川田晴久、見明凡太朗、杉狂児。

『惜春』で上原謙、山根寿子。『唄祭り清水港』で高田浩吉、宮城千賀子、北上弥太朗。『花吹雪男祭り』で市川右太衛門、花柳小菊。『決戦高田の馬場』で市川右太衛門、渡辺篤、丹下キヨ子。『銭なし平太捕物帖』で横山エンタツ、花菱アチャコ。五三年『花形歌手歌の明星』で淡谷のり子、二葉あき子、川田晴久。五四年『重盛君上京す』で森繁久弥、エンタツ。『落語長屋は花ざかり』でエノケン、ロッパ、柳家金語楼、久慈あさみ、森繁久弥、三益愛子。五五年『のんき裁判』で藤田進、大河内伝次郎、田崎潤、丹下キヨ子。これらの映画はすべて服部良一が音楽を担当している。

映画の中で、笠置のセリフはほとんど大阪弁である。どんな役を演じようと笠置は大阪女であり、ブギの女王であり、〝歌う喜劇女優・笠置シヅ子〟なのである。笠置が芸の上でも大阪弁で通すと決めたのは戦前からである。そのときのことをエノケンとの対談でこう語っている。

笠置・先生は方言の芝居はやりませんね。

エノケン・それなんだ。たとえばわしが九州弁をつかおうとする。どうせ俄か仕込みだからヘタに決まっている。ヘタだから、その九州の人が聞いてもチンプンカンプンにきまっているし、九州の人にわからなければ、ほかの土地の人にはますますもって奇々怪々…。そんなら方言なんかつかわん方がよいということになるだろう。

笠置・うちも大阪弁ばっかりやけど、少女歌劇時代に、芝居をするにはやっぱり標準語も習う必要がある、というんで、一時けいこしたんやけど、どうもおかしくて、キザなようで、とても話ちゃおれまへん。ええいっそ大阪弁で通した方が、聞く方でも感じがよろしいやろと、標準語をまるでつかわんことに決めました。

エノケン・サヨカ

（『サンデー毎日』一九四八年一月十一日号）

どの映画も興味深いのだが、ぜひ紹介したいのが四八年の大映『びっくりしゃっくり時代』（島耕二監督）。スリに間違われたエノケンと、小さな楽団で歌う〝歌ちゃん〟の笠置が本物のスリを追いかけ回るドタバタ喜劇で、名優エノケンの動きの面白さと笠置の初々しさが見ものだ。日比谷公園で転寝している浮浪者のエノケンに、笠置扮する歌ちゃんが、「あんた、おなかすいてるんとちがうか？　かわいそうに、痛かったやろ。…残りもんやけど、食べなはれ」

と自分の弁当を差し出して言うシーンが、私はとても好きだ。二人ともまだ若い。戦後三年の東京の中心街でロケされたようで、空襲による爆撃の跡も生々しい建物が出てくるが、これも見ものだ。二人が暴くことになるのが悪徳国会議員の収賄事件で、これはこの当時大ニュースとなった「昭和電工贈収賄疑獄事件」をパロディーにしたもの。

四九年の『エノケン・笠置のお染久松』（渡辺邦男監督）は名作で、ビデオやＤＶＤで観ることができる数少ない映画。エノケン・笠置版と五九年のひばり・里見版の両方の映画に出演したのは、『エノケン・笠置』で番頭、『そよ風日傘』でお染の兄を演じた田中春夫。

　笠置の代表作で、黄金期を飾る五一年の映画『女次郎長ワクワク道中』(加戸敏監督)も楽しい。笠置の代表作の一つで、清水の次郎長の娘・おしづ役の自由奔放さが見もの。二年前の『お染久松』の続編ともいうべき映画で、笠置の魅力満載だ。映画の挿入歌「唄う三十石船」(原曲は「オールマン・リバップ」)を笠置が歌い踊るシーンは素晴らしく、圧巻。博打で勝って酔っ払い、「黒田ブギー」を歌うシーンも見もの。ラストシーンではなぜか「買物ブギー」を歌って〝おしまい〟になる、これぞ歌謡映画の真髄、といった映画。

　特筆すべき笠置の主演映画が五二年の大映『生き残った弁天様』(久松静児監督)。これまたビデオ・DVD情報がなく、観られない。『キネマ旬報』五二年三月上旬号に掲載された解説によると、「原作は米軍大佐チャールズ・J・ミラゾー氏が、笠置シヅ子のために書いたもの」と紹介されているように、ストーリーはしゃれた外国サスペンス映画を思わせる。ミラゾー大佐(資料によってはチャールズ・ミラーと記されている)は大変な笠置のファンだったようで、五二年に任期を終えて帰国の際、笠置のために作詞作曲した「サヨナラブギ」も贈呈している。五三年大映映画『花形歌手　歌の明星』にナビゲーター役で笠置が出演し、五二年の『生き残った弁天様』で笠置が歌ったいくつかのシーンが再使用されている。とくに「ジャングル・ブギー」の迫力はすごい。笠置が弁天様役で主演した豪華配役のこの『生き残った弁天様』をぜひとも観てみたいのだが、今のところ、この映画のビデオ情報はない。ちなみに共演者の古川ロッパは京橋の大映本社でこの試写を観て、

「タイトルも悪いし、役も悪く、笠置の引き立て役。もう主役でなくてはやるまい」(『古川ロッパ昭和日記』昭和二十七年二月二十七日)

と書いている。

珍しいところでは、五二年に東映時代劇『決戦高田の馬場』と『花吹雪男祭り』で市川右太衛門(一九〇七~九九)と共演していることだ。市川は服部良一と同じ年で、笠置と同じ香川県生まれ(市川は丸亀市出身)である。

笠置は一九五七年に歌手を引退して〝ブギの女王〟を自ら封印し、女優業に専念して映画は主役から脇役に転じた。その脇役の特筆すべき映画が、六四年の日活映画『愛と死をみつめて』(斉藤武市監督)だ。これがまた笠置らしい味わいのある役どころだ。ちょうど東京オリンピックが開催された年で、原作は六三年に出版された河野実と大島みち子の文通書簡集。ヒロインが軟骨肉腫という難病に冒されて二十一歳の若さで生涯を閉じたノンフィクション物語に、当時の若者の多くが感動して百六十万部を売り上げるベストセラーになった。それをもとに映画、テレビ、ラジオ、レコード化されてこれらも大ヒットした。映画での主役は吉永小百合で、阪大病院の四人部屋に入院したときの同室患者が笠置と北林谷栄、ミヤコ蝶々。その三人の中に吉永小百合が入るというのがなんとも異色で

異様。映画の中ではわずかなシーンだが、これがまたすごい。入院患者だというのにどこが悪いのか、笠置とミヤコ蝶々が箒を持って病室に出没するネズミを追い掛け回すシーンがある（大学病院の病室にネズミがいるというのもヘンだが、実験用のネズミが逃げ出したのかも？）。この二人がこてこての大阪弁でちょっと毒のある台詞をやりとりする。ミヤコ蝶々が大阪に多いという熱心な創価学会信者を演じ、笠置が彼女を〝拝み屋〟と混同してミヤコ蝶々が怒るという、いささか危ういシーンである。これはもう、笠置がボケて蝶々がツッコミを入れるというこてこての大阪漫才だ。三人とも最強の〝大阪のおばちゃん〟を演じているのだが、実際は三人とも大阪生まれではない（北林と蝶々は東京生まれ）。しかも北林は当時五十三歳だったにもかかわらず八十歳前後の〝老婆〟を演じ、笠置は当時五十歳、ミヤコ蝶々は四十四歳で、考えてみれば三人とも若かったのだ。彼女たちの芸達者ぶり、女優魂にはつくづく頭が下がる。

松竹「脱線情熱娘」1949年。左、原保美、三井弘次。

東宝「春の饗宴」1947年。左から橘薫、池部良、若山セツコ、轟夕起子、笠置シヅ子。

新東宝・エノケンプロ「エノケン・笠置のお染久松」1949年。左、榎本健一。

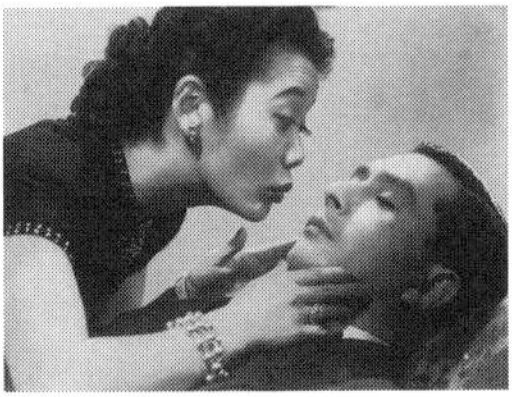

新東宝「結婚三銃士」1949年。右、上原謙。

東映「決戦高田の馬場」1952年。右、市川右太衛門。

松竹「ぺ子ちゃんとデン助」1950年。左、堺駿二。

大映「生き残った弁天様」1952年。左から川田晴久、古川ロッパ、森繁久弥、杉狂児、上段が笠置。

東映「銭なし平太捕物帖」1952年。左、横山エンタツ。右、花菱アチャコ。

ブギウギ時代　その①「東京ブギウギ」で国民的スター第一号

東京ブギウギ　リズムウキウキ　心ズキズキワクワク
海を渡り響くは　東京ブギウギ　ブギの踊りは　世界の踊り
二人の夢のあの歌　口笛吹こう　恋と　ブギのメロディー
燃ゆる心の歌　甘い恋の歌声に　君と踊ろよ　今宵も　月の下で
（鈴木勝作詩、服部良一作曲・編曲）

敗戦後から約七年間のGHQによる占領下時代と、ブギの女王の黄金時代がそっくりそのまま重なっている。そのオキュパイド・ジャパン時代の笠置のエンターテイナーとしての魅力に、いくつかのヒット曲と出演した映画を紹介することで迫ってみたい。

昭和二十年代の日本映画を観ていると、焼け跡のバラックや繁華街の闇市が出てくるシーンには必ずといっていいほど「東京ブギウギ」が流れている。もしかしたら並木路子の「リンゴの唄」よりも多いのではないか。黒澤明監督『野良犬』（四九年）では「アイレ可愛や」や「セコハン娘」や「センチメンタル・ダイナ」など笠置の歌が何曲か使われているが、刑事に扮した三船敏郎が盗まれた拳銃を捜すため、汚れた復員兵の格好で繁華街をうろつくシーンに「東京ブギウギ」が流れている。活気あふれる猥雑で雑多な闇市には陽気な「東京ブギウギ」が似合っていたからだろう。猥雑な時代を映すには最も適した歌だったようだ。

映画『浮雲』（林芙美子原作、成瀬巳喜男監督、五五年）では、戦時中に仏印（フランス領インドシナ、現在のベトナム・ラオス・カンボジア）で妻子ある農林技師の富岡（森雅之）と不倫関係になったヒロインの幸田ゆき子（高峰秀子）が、戦後に東京へ引き揚げてきて二人が再会するところからドラマが始まる。二人は人目を忍んで焼け跡の〝復興マーケット〟奥の旅館に入るのだが、そのときマーケットで笠置シヅ子の「東京ブギウギ」が流れていた。その陽気さが逆に、もの哀しさを誘うのが印象的だった。敗戦になって、外地にいた戦時中のほうが幸せだったと嘆くヒロイン。林芙美子がこの『浮雲』を雑誌に連載したのは四九年から五一年にかけて。小説『浮雲』は林芙美子の傑作だが、成瀬巳喜男の演出の巧みさが光る映画は秀逸だ。戦争が終わっても救いを見出せない人々の哀れさと、刹那的な虚脱感ただよう占領下時代の空気が伝わってくる。

ではその占領下時代、日本社会には具体的にどんなことがあったのか調べてみると、現在の感覚でいえば〝超ビッグニュース〟が連日のように起きている。浮浪者・浮浪児・街娼の連行、憲法制定、国際裁判、労働争議、誘拐・殺人事件、列車脱線転覆事故、地震・台風などの大災害、動乱――。人々は厳しい生活難の中ですさまじい戦後社会の変革と闘っていた。

一九四七年秋に吹き込んだ「東京ブギウギ」は、その年の十二月三十日に公開された東

『アサヒグラフ』1950年1月18日号表紙。右目ウインクする笠置シヅ子。

宝映画『春の饗宴』（山本嘉次郎監督）の中で歌われている。翌年、日本中で大ヒットとなるのだが、映画を観ると、すでにヒットの予兆があったのがわかる。映画の舞台は、丸の内・有楽町あたりの由緒ある劇場という設定の〝東京座〟（ちなみに、雨の有楽町界隈のシーンは円谷英二が担当した〝特撮〟である）。百万円（今ならゼロが二つ多いが）の宝くじの当選発表が行われる嵐のその日は、東京座のさよなら公演でもあった。実は東京座は関西の新興成金（進藤英太郎）に身売りされ、解体されて新しく映画館になるという。これまた戦後の世相を反映している。その噂を聞きつけて隣の新聞社の芸能担当記者が取材にやって来る、というストーリー。実際、有楽町界隈には戦前から朝日、毎日、読売の新聞社があった。大阪の歌劇団からやって来た歌手として出演するのが轟夕起子（さすが宝塚出身の大女優）、笠置シヅ子、橘薫ら。元演劇青年の新聞記者に池部良（当時二十九歳、帽子にトレンチコート姿が実にかっこいい！）。他に藤原釜足、若山セツコらが出演。轟と池部の恋が芽生える様子を見て笠置が轟にウインクするシーンがあるのだが、この笠置のウインクがとてもチャーミングなのだ。当時の笠置に魅了された人物が多いわけが、これを見てわかったような気がした。その笠置の右目ウインクだが、一九五〇年一月十八日号の『アサヒグラフ』の表紙の笠置はその右目ウインクをしている。

映画『春の饗宴』はほとんど実際の劇場の中で撮影されているからレビューの舞台をそのまま観ることができる。劇中の舞台は日劇で撮影された。笠置は「センチメンタル・ダイナ」（これがまたいい。笠置がかつてジャズ歌手だったことを髣髴させる）を歌った後、観客から「東京ブギウギ」をリクエストされて、約三分半、舞台の端から端まで踊りながらフルコーラス歌っている。この『春の饗宴』は、生ではもう観られない笠置の舞台を再現する最も古い、貴重な映画となった。また興味深いのは、笠置のバックで踊る日劇ダンシングチーム（クレジットでは東宝舞踏団となっている）の若い女性たちのちょっと太目の体形からも、敗戦後という時代性を感じてしまう。エキストラらしい観客が素朴な笑顔で拍手しているシーンもあって、当時の女学生・大学生や和服の女性・老人たちの質素な服装が世相を映し出している。だがなんといっても、大阪弁の笠置の芸達者ぶりと、笠置がかつてレビューダンサーでもあったことがたっぷり鑑賞できる。今観るとまったく違和感がないのだが、そんな笠置を見て、それまで直立不動で歌う歌手しか知らなかった当時の日本人が魅了されたことがよくわかる。

さすが鬼才・山本嘉次郎監督・脚本の映画で、娯楽作品としてなかなか優れている。山本はこの年、エノケン・ロッパ共演の名作『新馬鹿時代』を撮っていて、食糧難時代の闇物資問題をコミカルに描いている。
その「東京ブギウギ」を歌い踊るシーンで、最後に笠置の「ヤー！（ギャア）」という〝奇声〟が入っていて、レコードやＣＤにはそれがないこともわかった。やっぱり舞台のほうが迫力たっぷりなのだ。この〝蛮声〟について笠置はこう述べている。
「ラストのあいうかけ声なんてのはね、大阪の梅田劇場で、トランペット吹いている人が下から、ヤアッて声かけたんで、わたしがパッと受けたのが、ああいう蛮声な張り上げるかけ声になったの。だから、たくまずしてそういうことになったわけね。やっぱり、ジャズというのはそういうものですよ」（『太陽』特集昭和時代　一九七五年七月「東京ブギウギの頃」笠置シヅ子）
ちなみにこの声で、私は美空ひばりのデビュー曲「河童ブギウギ」を思い出した。ひばりも「ヤー！（ギャー？）」と言っていて、それはまさしく笠置のモノマネだったのだ。私たちはモノマネのほうを知っていて、本家本元を知らなかったことになる。ひばりの「ヤー！」はやっぱり子どもの声で、笠置のパンチにはかなわない。とはいえ、映画『踊る龍宮城』（一九四九年）に出演して「河童ブギウギ」を歌った十二歳のひばりの河童はとても可愛い（本人はこの格好をとても嫌がったという）。この「ヤー！」だが、実際の舞台でそれを聞くととても迫力がある。私は子どもの頃、昭和三十四年に上京して浅草国際劇場でＳＫＤの踊り子たちのラインダンスを観たことがあるが、彼女たちが揃って脚を上げ、一斉に「ヤー！」というかけ声を発すると、観客が拍手して一気に会場が沸いた。私も子どもながら心ズキズキワクワクしたことが忘れられない。

「東京ブギウギ」で笠置が着ていたドレスの実物を、私は亀井ヱイ子さん宅で拝見した。アメリカ製だったというこのドレスは生成り地に薄緑などの植物柄プリントで、七分袖のノーカラー、Aラインのギャザースカートという洒落たデザイン。ウエストが細めなのだが、映画では笠置のウエストは余裕たっぷりのように見え、当時の笠置がとてもスリムだったことがわかる。敗戦後の物資の乏しい時代、笠置はこのドレスをやっとの思いで手に入れたのだった。

当時の日本人は英語のピープルを「国民」と訳され（並木路子の「リンゴの唄」がヒットした四六年にはまだ国民という言葉は定着していない）、それまでの「臣民」からやっと解き放たれたが、まだまだ多くの日本人が敗戦の虚脱状態から抜け出せず、食料にも娯楽にも飢えていた。おまけに笠置は夏に娘を出産したばかりで、母乳で育てていた。ちょうど四七年夏ごろに映画のロケーションがあって（『浮世も天国』か）、おっぱいがあふれて衣装を汚し、それが切実な問題だった。笠置は雑誌で、「わてかて、おなかすいてた」とインタビューで語っている。舞台では満面の笑みで陽気なブギをダイナミックに歌い踊っていたブギの女王は、本当はおなかをすかしながら赤ん坊にお乳を飲ませていた〝国民的スター第一号〟だった。

この「東京ブギウギ」は、一九五三年にアメリカでもレコードが発売された。笠置が吹き込んだ「トウキョウブギウギ」が米コロムビア社から発売され、ヒットしていると当時の新聞記事が伝えている。記事には米娯楽専門雑誌『ヴァラエティ』誌の記事も掲載され、「ニッポン式のブギウギ調は必ずや多くのレコードファンを喜ばすに違いない。厳密に言えば、多少調子外れのきらいはあるが、笠置シヅ子の吹き込んだリズミックで陽気な日本ジャズという事で相当の評判を得るだろう。（略）売上金額は非常なものになるだろう」（『東京新聞』一九五三年三月三十一日）と書かれている。

ところで「東京ブギウギ」がヒットしてから「博多ブギウギ」「大阪ブギウギ」「北海ブギウギ」「名古屋ブギー」など、服部・笠置コンビの〝ご当地ソング〟としてブギ・シリーズが作られたが、最もヒットしたのは「大阪ブギウギ」である。実は「東京ブギウギ」の前年の四六年に「神戸ブギ」というものが作られたがこれは全くヒットしなかったようで、レコードも詳しい資料もなく、どういうものか不明だ。したがって服部・笠置のブギは「東京ブギウギ」から始まったことになる。

ブギウギ時代　その②野獣のように叫ぶ「ジャングル・ブギー」

『戦後史大事典』（三省堂、九一年）の約三千項目の一つに「東京ブギウギ」がある。ここで笠置は「野獣のように叫びながら舞台せましと踊りうたい、パンチあふれたバイタリティーが敗戦直後の虚脱状態の国民の心にアピールした」と紹介されているが、この「野獣のように叫びながら」というのは「東京ブギウギ」ではなく、「ジャングル・ブギー」のことである。それまで多くの日本人が直立不動で歌う歌手しか知らなかったが、「リンゴの唄」よりも陽気で明るい浮かれ調子の「東京ブギウギ」で、舞台の端から端まで踊りながら歌う笠置に、瓦礫から這い上がり何とか生きようという元気をもらったのだ。そして翌年の「ジャングル・ブギー」で、さらにパワーアップした笠置の「野獣のように叫びながら」歌う爆発的な魅力に度肝を抜かれるのである。笠置に敗戦後という混沌とした時代の烈しさ、厳しさ、荒々しさを表現させたのは、映画監督の黒澤明だった。

ウワーオ　ワオワオ　ウワーオ　ワオワオ
わたしは雌豹だ　南の海は　火を吐く山の
ウワーオ　ワオワオ　生まれだ
月の赤い夜に　ジャングルで　ジャングルで
骨の溶けるような恋をした　ワアーアアー　ワアーアアー

「ジャングル・ブギー」（作詩・黒澤明、作曲・服部良一）は四八年四月に公開された黒澤明監督・三船敏郎主演映画『酔いどれ天使』の挿入歌で、笠置は「〝ブギ〟を唄ふ女」という役で出演し、キャバレーのフロアで〝野獣のように叫びながら〟歌うシーンがある。ギラギラした三船敏郎の存在感に負けないような歌手、それはたしかに笠置シヅ子以外にはいなかったはずだ。映画が公開された後に笠置と三船が雑誌で対談した記事によると、ダイナミックに歌い踊ることが笠置の最大の存在価値だと見た黒澤は、この映画でなんとしても大きな口を開けて歌う笠置のアップが撮りたかったようだ。黒澤はどこからあんな声が出るのかと笠置の声にも興味を持っていて、笠置の声帯まで映せとカメラに命じた。撮影のとき、いきなり目の前にカメラが来て驚いた笠置は「ちょっと待っておくれやす！」と言ったというから面白い。「ジャングル・ブギー」の歌詞は黒澤が作ったが、最初は「腰の抜けるような恋をした」だったものを、こればかりは「えげつない歌、うたわしよるなあ」と笠置がため息をついた。そこで服部と笠置が「骨の溶けるような恋をした」「胸が裂けるほど泣いてみた」と替えた、というエピソードがある。黒澤は敗戦後という〝えげつない〟時代をより的確に捉えた表現者だったのかもしれない。だが、嫌なものは嫌だという笠置は自分の意思を貫いたのだから、当時の世相や黒澤よりも笠置の潔癖さの勝ちである。

映画は結核を患うヤクザを演じた三船の野性味とニヒリズムあふれる好演で、黒澤の戦後社会派ヒューマニズムといわれる名作の一本となった。黒澤三十八歳、三船二十八歳。六五年の『赤ひげ』まで続く黒澤・三船コンビの記念すべき第一作である。このほか三船を裏切る情婦役の木暮実千代（妖艶！）が出てくるが、一方で対照的な人物も登場する。飲んだくれだが熱血医者役を好演する志村喬《たかし》と、三船と同じ結核に侵されながらそれを克服していく女学生役の久我美子（可憐！）だ。この二人を配することで黒澤は、虫けらのように死んでいく三船の哀れさをいっそう際立たせている。

そこにわずか三分足らずだが、〝ブギの女王〟が出演した意味は大きいと私は思う。笠置の歌と個性は、その時代と切っても切り離せない。彼女の声と舞台での派手な動きは、他の誰よりも野性的でバイタリティーあふれる歌手だった。そして観るものに、笠置のボードビリアンとしての気概の凄まじさ、必死で生きている人間としての存在感、生々しさが迫ってくる。黒澤は笠置シヅ子が大きく口を開けたアップを撮り、笠置に〝叫ぶように〟ブギを歌わせ、そのシーンを、〝死〟への道ではなく〝生〟の道へと時代の価値観の転換を促す象徴とした。これは翌年の黒澤映画『野良犬』のテーマにも通じることだが、当時、戦地から復員してもなかなか社会復帰できず自暴自棄に陥り悪の世界に引きずり込まれる若者も多く、戦争はもう終わったのだ、生き抜く希望とエネルギーを持て！——、と黒澤は訴えたかったのだろう。映画の中で何度も出てくるゴミためのようなドブ池は、荒涼たる戦後社会を象徴している。焼け跡のバラックや闇市の奥でうごめく末端の人々を凝視する黒澤の、暮らしや風俗を含めた社会全体を見るジャーナリスト的な視点の鋭さを私は感じる。人間は弱くて、情けない存在だ。しかしまた、けなげで、強く、逞しく、心に美しいものも持っている。暴力やニヒリズムを否定する黒澤が、そこに誘惑され破滅していく人間を見つめる目の厳しさと優しさに、私は改めてこの時代に作られた黒澤映画の正義感を再発見した。『酔いどれ天使』で歌われた「ジャングル・ブギー」は、敗戦後三年の時代を背景に、黒澤明、服部良一、笠置シヅ子という他に類を見ない個性が作り上げた名曲であり、笠置の代表曲の一つである。

映画では他に四九年十二月に公開された『脱線情熱娘』の中でも、主役で成金娘役の笠置がこの「ジャングル・ブギー」を暴れ回るように歌っている。『酔いどれ天使』のワンシーンだけの笠置より、こっちのほうがはるかに自由奔放でいかにも笠置らしさが出ていて私は好きだ。実は四九年六月に公開された映画『ラッキー百万円娘』（新東宝、斉藤寅次郎監督。当初のタイトルは『びっくり五人男』）の中で、撮影当時はまだ十一歳だった美空ひばりが川田晴久のギターに合わせて笠置の「ジャングル・ブギー」を歌うシーンがある。表情までそっくりに笠置のモノマネで歌うひばりを見ることができる貴重な映画で、この当時、ひばりがいかに〝ベビー笠置〟だったかを証明している。ひばりはこの年の秋に「悲しき口笛」でメジャーデビューするのだが、すでにスターの貫禄が垣間見える。

舞台では四八年四月、日比谷・有楽座でエノケン・笠置コンビの「一日だけの花形（スター）」で、豹《ひょう》のぬいぐるみを着たエノケンと虎の皮の衣装をつけたターザンの姿の笠置が「ジャングル・ブギー」を掛け合いで歌い、連日満員の大ヒットとなった。同年九月には有楽町・日劇「ジャングルの女王」で歌われた（山口淑子は有楽座か日劇のどちらかの客席から、この歌を歌う笠置を観たという）。

私はこの虎の皮を模した衣装を亀井ヱイ子さん宅で見せてもらったが、手に取って触れているうちに、かつてこれを着た人の身体の一部のように感じた。衣装というのは、不思議なものなのだ。

ブギウギ時代　その③「買物ブギー」という衝撃

私が「買物ブギー」を初めて聴いたときがいつだったか、はっきりとした記憶はないのだが、なぜか子どもの頃から耳に馴染んでいる。むろんテレビより以前だから、ラジオで聴いたように思う。子ども心にも一瞬、「なんやこれは！」と仰天しつつ、不思議な驚きというか、衝撃に近いものを受け、聴き入った。ボケとツッコミの一人漫才を歌にしたような異様な歌だが、嫌悪感はない。むしろ逆で、聴いた瞬間から身も心も無意識に受け入れている。その心地いいリズムと言葉のテンポに、大人も子どもも男も女も、歌の世界に引きずり込まれるのだ。

半世紀以上経ってもなぜこの歌が私には特別なのだろう。流行歌には多かれ少なかれ、恋だの愛だの、別れや出会いや、切なさや楽しさなどがテーマで、なんとなく歌の世界にちょっとした物語がある。だがこれはそんなものとは全然違う。〝コミックソング〟とか〝冗談ソング〟といった範疇にもすんなりとは納まらない。別に意味はなく、単なるギャグの羅列ともいえるが、それだけでもない。大阪のおばちゃん的・笠置シヅ子の強烈な魅力なしには、この歌は成り立たないのだ。時代の洗礼を受けた輝かしい名曲の殿堂に入っているわけでもないのに、何度聴いてもちっとも色褪せず、新鮮だ。今なお、いろんな歌手に歌い継がれ、若い歌手たちにもアレンジされ、リメイクされている理由がわかる気がする。おそらくそこには瞬時にして人を魅了する抜群の上方話芸的センスと同時に、ナマの感性をたちまちキャッチするような一種の〝あやうさ〟があるからだと私は思う。それは言葉でちょっと説明しにくい。単なる感覚的な好みの問題かもしれない。そんな「買物ブギー」は、笠置シヅ子という歌姫そのものを象徴しているようにも思える。

「買物ブギー」は大阪で生まれ育った服部良一が若い頃、法善寺横町の寄席で聞いた上方落語の「ないもん買い」をヒントに、魚屋、八百屋と買い物しながら品物を並べて歌う、現代のラップ・ミュージックと言われている。服部が〝ひょう疽〟で寝ているとき、笠置にどうしても新曲を書いてほしいとねだられて書いたと、後に服部は手記に書いている。作詞は村雨まさをだが、これは服部の作詞のときのペンネーム。百人一首の「むらさめのつゆもまだひぬ　まきのはに――」から取ったもので、本当は「村雨まきを」とつけたが印刷屋の誤植で「村雨まさを」になった。だが服部は直すのも面倒なのでそのままにしたという。「買物ブギー」で服部はすしネタを思い出しながら詞を書き、曲をつけ、それを笠置はたちまち服部の好きな落語の世界を体現化した。レッスン中、歌詞をなかなか覚えられない笠置が思わず「ややこし、ややこし」とこぼしたセリフを、服部はそれも歌詞に入れた。

一九五〇年早々にレコーディング。二月、大阪梅田劇場の公演「ラッキイサンデー」の舞台で歌って評判になった（このとき歌の長さは六分だったという）。五月公開の松竹映画『ペ子ちゃんとデン助』の挿入歌となり、たちまち大ヒット。初回出荷レコード、二十万枚はたちまち完売し、初年度総数四十五万枚売ったという笠置の代表曲の一つとなった。この数は二〇〇〇年当時（以後、ＣＤの売れ行きが低下）のＣＤ発売総数から換算すると、六百四十万枚に相当するという。「わてほんまによう言わんわ」や「オッサンオッサン」は当時の流行語にもなった。
「東京ブギウギ」のみならず、笠置が歌うブギはどれも服部と笠置の合作と言っていい。とくに「買物ブギー」は笠置も服部も大阪育ちで、二人の天性のギャグセンス、大阪庶民の感覚が一致してでき上がった。服部は自伝にこう書いている。
「ステージでは、ぼくが言う前に、笠置君は、エプロン姿に下駄ばきといういでたちを作り、（略）下駄で見事なタップをふんだものである。笠置シヅ子は、誰もが言うように芸魂の人であり、不世出のショーマンだったと思う」（『ぼくの音楽人生』）
努力家の笠置は舞台でいろんな工夫をしたが、後年、音楽プロデューサー・池田憲一のインタビューにこう語っている。
「日劇の舞台がありますやろ。袖のずっと奥から駆け出してきて、センターマイクのところで急ブレーキをかけて止まる。そこに熱気が生まれますのや。見えんからゆうて、のろのろ出て行ったらあかん」（コロムビアレコード『懐かしの針音　笠置シヅ子』ＬＰジャケット解説、一九八五年）
だから舞台で買物ブギーを歌うとき、履いていた下駄が割れたことが何度もあった。笠置は四九年の日劇「ホームラン・ショウ　シヅ子の応援団長」でも、「ホームラン・ブギ」

を歌っていて勢い余って舞台から落ちたことがあるが、何事にも全力投球する笠置を物語るエピソードだ。とくにブギを歌うとき、彼女のマネジャーはいつも舞台の袖で構えていて、舞台の端から端まで走って来る笠置の身体の、文字通り〝受け止め役〟だった。そうしないと笠置がそのまま突っ込んで倒れてしまうこともあるからだ。

とはいえ、名曲は長く歌い継がれてほしい反面、美空ひばりの歌を他の歌手が歌ってもほとんどがっかりするように、笠置シヅ子の歌を誰かが歌い継ぐことはなかなか難しい。一度でいいから、買い物籠を手にエプロン・下駄履き姿の笠置の「買物ブギー」を生の舞台で観てみたかったが、それも叶わない。唯一、映画『ペ子ちゃんとデン助』で笠置が歌うシーンが残されている（同じシーンを五〇年松竹映画『懐かしの歌合戦』で再使用）。

一九五〇年五月二十一日公開の松竹映画『ペ子ちゃんとデン助』を、古川ロッパは同年五月二十四日に見たと日記に書いている。

「松竹映画『ペコちゃんとデン助』とアメリカの漫画映画五本を見る。癪《しやく》にさわっていたのが、アメリカ映画で、すっかり気分よくなった。」とあるが、公開直後にわざわざ映画館に出向いて観ているのは感心する。さすが役者であると同時に映画演劇評論家であり、インテリコラムニストでもあるロッパだ。アメリカの漫画映画というのはディズニーだろうか。とにかくロッパは自分以外の誰であろうと、エノケンでも笠置でも、芸がうまくてもまずくても、とにかく他人の芸は〝癪にさわる〟性格のようで酷評を気にすることはないのだが——。

現在、映画『ペ子ちゃんとデン助』（原作は毎日新聞に掲載された横山隆一の四コマ漫画。ビデオ化、DVD化の情報なし）はなかなか観ることができず、フィルムがどこに保管されているのかも不明だ。映画雑誌『松竹』一九五〇年四月号を入手してそこに掲載された「映画物語　ペコちゃんとデン助」を読み、ストーリーはだいたいわかった（ちなみに〝ペ子〟と〝ペコ〟の両方の表記があって、どちらが正しいのか不明）。映画では、潰れかけのカストリ雑誌『フラワ』編集者の大中ペ子に扮する笠置が、洒落たマーケットで買い物をしながら「買物ブギー」を歌うシーンがある。約四分間。私は最近この動画シーンを観て、三分余りに縮小されたレコードやCDは本来のものではなく、ある部分がカットされたものだったことがわかった。SPレコードの片面はもともと三分前後しか入らないのでカットされたという理由もあるが、フルバージョンの「買物ブギー」には、今まで聴いていたもの以上の魅力があり、まさに衝撃的だった。時代を超えた新鮮さと同時に、半世紀以上の時代の価値観の違いが歴然として浮かび上がったのだ。そこには強烈なインパクトと、現代の私たちに向けた深いメッセージがあった。だがこの「買物ブギー」は不幸なことに、発表当時は大ヒットしたにもかかわらず、突然ある時期から歌われなくなったり、歌詞のある部分が削除されてしまうのである。おそらく誰もが知っているように、歌詞の中に「つんぼ」という言葉が出てくる。

「オッサンオッサンオッサンオッサンオッサン――　わしゃつんぼで聞こえまへん」

実は、歌はこれで終わるのではない。映画ではこの後、ペ子ちゃんは向かいのおばあさんの店に行く。

「そんなら向かいのおばあさん、わて忙しゅうてかないまへんので、ちょっとこれだけおくんなはれ　書き付け渡せばおばあさん　これまためくらで読めません　手さぐり半分なにしまひょ」

　というフレーズがあって、

「わてほんまによう言わんわ　わてほんまによう言わんわ　ああしんど」

で終わる。「つんぼ」や「めくら」は、現代では障害者差別用語とされている。私もそうした言葉を使うのは適切ではないと思う。だが少なくとも一九五〇年当時の社会はそうではなかった。文学や映画も同様で、とくに流行歌は時代を映す鏡だ。歌詞に、今でいう差別用語が使われた流行歌は何も「買物ブギー」だけではない。現在では不適切な言葉とされているもので、他に〝おし〟〝びっこ〟〝みなし子〟〝土方〟〝流れもの〟〝屑屋〟などがある。それらの歌詞が使われた歌はみな、発表当時は何の指摘もなかったのに、いつの間にか歌われなくなったり、歌詞が変更されたり、削除されたり、曲そのものがメディアから姿を消した。実はそれらの歌が、障害者や人権団体から抗議を受けたわけではなかった。

「買物ブギー」は五〇年にＳＰ盤で発売されたが、五五年にＥＰ盤（四十五回転モノラル）で復刻されたものにはまだ「つんぼ」は削除されていない。ベトナム戦争が始まった一九六〇年代後半から七〇年代にかけて、政治的な反戦歌や反部落差別などをテーマとした歌が作られるが、それらはレコード会社や放送局など、メディアの自主規制で発売禁止・放送禁止の烙印を押されたのだ。そして一九八〇年代になって、レコード会社がかつての名曲を復刻する際に不適切な言葉を探し出し、自主的にカットしたのである。この時期に「買物ブギー」の〝つんぼ〝が削除された。他に、たとえば丸山明宏（美輪明宏）が一九六四年に発表した「ヨイトマケの唄」は、七〇年代に歌詞の〝土方〝が不適切だとして放送禁止になったが、今ではこの歌は人々を感動させる名曲と認められている。他にも岡林信康の「手紙」、高田渡「自衛隊に入ろう」、フォークルセダース「イムジン河」、赤い鳥「竹田の子守唄」、また近年では忌野清志郎「君が代」などが発売禁止や放送禁止になった。

「買物ブギー」は最近、中村美律子が歌い継いでいる。名曲であることをみんなが認めている証拠だ。このこと自体は悪くないのだが、「つんぼ」が抜け落ちると「わしゃ聞こえまへん」となって、なんとも収まりが悪い。そこでは「つんぼ」の部分が「なんにも」「さっぱり」「耳不自由で」などと置き換えられている。削除されるよりはいいかもしれないが、まるで〝老人性難聴〝〝加齢性視覚障害〝などと言い換えるようで、可笑しいように思う。もうそろそろ、私たちは歌の原点に立ち返って考え直してもいい頃ではないだろうか。おそらくレコード会社は「抗議される前に先手を打つ」ようにして、作品の尊重と人権を秤《はかり》にかけ、人権を取ったと思われるが、そもそもこの歌のテーマやオリジナリティーは、人権擁護の理念と対立などしていないのだ。服部と笠置が、〝つんぼ〟や〝めくら〟の老人を差別するためにこの歌を作ったのではないことは明白なのだから。

「買物ブギー」は今聴いても実に楽しい歌だ。私が願うのは、現在の歌手が歌い継ぐ場合は別として、笠置が歌うCDの「買物ブギー」を、映画で歌われたものと同じフルバージョンで完全に復活させてもらいたいし、映画『ペ子ちゃんとデン助』もぜひともノーカットでリバイバル上映してほしい。むろん差別は否定した上で、作品のオリジナリティーの重要性など、何らかの説明は必要だろう。つまるところ、時代的な背景が生み出した作品を全体として尊重するのか、それとも不適切な言葉だけをことさら取り上げて排除するのか、それが問われているように思う。差別の実態を隠し、黙認したまま単なる〝言葉狩り〟でよしとすることこそ不適切で居心地の悪い社会だと私は思う。自主規制で萎縮するレコード会社や放送局などのメディアの姿勢、それは今も続いているような気がしてならない。

かつて人々は、今日では差別的とされる言葉を日常的に用いてきたが、こう考えることもできる。私が子どもの頃、耳の遠い老人や目の見えない人は身近にいた。少なくとも昭和二十年代、昭和三十年代当時はさまざまなハンディーを背負った人々が私たちの周りにいて、普通に生活していたのだ。たしかに彼らは不当な差別を受けたかもしれない。だが、健常者も障害者もともに助け合って生きてきた時代でもあった。そういう意味では、当時は現代よりももっと共生社会だったのかもしれない。

ブギウギ時代　その④猫も杓子もブギウギ

「東京ブギウギ」は一九四七年九月に大阪・梅田劇場で火がついてから、服部良一と笠置シヅ子の予想を超えて大ヒットし、四八年から爆発的なブギ時代がやってくる。この和製ブギブームを他のレコード会社や歌手たちが黙って見過ごすわけはなかった。やがてマンボやチャチャチャや三木鶏郎《とりろう》のナンセンスメロディー〝冗談音楽〟が流行して、ブギが下火になる昭和二十年代後半まで、まるで雨後の筍のように次々とブギの曲が作られた。古川ロッパはこのブギブームを嘆き、こう皮肉っている。

「一等車、かなり空いているが、四つ位の娘が、アメリカ生まれのセルロイドから、オッサンオッサンコレナンボと笠置シヅ子迄一人でさへづり、くさらせる。両親がついてて まるで野放し」(『古川ロッパ昭和日記』昭和二十五年八月二十一日)

この時代、実に多くの歌手がブギを歌った。デビュー前に十一歳の美空ひばりが笠置のモノマネでブギを歌ったのは有名な話。彼女は長年、四九年九月の「悲しき口笛」がデビュー曲と公言していたが、正確には二カ月前の「河童ブギウギ」で、これはヒットしなかった。ひばりには他にも「拳銃ブギー」「あきれたブギ」「泥んこブギ」という歌がある。

ひばりの師匠、川田晴久も「浪曲ブギウギ」を歌っている。五二年に「テネシーワルツ」でデビューしたひばりと同じ年の江利チエミも、デビュー前は米軍キャンプやオーディションなどで、笠置のモノマネでブギを歌った。「東京ブギウギ」を作詞した鈴木勝の妻だった池真理子は、「東京ブギウギ」は歌えなかったが、後に「恋のブギウギ」「ブギにうかれて」「祇園ブギ」を出す。この他、市丸「三味線ブギ」「どどいつブギ」「ブギウギ音頭」。越路吹雪「ブギウギ巴里」。エノケン「びっくりしゃっくりブギ」「喧嘩ブギ」。東郷たまみ「ジャパニーズ・ブギウギ」。その他、服部ブギではないが春日八郎「ひょうたんブギ」。林伊佐緒「真室川ブギ」「八木節ブギ」。竹山逸郎「青春ブギウギ」。小夜宮孝子「切ないブギ」と、次々にブギが歌われた。もっとよく調べたら他にもあるかもしれない。

笠置以外の〝ブギ歌手〟と言えば、なんといっても笠置に対抗してビクターからデビューした暁テル子(一九二二〜六二)だ。「テリー」の愛称を持つ彼女は十代でＳＳＫ(松竹少女歌劇団、後のＳＫＤ)に入り、敗戦後は当時ＧＨＱに接収されたアーニー・パイル劇場(東京宝塚劇場)専属となって活躍。一時、古川ロッパ一座に入る。四八年には大映専属女優になり数々の映画に出演。四九年、ビクター専属になり〝ビクターのブギ歌手〟として売り出す。しかしなんといっても彼女を有名にしたのはその二年後の「ミネソタの卵売り」と「東京シューシャインボーイ」だろう。ちょっと不安定な音程も愛嬌で、チャーミングでコケティッシュな彼女にはさすが浅草生まれの粋な雰囲気があり、強烈な大阪弁の笠置とは違う都会的な雰囲気があった。

考えてみれば敗戦直後の復興ソング第一号「リンゴの唄」の並木路子もＳＳＫにいたし、

暁テル子や笠置や宝塚の越路吹雪など、ショービジネスの世界で鍛えられた〝踊り子上がり〟の多くの歌姫たちが戦後に活躍した。経歴も笠置と暁は似通っていて、暁は常に笠置の近くにいたから、ビクターが彼女に目をつけたのも頷ける。四七年二月に日劇で服部良一が音楽を担当した「ジャズカルメン」では、カルメンが笠置、暁はフラスキータという脇役で出演している。四八年、服部はコロムビアの了解を得てビクターとも作曲契約した。その翌年に暁が〝ビクターのブギ歌手〟としてデビューし、服部ブギを歌うことになったのだ。四九年早々、暁は服部が作曲した「これがブギウギ」「鬼のブギウギ」を吹き込むが、二曲とも服部が暁のために作ったのではなく前年に笠置がコロムビアで吹き込んだものので、笠置との競作になった。以後笠置は「これがブギウギ」をほとんど歌わず、暁の持ち歌という形になったが、それは笠置が了解したからだろう。ビクターには灰田勝彦や藤山一郎、ディック・ミネ、服部の妹の服部富子がいて、歌手の声に惚れ込んで曲を作るという意欲的な服部が、ビクターとの契約を望んだのは理解できる。師匠の服部がブギ歌手の売り出しに協力することになった以上、笠置にとって暁との競作はやむをえなかったに違いない。

だが結果的にいえば、会社の戦略として売り出した〝ビクターのブギ歌手・暁テル子〟は失敗に終わった。一九五〇年以後も笠置が「買物ブギー」など服部ブギを次々とヒットさせ、皮肉にも「ブギはやっぱり笠置シヅ子」ということを決定づけた形になった。なんといっても笠置の爆発的な迫力にはかなわなかったようだ。暁より、同じビクターの芸者歌手・市丸が歌った「三味線ブギ」がヒットした。〝キャラ〟は似ていないほうがいいようだ。五〇年の「東京カチンカ娘」で服部は暁から手を引き、暁はブギ以外の曲を歌うことになる。五一年の「ミネソタの卵売り」と「東京シューシャインボーイ」、これが大ヒット。暁は五二年にブギの曲の「桃太郎ブギ」（井田誠一作詞）を歌ってはいるが、これは全くヒットしなかった。作曲は戦前、服部が〝響友会〟で教えた弟子の佐野鋤である（佐野には他に竹山逸郎が歌った「青春ブギウギ」というのがある）。軍艦マーチも入ってなんとも可笑しいお色気ギャグのような歌だが、あまりヒットしなかったようだ。コミック・ソングのハシリだったのではないか。昭和二十年代にはこんな歌が作られていたのかと思うと、今では新鮮な驚きである。

暁はその後テレビでも活躍するが、六二年七月、自宅で心臓麻痺を起こして急逝した。四十一歳の若さだった。

ブギウギ時代　その⑤追っかけファン

日本を代表する女優の一人、高峰秀子（一九二四〜）は優れたエッセイストとしても有名で、著書も数多い。わずか五歳で芸能界という特殊な世界に入った彼女は、おそらく若くして人間のずるさ、哀れさも思い知らされただろう。だがはるかにそれ以上のものを得た。芸能界のみならずさまざまな分野の人々とも接し、俳優としてのセンスを身につけ、教養やユーモア、人生の厳しさと美しさ、楽しさ、生きる意義を悟ったのだ。それらを綴った彼女の自伝『わたしの渡世日記』は、俳優の自伝の中でも秀作だと私は思う。

高峰は一九二九年に松竹蒲田で子役としてデビューし、三七年には東宝へ高待遇で移籍。やがて敗戦後、労働運動の高揚で東宝に組合が結成され、待遇改善を要求して会社側と対決し、長期ストを決行する。東宝撮影所には米軍まで出動したという、有名な東宝争議である。四六年十一月、組合に共鳴しつつストにも反対を表明した大河内伝次郎、長谷川一夫、山田五十鈴ら十人の幹部俳優が〝十人の旗〟を揚げて組合を離脱し、四七年三月、新たに新東宝映画を創立。その中に高峰秀子もいた。彼女はそのときのことを自伝にこう書いている。

「映画人という人種は、単純なところはあるけれど、決して従順ではない。つまり、ヘソ曲がりなのである」

自称〝ヘソ曲がり〟の高峰は、四七年秋に「東京ブギウギ」で大ブレイクした笠置シヅ子にすっかり魅了され、追っかけファンになる。

「丸の内から浅草くんだりまで、笠置シヅ子の歌うステージというステージを追いかけてまわった。日劇の広いステージに、小柄な彼女がニッコリと目尻を下げて現れると、ステージいっぱいにパアッと花が咲いた」（『わたしの渡世日記　下』）

やがて高峰は、映画『銀座カンカン娘』（四九年、新東宝）で笠置シヅ子と共演することになる。高峰は笠置より十歳年下で、笠置と出会った時は二十代半ばだが、すでにキャリアは二十年というベテラン女優だった。以後、一九七九年に引退するまでの彼女の五十年の芸歴は、日本映画の宝といってもいい。一途でひたむきで、優しさや強さ、せつなさに満ちあふれているような演技は女優という虚像を超え、魅力的な生身の女性を思わせる。彼女の代表作となった『二十四の瞳』で静かに反戦を訴えるけなげな大石先生も、『浮雲』の報われない恋にすがる幸田ゆき子も、演技というよりまるで彼女自身がヒロインであるかのように錯覚させられる。出演する映画には精一杯、研究や工夫をめぐらし、彼女の言う「最も本当らしい嘘」を演じて役柄と一体化しようとする。その表現者としての感性と理性で、直感的に笠置を「不世出の歌手」と捉えたのだ。文章もうまく、絵筆もとり、美術・骨董にも造詣の深い知的好奇心旺盛な高峰秀子は、自分の想像力を刺激してくれる人物を見つけ出す才能にも恵まれていたようだ。高峰は自伝にこう書いている。

「彼女は全身全霊を動員して、ステージせましと歌いまくり、観客をしっかり捕らえて放さない。笠置シヅ子は歌そのものであった」

〝観る歌〟として全身で表現する笠置の歌と踊り、声と肉体は、まさに一体で切り離せないものだ。笠置の魅力、舞台にかける情熱は、笠置自身の人間性にある――、そう見抜いた高峰の慧眼、人を見る目はやはり第一級である。高峰は笠置のことを、「あけっぴろげな人のよさ」と「律義でガンコ」を併せ持つと分析するが、これは高峰自身にもいえるのではないだろうか。

「そのガンコさが、ある日、ある時、あれほどの歌唱力を惜しげもなく断ち切り、歌謡界からキッパリと足を洗わせてしまったのだろう。ファンとしては哀しいことだが、小気味いいほど見事な引退ぶりでもあった。見習いたいものである」

高峰は笠置をこう評し、やがて五十五歳で自らも〝小気味いい〟引退を果たした。笠置を見倣ったのだろうか。

第四章　「子どもと動物には勝てまへん」——ブギの女王VS一卵性親子——

天才少女登場　ブギを歌う「ベビー笠置」

一九四八年十月、笠置は横浜国際劇場の楽屋で一人の少女と出会った。少女はこの年の五月一日、劇場の開館一周年記念興行に出演した小唄勝太郎の前座で、笠置のヒット曲「セコハン娘」を歌って評判になり、七月には劇場の支配人・福島博（のちに通人と改める）に認められて劇場の準専属になった〝豆歌手〟だった。福島はこの後、劇場を辞めて少女のマネジャーになり、〝ベビー笠置〟〝豆笠置〟というコピーをつけて、少女を熱心に売り込んだ。少女の本名は加藤和枝。戦後に父親の増吉が作ったというアマチュア楽団〝美空楽団〟で、九歳から美空和枝という名前で歌っていたが、ちょうどこの頃、芸名がつけられたばかりだった。美空ひばり（一九三七～八九）である。

笠置は横浜国際の楽屋で、自分の持ち歌を自分以上に上手に歌ってみせるひばりを面白がり、楽屋で遊び相手をして可愛がった、というふうに伝えられている。おそらくその場は和やかな雰囲気だっただろう。〝ベビー笠置〟といったコピーにも笠置は寛容だったことがわかる。後に美空ひばりが二十歳で出版した自伝『虹の唄』（初出は五七年七月、読売新聞に連載されたもので、執筆したのはひばり本人ではなく代筆）に、楽屋で二人が並んで座っているこのときの貴重な写真が載っている。笠置は両手でひばりの肩を抱き、ひばりの左手は笠置のひざの上に置かれている。この二人の表情がとてもいい。けっして作り笑顔とは思えないほど、打ち解けているのがよくわかる。〝いい写真〟という言葉がぴったりだ。また、よく見ていると不思議なことがわかった。錯覚かもしれないが、二人は親子ではないかと思うほどよく似ているのである。『虹の唄』にはこう書かれている。

「ある日、笠置シヅ子先生がおでになることになりました。私が一番尊敬している先生です。うれしさに胸が一ぱい。笠置先生はいろいろ親切に面倒を見て下さいましたし、私のような子どもと一緒に写真も撮って下さいました」

たしかにこのとき、二人にとって楽しく微笑ましい出会いだったと考えられる。〝ブギの女王〟としてスターの座に着いたばかりの三十四歳の笠置と、まだ十一歳であどけなさも残る天才少女の計り知れない可能性を秘めたひばりの人生がここで交錯し、まぶしいほどに輝いた一瞬である。笠置は前年に娘を出産したばかりだが、すでにスターの〝オーラ〟がたっぷりで、この時期が人生で最も美しい時期だったのではないかと思わせるほど魅力的だ。ひばりは髪にリボン、顔にはお化粧を施し、イヤリングやネックレス、コサージュ、ブレスレットをつけ、フリルのついたワンピースを着るなど精いっぱいおしゃれをしていて（ちょっと頑張りすぎ？）、楽しそうだ。だが、そんな一瞬を捉えたこの一枚の写真（撮影者不明）はこれ以外、今日まで保存されている新聞雑誌その他、膨大な美空ひばりや芸能関係資料のどこにも見当たらず、ほとんど幻のスナップとなったのである。

詳しい時期は不明だが（一九五〇年以降と思われる）、笠置は服部に、

「センセー、子どもと動物には勝てまへんなあ」

と語ったと、のちに服部は自伝で書いている。間接的ではあるが、笠置がひばりについて語ったと思われる言葉は唯一、これだけである。

「ブギを歌うな」の真相

世紀の大スターが誕生するとき、必ずといっていいほど伝説が生まれる。伝説は多くの場合、長い時間の中で虚実が入り混じることもあるから要注意だ。

ひばり伝説の一つに、笠置シヅ子がひばりのデビュー時に「自分のブギを歌うな」とクレームをつけたというものがある。有名なエピソードだ。四八年の初対面のとき二人はたしかにいい出会いだった。そのとき笠置は、ひばりが自分のモノマネでブギを歌っていたことを温かく見ていたはずだ。それが後になって天才少女に嫉妬したという単純な話なのか、それとも他に何か事情があったのか……、いろんな疑問が湧いてくる。六十年も前の話だが、この伝説の何が虚で何が実か、どんな状況の中でどういう理由だったのか、もっ

と詳しく調べてみよう。正確かどうかは別として、そのエピソードを喧伝する多くの資料はひばり側にあった（笠置の資料にはひばりに関する談話や記述などの記録がほとんどない）。

笠置側がひばり側に出した〝クレーム〟は二回ある（笠置側から考えると〝申し入れ〟だが）。最初は二人が出会った三カ月後の翌四九年一月で、ひばりが念願の日劇に出演することになったときのこと。日劇は、戦後に建てられた横浜国際劇場とは数段格上の大劇場である。ひばりは灰田勝彦主演の「ラブ・パレード」で笠置の新曲「ヘイヘイブギー」を歌う許可を求めたが（当時から歌手の持ち歌制度はあり、歌手が興行で自分の持ち歌以外の曲を歌う場合は著作権者の許可が必要だった）、笠置と服部側はひばり側に「ヘイヘイブギー」ではなく「東京ブギウギ」を許可した。笠置がなかなか許可しなかったという話がさまざまに伝えられているが、事実としては、ひばりは曲目を変更させられただけで「ブギを歌うな」と言われたわけではない。「ヘイヘイブギー」は前年に公開された大映映画『舞台は廻る』の挿入歌で、レコードも発売されてまだ日が浅かったことを考慮すると、変更させられたことがとくに理不尽とも思われない。またこの時期、笠置はすでに黄金期のベテラン歌手で、舞台から舞台、映画の撮影、マスコミのインタビュー、歌のレッスン・吹き込みなど、次から次と超多忙なスケジュールだった。前年に横浜国際劇場の楽屋で紹介されて写真を一緒に撮った無名の少女を、笠置がすぐに思い出すほど覚えていたかどうかも疑わしい。当時の美空ひばりはまだデビュー前で、その才能の有無は別として、まだまだそういう存在だったことを頭に入れておく必要があるだろう。

出演直前に「東京ブギウギ」に変更させられたひばりは、それを練習していなかったので出だしを失敗し、楽屋で悔し涙を流したというエピソードがひばりの評伝やテレビドラマで伝えられ、笠置は美空ひばり伝説の〝悪役〟として、以後長く登場することになる。笠置がひばりの失敗を予想してわざと直前に曲目を変更したように、長く伝えられた。まるで、歴史が〝勝者〟によって書かれることと似ている。

日劇出演後にひばりはコロムビアで「河童ブギウギ」（作詞・藤浦洸、作曲・浅井挙曄）を吹き込み、これがデビュー曲となった。実はこのとき、コロムビアでは異論があり、笠置の「ヘイヘイブギー」をひばりに歌わせて〝本家〟と〝モノマネ〟の競作にしようという案が持ち上がったが、笠置が反対して結局ひばりのデビュー曲は「河童ブギウギ」になったというエピソードがある。発案が会社かひばりの側かは不明だが、笠置の側にその申し入れがあり、笠置がそれには断固反対した。ひばりとの競作を笠置が反対したことは、結果的にひばりのためにもよかった。「河童ブギウギ」はヒットしなかったが、その後ひばりは笠置のモノマネではない自分の持ち歌として「悲しき口笛」を吹き込み、これが大ヒットしたのであり、四九年秋、コロムビア専属歌手となって十二歳の戦後派スターが誕生した。もはやひばりは〝横浜のベビー笠置〟ではなくなったのだ。

だが一九五〇年春、今度はたしかに、笠置と服部はひばり側に自分たちのブギを歌うことを禁じる申し入れをすることになる。

「大ブギ小ブギ」の渡米　先に行った方が勝ち？

十代からすでに天性とも思える歌唱力・演技力を発揮し、二十歳で大スターとなった美空ひばりが、「大好きな笠置先生からにらまれることになった」と自伝で告白した意味は、もはやスター同士の個人的・感情的問題ではなくなった。スターの周辺の、興行に関わる何人もの人々や組織のビジネス的思惑、野心、成功への布石や打算、ひいては芸能人が庶民とは桁違いの莫大な報酬を得る芸能界という業界のあり方にまで目を向ける必要がある。そんな話はかつて（今も？）スターにまつわるさまざまなトラブルとして少なくないのだが、当時のひばり自身は知らなかったと思われる複雑な理由があった。

一九四九年十月に女優の田中絹代が渡米して以来、翌五〇年にかけて多くの芸能人、国会議員、文化人たちがこぞってアメリカに旅立ち、メディアが華々しくそれを報じた。そんな彼らを一部のマスコミは、アメリカ帰りという箔付けのためアメリカでションベンだけして帰る、という意味の〝アメション〟と皮肉ったが、日米交流ブームは時代の流れだった（当時の日本人が渡米するのは今みたいに簡単なことではなかったが）。この流れに笠置とひばりが乗ったのも別に不思議はない。ただ、ひばりは前年にメジャーデビューしたばかりで、少々強引という印象もなくはないが、ブギを歌う笠置が本場アメリカで歌い、四カ月かけて歌手として見聞を広めるのは納得できる。笠置側の名目は〝日系人慰問公

渡米する笠置シヅ子と服部良一。羽田空港で見送りの人々に手を振る。1950年6月16日。（朝日新聞社）

演″としているが、興行が目的ではないと明言している。ひばり側は″日系二世部隊第百大隊記念塔建設基金募集興行″という″大義名分″を掲げ、帰国後公開される映画『東京キッド』の撮影も兼ねていた。

　二人のアメリカ公演にはマネジメントを仕切る興行師の存在があり、笠置のホノルル、本土西海岸公演は松尾興行がマネジメントを仕切った。この松尾興行社長の松尾國三（一八九九～一九八四、日本ドリーム観光代表取締役）は明治時代に旅役者から身を起こし、興行会社やレジャー産業を経営するなど、芸能プロモーターや実業家として幅広く活躍した。政治家から芸能人、右翼・暴力団まで人脈も広く″昭和の興行師″″芸能界の黒い太陽″との異名を持つ人物である。一方、ひばりのハワイ、アメリカ西海岸での興行は日米キネマ（戦後、ハワイ・ホノルルで映画館を経営する傍ら、日本映画輸入エージェントを設立した興行会社）がマネジメントを担当したとなっている。ここで私が不思議に思うのは、笠置一行（笠置と服部良一、歌手の服部富子、女優の宮川玲子の四人、ただし服部富子と宮川はホノルル他カウアイ島、ロサンゼルス、サンフランシスコ、オークランド公演に出演。笠置と服部はその後ニューヨークを回る）の渡米が五〇年六月（十月帰国）で、ひばりとひばりの師匠・川田晴久（他に母親の加藤喜美枝、ダイナ・ブラザーズ）たちが笠置よりちょうど一カ月早い五月（七月帰国）だったことだ。『虹の唄』にはこう書かれている。

「『服部良一先生の全作品を歌っても、演奏してもいけない』という通知状が、日本音楽著作権協会から届きました。これにはほんとうに困ってしまいました」

前年の日劇のときとは違い、今度は著作権協会からという強硬な通達である。ひばり側がこの通達を受け取ったのは、ひばりが三月三十一日に他の生徒より遅れて小学校を卒業した後、渡米の許可が下りてパスポートも取得後だったとある。とすれば、笠置と服部側がひばりの渡米を知ったのは四月以降、まさに渡米直前だったことになる。持ち歌がまだ少ないひばり側からすれば「ブギを歌うなと言われたら公演が成り立たない」ことになり、笠置側は「服部ブギを歌う本人よりも先にアメリカに行って歌われては困る」ことになる。マネジャーの福島は「ちゃんと届けて曲の著作権使用料も払う。先方から注文されて歌わなければ問題が起きる。理由を言って苦境に立たされるのは服部・笠置のほうではないか」と言って開き直り、ここぞとばかりに二世部隊記念塔建設募金の大義名分を持ち出した。そして著作権協会の許可が出ないままひばりは渡米した。法的なことより道義的な問題だと思うが、それよりこう言い換えてもいいだろう。ひばり側は笠置が六月に渡米することを知っていて、笠置側はひばりが五月に渡米することを直前まで知らなかった、と。実はちょうどこの頃、笠置のマネジャーが大金を使い込んでいたことが発覚した。ひばりの渡米計画に、このマネジャーがからんでいたと考えられる。

「仲直り会見」という演出

淡谷のり子は笠置を「彼女ほど、作曲家とマネジャーにめぐまれた人はいないと思います」と羨んでいた。これは本心だろう。笠置は一九三九年に服部良一の尽力でコロムビア専属歌手になり「ラッパと娘」「センチメンタル・ダイナ」を吹き込んだが、そのときコロムビアレコード制作部にいて笠置のレコーディングを担当した山内義富は、服部と同じ大阪人。その山内が戦後すぐに笠置のマネジャーとなってその手腕を発揮した。スターになるには才能と努力以外に運も必要で、笠置は山内に感謝し、マネジメントの一切を任せていた。ところがその山内が、笠置を窮地に追い込んだのである。

暇さえあれば麻雀（賭け麻雀）をしていたとおぼしき古川ロッパは、雀荘で山内に会う。

「彼は、三日目の筈である。彼、笠置のマネジャーをクビになり（二百五十万円、笠置の金を使い込みし由）、雀の他何ものもなしの状態らしい」（『古川ロッパ昭和日記』昭和二十五年五月十五日）

悪事千里で、こういう噂はとくに芸能界ではあっという間に広まるようだ。ロッパは二百五十万円と書いているが、実際に使い込んだ金額は三百五十万円だった。その金は笠置が新居建設のために購入した世田谷の土地に、一九五〇年春には着工する契約をすませ、住宅建設費として業者に支払う前金だった。当時の三百五十万円は現在の億近い金額に相当するだろう。笠置はほとんど無一文になった。六月十六日の渡米の際に笠置が羽田で着ていた豪華な振袖も、実は笠置のファンで女優の田中絹代から贈られたものだった。

帰国した翌五一年の笠置は、山内に持ち逃げされた住宅資金の穴埋めに七カ月の地方巡業に出たことが、五二年の新聞記事でわかる。

記事には「去年（注・五一年）は東京から笠置・ブギの波が引いた年だ」とあり、「早くそれを払ってしまって、早くいい仕事をしたかったから」（『読売新聞』四月五日「ある日ある時」）と笠置は記者に答えている。ブギの波が去ったとはいえ、五一年の笠置は日劇や帝劇の舞台を始め、次から次の地方巡業と、映画の撮影、レコード吹き込みと休む暇もなかった。笠置は前年に四八年度の高額納税者になってから以後、多額の税金支払いが悩みのタネだった。芸能界には珍しくない話だが、もはや身を粉にして働く以外にない笠置の衝撃は大きかった。ショックはこれだけではなかった。山内に全幅の信頼を寄せ、山内一家と一軒家に住み生活をともにするなど、家族ぐるみの付き合いをしていた人情家の笠置が、その山内をクビにしたのである。三百五十万円はたしかに高額だが、それ以外の事情があったとしか思えない。なぜ笠置は山内をクビにしたのか。

仕事熱心で温厚で紳士的だった山内、酒は一滴も飲まなかったが、いつからかギャンブルにのめりこんだ。連日連夜で麻雀をするような生活を送り、やがてヒロポンに手を出す。戦時中に軍需目的で大日本製薬が開発したヒロポン（覚せい剤の一種）は、戦後には大量に民間に流れ（薬局で発売されて誰でも買うことができた）、そのため多くの中毒者を出した。芸能界にはかつて興行をスムーズに遂行させるための〝必要悪〟として暴力団関係者の存在があり、待ち時間の多い芸人たちの中には楽屋などでさまざまな賭け事をする者も少なくなかったようだ。当時の庶民よりははるかに多額の金銭が動くそうした場もまた、興行と同じく暴力団組織の資金源だった。人一倍潔癖な笠置は、芸能界にはつきものといわれた暴力団関係者の存在や、楽屋などでの賭博を最も嫌っていた。ヒロポンに依存し、そのヒロポンを買うためのギャンブルで負けて多額の借金を抱え込んでいたと思われる困窮の山内が、ひばりのマネジャー福島に、借金の穴埋めを依頼し、その見返りに笠置より一カ月前という絶妙のタイミングで渡米させる策を持ちかけたという説が根強い（このことは当時の芸能関係者の間で流布され、いくつかの週刊誌にも報じられたようだ。だが今それを裏付ける資料が見つからないので、信憑性は高いが推測の域は出ない）。大金を使い込みされたことよりも、山内のこの背信行為のほうが笠置にはショックだったのではないか。

山内義富は日本コロムビアレコードの制作部から吉本興業に招かれ、戦後は笠置シヅ子のマネジャーとなって、服部とともに笠置を一躍ブギの女王にした功労者だったが、一方、福島博も自分で〝通人〟と改名したほど、後に「美空ひばりをスターにした最大の功労者」である。芸能界では名の知れた福島の経歴はあまり定かではない。昭和初期の少年時代に無声映画の活弁士の見習いをしていたが、つてを頼って吉本興業に入社して裏方の仕事に就いたがすぐに召集。戦後は土建会社に入り、請け負った劇場の雇われ支配人になり、そこを辞めてひばりのマネジャーになったという経歴だった。山内と福島、実はこの二人のマネジャーは顔見知りで、彼らの接点は戦時中の吉本興業時代にあった。インテリでやり手だったという山内に比べ、福島は芸能界の裏方の仕事の経験はあったが、戦後の彼はまだマネジャーとして経験は浅く、「すでにスターとなった笠置より、勢いのあるひばりを先に渡米させて売り込みを図る」という策を思いつく才覚はなかっただろう。スターが興行を成功させるには、やり手マネジャーがいるかどうかがカギなのだ。

案の定、渡米直前になって服部のところに松尾興行から、

「ひばりが一足先にブギを歌って回り、その後で同じ曲目で笠置が回るのでは興行価値が低下する。なんとかしてほしい」（服部良一著『ぼくの音楽人生』）

と言ってきた。それで服部が著作権協会を通じてひばりに許可しなかったのである。著作権者の服部が、創唱した笠置を保護するのは当然だ。笠置にとっても、自分のブギをアメリカで歌うことを許可しなかったのは〝正当防衛〟だった。現在の常識で判断してもこれは妥当だ。

ひばりがハワイに着く前に、ひばりの一行が、服部良一の作曲したブギを全部さし止められたという記事がハワイの新聞に大々的に報じられたことで、「二世部隊の隊長さんが、日本ではそうなっているかもしれないが、ここはここだ。だから遠慮なく〝東京ブギ〟で

も〝セコハン娘〟でもうたって差し支えない。心配なら証明書を出してあげる」とまで言ったと、ひばりの自伝『虹の唄』に書かれている。ひばりがハワイで笠置のブギを歌った理由にしているが、それは確かめようがない。

ひばりと川田のホノルル公演は盛況だったようだが、アメリカ本土のロサンゼルスでは公演場所が全部お寺の本堂で、舞台の奥の幕を開けると仏壇と位牌が並んでいて驚いたり、おまけに客の入りもよくなかったらしい。また送迎の車が警察の〝護送トラック〟だったりと、さんざんな二流興行だったようだ。喜美枝は「興行師にだまされた」と言って怒り、川田晴久は「こんな遅くまで仕事をさせ、酔っ払いの車で送るとは何事だッ。ぼくは男だし、大人だから我慢する。しかし、この娘は日本では人気のある歌手だ。ましてやまだ十三歳になったばかりの小さい芸術家ではないか、あんまりナメルねえ」(『虹の唄』)とタンカをきっている。

とはいえ、これで〝アメリカ帰り〟の箔がついた天才少女・美空ひばりは帰国後、映画一本のギャラが三百万円にハネ上がったといわれ、まるで昇り龍のごとくスターダムに上がって行く。アメリカへ先に行こうが後に行こうが、遅かれ早かれひばりはスターになったと思うのだが、五〇年当時の福島や喜美枝や川田はひばりをスターにしようと必死だったのだろう。芸能界では話題とチャンスは待つものではなく、仕掛けて作り出すものなのだ。笠置は少なくともメディアで、ひばりを名指しであれこれ批判してはいないのだが、帰国直後の座談会でこんな発言をしている。ちょうど渡米中の山口淑子の話題が出て、アメリカの芸能界ではそう簡単に成功できないが、彼女はいずれアメリカでも成功するだろう、との服部の発言を受けて、笠置はこう言っている。

「向こうの人は、そう、あせらないようです…成功することに」（『平凡』一九五一年新年号、「おみやげ座談会、アメリカ　ブギのたび」）

この発言が暗に美空ひばりのことを指しているかどうかはわからない。山口や笠置は戦前から芸能界で鍛えられた芸人だが、今、そうでない少女が一躍人気者になっている。「本人より周りの人間かもしれないが、そう焦らなくても、才能と努力さえあればいつかはスターになれるのに……」、そう聞こえなくもない。

ひばりも笠置も帰国後、「東京キッド」「買物ブギー」がともに大ヒットとなったが、倫理的にもビジネスの上でも、ひばりの周辺の人物が、やはりこのままではいけないと思ったのは当然だろう。福島が新聞記者に「笠置と服部にブギを歌うなと言われた」と話して騒がれた以上、メディアの前で〝仲直り〟する必要があった。そのチャンスは意外に早く来た。五一年二月、笠置とひばりがＮＨＫで共演することになったのだ。日付とラジオ番組名をＮＨＫアーカイブスに問い合わせると、記録も音声も残されていないという返事だったが、当時の芸能娯楽新聞・雑誌を調べてみるとだいたいのことがわかった。二人の共演を企画したのは当時のＮＨＫ番組スタッフとされるが、詳しいいきさつは不明で、どうも福島によって進められたと推察できる。二月十一日、霙《みぞれ》の降る寒い日曜日の午後七時半、ＮＨＫラジオの人気番組「歌の明星」（「今週の明星」となっている資料もある）が始

『アサヒ藝能新聞』1951年2月第4週号表紙の笠置シヅ子と美空ひばり。

まった。電波を通じて最初に流れる曲は「東京ブギウギ」と「東京キッド」。一緒のマイクで歌っているのは〝大ブギの女王〟笠置シヅ子と〝小ブギの女王〟美空ひばりだった。これを聴いた多くの聴取者が、「どうして今まで二人が一緒に舞台や映画、放送に出なかったのだろう」と不思議に思ったという。

ひばりのマネジャー福島は吉祥寺の服部良一を訪問し、今まで行き違いになっていたいきさつと、謝罪を告げた。これを受けて服部も従来のすべてを白紙に帰すと回答をしたのである。番組当日、笠置シヅ子と美空ひばりは、はじめて正式に紹介し合い、ＮＨＫのスタジオは和やかな歌声に満ちたという。それまでのいきさつを含め、「この日曜日の宵の『歌の明星』は近来にない豪華番組として、当時、聴取者のすべてを魅了した」という記事が残っている。

「日曜日の夕餉のひとときを、愉しく飾ったこの二人の『大ブギ小ブギ』の蔭には、こんな苦労ならうらばなしがあったのである」（『ラッキー』一九五一年五月号、「誰も知らない楽

屋裏　笠置大ブギ　美空小ブギ　涙の握手」）

　この記事の真偽は確かめようがないのだが、このときNHKのスタジオで撮られた笠置とひばりの会見写真が何枚か残されていて、〝仲直り会見〟をしたことになっている。当時の新聞・雑誌の何社かが取材してリアルタイムで報じていて、その写真をよく見ると、手を取り合ってポーズをとる二人の笑顔は打ち解けているように見えるのだが、三年前とはどこか違っている。考えてみれば、違って当然だったかもしれない。やはり福島の画策も通じなかったようで、せっかくのこの〝演出〟は、後味の悪さを払拭することにはならなかった。

　五一年三月、銀座商店街がイベントのためにコロムビアに依頼した服部良一作曲のブギ「銀ブラ娘」（作詞・藤浦洸）を、ひばりが歌ってレコードに吹き込み、四月に発売された。二月のNHKでのひばりと笠置の〝和解〟に次ぐ、服部との和解の意味もあったかもしれない。だが、なぜかひばりはこの歌をほとんど歌うことはなかった。服部もまた、ひばりの歌を二度と作曲することはなかった。理由はわからない。後に服部とひばりの関係に疑問を抱いた作家の本田靖春は、服部良一へのインタビューを申し込んでいる。だが服部の体調が思わしくなくインタビューは断られ、代わって万里子夫人が電話でこう話した。

「美空さんは、笠置シヅ子さんのブギの物真似でデビューされたでしょ。笠置さんのブギは、そのほとんどが主人の作曲によるものなんです。普通の場合、そうしたときは笠置さんのところへはもちろんのこと、作曲した服部のところへも、あいさつがあってしかるべきなんです。それが歌の世界の常識というか、習慣なんですね。ところが美空さんの場合、その習慣を無視なすったというか、無頓着でいらっしゃったということで……。（略）そういうことがあったもので、同じコロムビアに所属していた作曲家と歌手でしたが、主人は美空さんの曲は一つしか書いていないんです。…しかしどういう理由かわかりませんが、美空さんは、その主人の書いた『銀座娘』をほとんど歌われない。……」（本田靖春著『「戦後」美空ひばりとその時代』より）

ちなみに「銀座娘」とあるが正確には「銀ブラ娘」である。

五十一年四月、笠置の後援会が発足した。会長は東大総長二期目の南原繁。そしてこの二カ月後、美空ひばりの後援会が発足した。会長は町の印刷工場主。このとき母・喜美枝はこう言った。

「後援会というのは、あくまでファンの集まりでなくちゃ。偉い人は関係なしにしましょう。名前ばかりの人を頭にもってきて、世間体を飾るようなことをしないで、美空ひばりのファンだけでつくってください」（竹中労著『美空ひばり　民衆の心をうたって二十年』）

この発言は明らかに笠置へのあてつけである。笠置と南原の結びつきを喜美枝は知らなかったのだろう。笠置の後援会にはたしかに著名な文化人や芸能人が名を連ねたが、笠置の後援会の大半を占めたのは〝ラクチョウの姐さん〟たちであり、笠置もまた彼女たちの声援に応えて、後々まで彼女たちの更生に一肌脱いで力になった。スターにはよくある作られた美談ではなく、笠置シヅ子は名前ばかりの人物を頭に持ってきて世間体を飾るような人間ではないということが、喜美枝にはわからなかったと見える。

断っておくが、私は半世紀以上も前のことを穿《ほじく》り出して、笠置とひばりのどちらが正しいとか悪いとかを言っているのではない。結局、真実はわからないだろう。ただ、「笠置シヅ子は美空ひばりに嫉妬して自分のブギを歌うなと言った」という、今日まで広く流布されているエピソードをもう一度考え直してみたいのだ。そしてその理由はただ一つ、まさに時代が引き合わせた二人の天才歌手が共演し、ともに手を取って歌うシーンのある映画を後世に残してほしかった。それが叶わなかったことは日本の芸能史の損失であり、いかに残念なことだったかを訴えたいのである。

ひばりはデビューして以来次々と、榎本健一、古川ロッパ、川田晴久、長谷川一夫、山田五十鈴、岸恵子、嵐寛寿郎、鶴田浩二、山村聡、森繁久弥、エンタツ・アチャコ、清川虹子、宮城千賀子、高田浩吉、堺駿二、伴淳三郎、中村（萬屋）錦之助、市川雷蔵、大川橋蔵など、十代から二十代にかけて実に錚々たるエンターテイナーや名優たちと共演し、戦後派スターの草分けとしてのキャリアを築いていった。そこで気がつくのは、これらの共演者の多くが笠置とも共演し、共通していることだ。エノケン、ロッパ、川田晴久、エンタツ・アチャコ、清川虹子、堺駿二、伴淳三郎、原保美、田中晴男、河村黎吉、森繁久弥らである。笠置とひばりは親子ほどの年齢差があるが、戦後の一時期、二人は歌謡映画スターとしてキャラがかぶっていた。その意味で、ひばりがただ一人共演しなかった大物・ベテランエンターテイナー、それは笠置シヅ子である。当時、この二人が共演する映画の企画を、興行資本や周辺の人物のみならず、芸能界にいた者なら誰もが考えたに違いない。当時のファンの間でも、期待した者は少なくなかったと想像する。いや、二人は最も共演するにふさわしい相手だった。共演しないほうが不自然だっただろう。二月のNHKでの会見はそんな企画の布石になったはずだ。だが、二人の人生が交錯することは、二度となかった。

五十一年、娯楽映画雑誌『平凡』四月号では歌手の人気投票を発表し、前年まで圏外だった美空ひばりがいきなり三位に登場する。一位は岡晴夫、二位は小畑実。笠置シヅ子は十位だった。

「占領下時代」と「ブギ時代」の終焉

一九五一年九月八日、アメリカを中心とする四十八カ国との間でサンフランシスコ平和条約が調印され、日本は連合国軍による占領下時代を終了することになった（条約発効は翌五二年四月二十八日）。これで表向きには日本は独立国家になったが、同時に日米安保条約が締結され、国内に米軍基地が残った。これは敗戦直後のGHQによる民主化政策、非軍事化の終了であり、以後は〝逆コース〟といわれる時代の到来を意味していた。敗戦直後の自由な解放を喜ぶ時代からわずか五年で警察予備隊が創設され、再軍備とレッドパージの時代になる。当時の報道を調べてみると、日本人の多くが全面講和とならなかったこの調印を喜んでいないし、ほとんどの知識人はむしろ冷戦に組み込まれることを危惧していたことがわかる。

この〝占領下時代の終焉〟が〝ブギの女王の終焉〟と見事に一致していた。そしてそこに入れ替わるように登場したのが天才少女・美空ひばりだった。〝植民地的浮かれ調子型〟ブギウギから、芸能界もまるで〝逆コース〟を辿るように日本的感傷の復興となる。

「（ひばりは）本質的に、日本的センチメンタリズムにピッタリする芸能上の長所をもっている。ブギも歌えるが、彼女の本命は日本的センチメンタリズムで、それにみがきをかけたのは、万城目正氏（作曲家）の〝愛染かつら調〟だ」（『週刊朝日』一九五一年十月二十八日号「美空ひばり　或る流行歌手の物語」）

こう言ったのはなんと芸能ジャーナリストの旗一兵で、旗はこのときすでにひばりのブレーンだった。旗は戦前から笠置シヅ子に注目していて、四七年の「東京ブギウギ」が大ヒットし、エノケンとのコンビでも活躍するとすぐさま、あちこちの芸能雑誌に笠置のコラムや劇評を書き、実質的に伝記も手がけた。その旗が、笠置のブギを〝踏み台〟にデビューしたひばりに目をつけて、笠置からひばりにさっさと鞍替えしたのはさすがの慧眼と言うほかはない。笠置シヅ子から美空ひばりの時代へ、服部良一から万城目正へと、時代の変遷をかぎつけたのである。そして今度はひばりのマネジャー福島通人と手を組み、五一年六月に設立された「新芸術プロダクション」で福島が社長、旗は制作部長に迎えられた。戦前から笠置の才能に注目していた旗が自分のほうからひばりに鞍替えしたのか、あるいは福島が旗を誘ったのかは不明だが、いずれにせよこの二人が戦前から繋がっていたのは興味深いものがある。

福島通人（本名・博）は一九〇九年東京生まれ。実は旗と福島はもともと遠縁に当たる旧知の間柄で、戦前に旗が記者をしていた東京日日新聞から吉本興業に引き抜かれて入社したとき、福島は旗の世話で吉本興業に入社した。その後、福島は太平洋戦争で召集されフィリピンへ出征。敗戦の年、負傷して復員したときは三十六歳だった。すぐに妻のつてで横浜の桑島組という土建会社に入り、四六年に桑島組が横浜国際劇場の普請建設に携わる。福島はそのまま、四七年五月の柿落《こけら》としから横浜国際の支配人という仕事に就く。四七年から四九年頃の旗は、一躍スターになった笠置シヅ子に注目して署名入り記事を新聞・雑誌の芸能欄でいくつも書きまくっていた。笠置の自伝『歌う自画像』を代筆したのも旗である。福島が横浜国際の支配人を、たった一年あまりで辞めてまでひばりに入れ込んだ背景には、この旗の存在があったことは間違いない。もともと福島が二歳年上の「おにいちゃんのような仕事がしたい」と言って吉本興業に入社したのであり、やがては旗のように芸能界で活躍して注目を浴び、一旗揚げようとしていた。ちょうどその頃、横浜国際開設一周年の四八年五月、福島の前に十一歳の美空和枝が現れたのだ。ひばりはデビュー前、笠置のブギだけを歌っていたわけではない。ひばりが初めて人前で歌ったのは四三年、父親の増吉が横須賀海兵隊に入隊した壮行会の席で「九段の母」だったとされている。戦後は「おつかいは自転車に乗って」「旅の夜風」や「リンゴの唄」「長崎物語」

「旅姿三人男」などを、八歳の頃から〝美空楽団〟で歌っていた。四八年五月一日、たまたま横浜国際に出演して笠置のモノマネで歌った「セコハン娘」が評判になり、それを見た福島がひらめいたのである。この年の七月、福島の依頼でひばりは横浜国際劇場の準専属になる。これとほぼ同時に、福島は劇場の持ち主とソリが合わず支配人を辞め、ひばりのマネジャーになった。

一枚の写真がある。一九四九年九月、夜の横浜駅のプラットホームで、ひばりを背中におぶっているのがマネジャーの福島通人で、その横に喜美枝ともう一人の男性がいる。ハンチング帽子をかぶったその男性はひばりを取材していた朝日の記者で、この有名な写真はこの直後、『婦人朝日』十月号に掲載され、以後六十年経ってなお貴重な写真となった。

「そのころ、世に出てきた一群の子どもタレントなるものに私は、むかっ腹を立てていた」

のちにそう告白する当時の編集長・飯沢匡《ただす》が、〝豆歌手〟美空ひばりの数日を追いかけて、児童福祉法違反の疑いがあると糾弾したのである。飯沢の本意はひばりではなく、十二歳の子どもに大人の真似をさせて稼ぐ周囲の大人、そのひばりを支持する大衆、敗戦後もなお「越後獅子の子ども」を哀れみ、涙ぐむ古くさい価値観の日本人を糾弾したかったのだが、記事は黙殺され、この後、「ただただ大好きな歌を歌っていた」ひばりはたちまちスターになった。飯沢の完敗である。この飯沢のような考え方は決して少数派ではなく、当時としては一般的だった。子どものくせに大人の歌を歌うのは生意気だ、というよりもむしろ、そうさせる周囲の大人たちへの否定的な意見である。やっと戦争が終わったのだから、子どもはまず何よりも学校へ通わすのが先決ではないかという、当時のみならず、現代から考えてもまっとうな意見である。ひばり側はそうした声を〝バッシング〟として受け止め、それに反発した。そんなひばり親子に対して笠置シヅ子はどう感じていたのか。

　芸能界の環境は当時と今とではまったく異なっていた。敗戦後の荒廃の中で、作曲家の海沼實が「みかんの花咲く丘」を作曲し、当時十二歳の川田正子が歌ったのは一九四六年。翌年にレコードが発売され、「みかんの花咲く丘」は大ヒットする。やがて妹の川田孝子や古賀さと子、松島トモ子ら少女歌手が次々と登場してスターになり、童謡ブームになるのが昭和二十年代。そんな中で美空ひばりは登場したのである。世間の反発はむしろ自然なことだった。笠置は飯沢の考えと近かった。戦前から芸能界に生きる芸人として、また娘を持つ一人の母親として、十二歳の少女が大人のモノマネで歌って芸能界に入ろうとすることに否定的だった。現在からすれば古い考え方かもしれないが、子どもは子どもらしい童謡のような歌を歌うほうがいいと考えていた。たとえば「セコハン娘」や「星の流れに」のようなせつない大人の流行歌を子どもが歌うことに、笠置のような人間には聞くに忍びなかったのだ。それを周囲の大人たちが何もわからない子どもに歌わせて喜び、興行に組み入れて稼ごうとするなど、笠置の性格を思えば許せなかったに違いない。

　話を元に戻すと、飯沢のエピソードはともかく、福島通人の写真はこの『婦人朝日』のひばりをおぶった写真しか見当たらないのである。しかも顔は正面ではなく、向こうを向いている。

『ひばり自伝　わたしと影』で、福島のことがこう書かれている（ただし自伝といってもひばりが書いたものではなく、喜美枝の供述を元にライターによって書かれたもの）。

「福島さんは失業してヒマになってしまい、ブラブラしていましたが、そのうち、わたしの母のところに『いっしょにやらないか』と言う話を持ち込んで来ました。『じゃ、やりましょう』と言うことで、ここに福島マネージャーが誕生したわけです。わたしにはよくわかりませんが、今思い出して見ると、あるいは、福島さんは、私で一勝負できる、と思ってくれたのかもしれません」

よく読めば、福島に対してあまり好意的に書かれていないことがうかがえる。この本が出版されたのは七一年で、福島は社長を務めた新芸プロを五七年末に辞め、自分のプロダクションを設立。その翌年にひばりは「ひばりプロダクション」を設立している（原因は喜美枝と福島の対立によるもので、そのことは自伝には全く書かれていない）。たしかに、ひばりに「ベビー笠置」のコピーをつけたのは福島だ。もともと喜美枝が思いついたのではなく、福島がひばりを〃笠置の子ども版〃にして売り出そうとしたのだ。こうして笠置シヅ子は、ひばり親子と福島の〃標的〃にされたと言っていい。考えてみれば、もしもこのとき笠置のブギがまだブレイクしていなくて、旗が他のスターに注目していたら、何でも歌えるひばりのことだから、福島は旗を見習ってそのスターを〃踏み台〃にしてひばりを売り出したかもしれない。要するに笠置でなくてもよかったのだが、ちょうどこのときは笠置がスターだった。だが運命とは面白いもので、神は絶妙のタイミングで二人の〝リズムの天才〟を選んだ。偶然にせよ、このように笠置シヅ子と美空ひばりの背景には、旗一兵と福島通人という親戚どうしの野心的な男たちが芸能界で虎視眈々と一発当てようとしていたこと、それを忘れてはいけない。物事は表側より裏側のほうがよりドラマティックで、面白い。

芸能ジャーナリスト出身でインテリの旗は五一年六月、新芸プロに入社して早速、旧知の間柄だった菊田一夫に映画の脚本を依頼する。当時の菊田はひばりが大嫌いで『婦人公論』に批判記事を書いたばかりだったが、どういうわけか旗の依頼を承諾し、映画『あの丘越えて』を書いてヒットさせる。菊田はひばりの才能を見直したのか、それとも旗に力があったのか……。そして翌年の『リンゴ園の少女』の企画など、旗は福島にはないプロデュースの手腕を発揮していったが、五七年に福島が加藤喜美枝との経営上のトラブルから退社したのに伴い、旗も辞めて一人の芸能評論家に戻った。これは喜美枝による福島の排斥であり、福島が退社した以上、旗も辞めるしかなかったのだろう。

こうして旗一兵は、加藤喜美枝と袂を分かった福島とともにひばりのもとを去った後、エノケンが会長の日本喜劇人協会に名を連ねてはいるが、芸能評論家としてどんな活躍をしたかは不明である。一方、福島通人は五七年までは美空ひばりのマネジャーとして黄金期を築いたが、五七年十二月、ひばり親子と離れて新しく「福島通人プロダクション」を設立して以後、これといったスターを輩出することもなく七四年十月二十九日、肺ガンで死去した。六十五歳だった。やがて、明治生まれの福島通人も旗一兵も消えて、二人が戦後に再起を賭けた美空ひばりは世紀の大スターになった。結果的に、二人の目に狂いはなかったことになる。

もう一人のマネジャー、笠置のマネジャーだった山内義富は、戦前はレコードプロデューサーとして活躍し、戦後も早々にその手腕を発揮して笠置をスターにしながら、一九五〇年には笠置の金まで使い込んで賭け麻雀とヒロポンで身を持ち崩した。彼のその後の消息は不明である。

昭和二十年代も半ばを過ぎると時代は再軍備とレッドパージの〝逆コース〟を進み、『週刊朝日』が「いま流行歌は、とうとうとして戦前調にもどりつつある」と書き、笠置シヅ子のような〝敗戦歌手〟〝進駐軍御用達のアプレ・ガール〟はお払い箱、といわんばかりである。

元祖ステージママの確執

古川ロッパはエノケンや笠置に対する思いと似た嫉妬心を、ひばりにも抱いた。それは同時に、才能を見抜く鋭い眼でもある。ロッパがひばりと初めて会ったのは四九年三月、映画『びっくり五人男』（後に『ラッキー百万円娘』に改題）の撮影のときで、ひばりはまだ十一歳だった（次の『おどろき一家』の共演では十二歳）。

「美空ひばりという笠置の真似して歌う十二歳の少女、まことに鮮やかであり、気味わるし」（昭和二十四年三月二十四日）
「ませた、イヤな子だが、『セコハン娘』など哀愁もあり、中々いい」（昭和二十四年十一月二日）

などと『古川ロッパ昭和日記』に書いているが、ロッパはやがて売れっ子になるひばりとの共演の企画を、自分のほうからあちこちに持ちかけるようになる。ひばりが興行資本にもたらす経済効果が多大になっていくにつれ、ひばりの母・加藤喜美枝（一九一三〜八一）に面従腹背する芸能人は何もロッパだけではなかったが……。

芸能人が四十年間もスターの座にいれば、〝闇の部分〟もあるだろう。

ひばり親子はまず憧れの笠置を一転して〝悪者〟にし、詩人のサトウハチローに〝ゲテモノ〟呼ばわりされたことなど、さまざまなバッシングを受けたことを事細かく語り、母子でそれをバネにしてきたことを披露し、メディアがことさらそれらを伝えたことで〝ひばり伝説〟ができ上がった。その一方で、かつて〝第二の美空ひばり〟として登場した何人かの新人歌手を、ひばりの側でバッシングしてきたことは最近になって知られるようになった。その中の一人の小林幸子は後年、不遇の時代を脱してスターになり、今やひばりの母親からバッシングされたことを公言している。そうしたバッシングはひばり本人の言動でないことがわかってきた。喜美枝が常にひばりの〝影〟にいたことは『ひばり自伝わたしと影』（七一年）を読めばわかる。〝一卵性親子〟と言われるゆえんだろう。だが喜

美枝の死後、ひばりは最愛の母を失うことでやっと親離れができたのか、九〇年に出版された『川の流れのように』で、

「自伝は自分が書くべきだと考えたのです」

と書いた。ということは、これまでの〝自伝〟は自分が書いたものではない、ということだ。それらの〝自伝〟はすべて喜美枝が話し、ライターの主観が入って書かれたものだと証言している。「正直申して、私は不満に思っております」というひばりの言葉で、私はやっと納得できた。笠置VSひばり、という構図だったのではなくて、〝ブギの女王VS元祖ステージママ〟だったのだ。ひばりが告白するまでもなく、『虹の唄』や『ひばり自伝わたしと影』での記述があまりに詳細で生々しく、とくにデビュー時まだ少女だったはずのひばりの記憶力にしては疑わしく、あれは喜美枝が書いたものだ、という声がすでにあった。「ブギを歌うな」と言った笠置に対する〝積年の恨み〟はすべて喜美枝によるものだった。『川の流れのように』では笠置や服部のことは全く触れられていない。別の言い方をすれば、喜美枝の供述をもとに書かれた先の二冊の〝自伝〟は読み物として面白く、最後の自伝はそうでもない。

すべての発端となった一九四九年一月に日劇「ラブ・パレード」で〝本番五分前〟に笠置が「ヘイヘイブギー」を歌うなと連絡してきて、練習していない「東京ブギウギ」を歌わされたひばりは本番で出だしに詰まり、楽屋で悔し涙を流したというエピソードが長く喧伝され、テレビドラマにもなったが、これは喜美枝による〝主観〟〝増幅〟もしくは

〝歪曲〟だったと考えていい。五〇年の渡米の際、笠置と服部が著作権協会を通じてブギを歌うことを禁じたことについても、喜美枝の死後の八七年に出版された『「戦後」美空ひばりとその時代』（本田靖春著）では、著者のインタビューでそのことを聞かれたひばりは、

「そりゃ、最初にチビが行って、同じようにうたってしまったらやりにくいわよ。それで後で本物が来た、っていっても、盛り上がらないわね」

と答え、笠置に理解を示す発言をしている。

ひばりはデビュー前、笠置を「一番尊敬している先生」（『虹の唄』）だったとしているが、それはひばりではなく、当時、笠置に憧れたのはむしろ喜美枝自身だったのだ。四八年に横浜国際劇場の楽屋で一緒に写真を撮ってくれるなど娘に親切にしてくれた笠置に喜美枝は感謝したはずだ。だがその笠置の態度が四九年の日劇出演で一転した。「ヘイヘイブギー」を歌うなと言われたことを『ひばり自伝　わたしと影』で、「わたしはこどもでしたけれど、手をついておねがいするようなことになるのはいやだ、と思いました」と、まだ十一歳の内気なひばりが憤慨したことになっているが、これもまた喜美枝の意思とみていい。「当時の笠置シヅ子さんは、飛ぶ鳥をおとすような勢いでしたから、その方の言うことはみなきかなければなりません」とも書いている。ほとんど人前で何もいえなかったという少女時代の内気なひばりが、こんなことを思って書くはずはないのである。喜美枝はひばりの影にいながら、ときに本人より前に出て、あたかも本人であるかのようにマ

スコミに喋ってきた。「持ち歌のないとき、娘にブギを歌わせてくれなかった」笠置を怨み続けた、元祖ステージママの執念。人生のすべてを娘に懸け、見下した者にはいつか見返してやるという思いが、喜美枝自身を支えてきた。ひばりの人気と観客動員力を背に、芸能界で〝菊田天皇〟といわれた東宝重役の菊田一夫にまで喧嘩を売り激怒させたという喜美枝は、絶大な権力を持つひばりの陰のプローデューサーであり、スポークスマンだった。

一九五一年十月十七日号『アサヒグラフ』（表紙は美空ひばり）で、十四歳の美空ひばりのインタビュー記事がある。記者の質問に、傍にいた喜美枝が我慢できず答えているのが面白い。その中のいくつかを引用してみよう。

記者・偉いと思う人はだれ
ひばり・お母さん。（喜美枝・生まれたときからノミにも食べさせないようにして育てた親を、おろそかに思うようには決して育ててません）
記者・学校の方はどうしているの
ひばり・今中学二年だけどほとんど行けないもの。（喜美枝・先生に家まで来てもらって習っている）
記者・キミの出演料をどう思う？
ひばり・チットもしらないわ。（喜美枝・教育上お金のことは一切教えておりません）

記者・コマチャクレを知るや？
ひばり・自分ではわからない。（喜美枝・自分でそんなこと思っている筈がありませんでしょ）
記者・お父さんの商売をどう思う？
ひばり・ファンからよくいわれるので……（しばらくの間無言の後）続けてほしい。（喜美枝・お魚屋もりっぱな商売と教えましたし、夫もおかげで住宅とは別に二軒の店を持って一生懸命にやってます）
記者・お色気ってどんなこと？
ひばり・わからない。（喜美枝・この子には恋とか愛とかなどの言葉さえ聞かさないようにしております）
記者・あなたのオカネの管理者は？
ひばり・お母さん。（喜美枝・これが寂しがってはと片時も離れず、今まで病気で一日離れたきりです）
記者・笠置シヅ子を真似たのは？
ひばり・唄いやすかったから
記者・オカネのない人をどう思う？
ひばり・かわいそう……。（喜美枝・道で乞食に会うときっとお礼をやるのがこの子の習慣です）

ルポライター・竹中労（一九三〇～九一）が書いた『美空ひばり』はひばりの評伝として長く名著となって、後年のテレビドラマもこの本を元に製作されている。ひばり自伝と同様、この評伝も喜美枝の言葉を受けて書かれたと思える部分は多い。そのことを示すように、この本でも笠置に対する偏見が顕著で、笠置がいかに〝意地の悪い人物〟であるかを書いた部分がある。

「ひばりは笠置シヅ子に『舞台で私の歌を歌ってはいけない』というクレーム（苦情）をつけられた。笠置にしてみれば、こましゃくれた小娘が自分そっくりの物真似をするのが腹にすえかねたのだろう。そういう心のせまい、意地の悪いところのある人であった」（竹中労著『美空ひばり　民衆の心をうたって二十年』六五年）

モノマネ芸なら、それはそれで戦前から古川ロッパによって、声帯模写としてジャンルが確立されていた。だが十一歳のひばりが〝ベビー笠置〟として登場したとき、モノマネ芸として歌ったわけではない。あくまで歌手としてデビューするのが目的で、持ち歌がなかったからだ。子どもであろうとプロ歌手として歌うのであればそれなりの礼儀やルールがあり、福島や喜美枝にはその配慮が欠けていた。〝心の狭い、広い〟の問題ではない。思い至らなかったということは考えられるにしても、問題はそのことに気づいたとき、同じ芸能界にいる者としてどう対処するかであって、そこに人間性が出てくる。それが通じない相手とみた笠置や服部が、一切黙して語らなかった意味がここにある。

笠置に対する竹中の文章を冷静に読めば、思い込みの激しい作者が、喜美枝の言葉を真に受けてそっくりそのまま取材もせずに書いたものだということがわかる。竹中は笠置に会ってその話を確かめるインタビューさえしていないし（当時はまだ笠置は健在だったはずだ。もしも笠置にインタビューを申し込んで断られたのなら、断られたと書くべきだ）、取材もおそろしく貧弱である。服部良一にはインタビューしているようだが、服部が「笠置はわがままな、他人を許さない人」と言ったことになっている。笠置は他人に厳しいがそれ以上に自分に厳しい。それは妥協を許さない厳しい芸人魂であり、他人から見れば「わがままな人」に映るかもしれないが、それが竹中には「心のせまい、意地の悪い」人物になるところが短絡的である。

後々までひばり評伝の名著となったこの『美空ひばり』という本は、ひばりの歌に託した筆者の戦後イデオロギーとの決別の告白であり、それ以外は何も書いていないに等しい。竹中は美空ひばりという歌手を引き合いにしながら、戦後という時代の鎮魂歌を書いているのだ。

「読みかえしていま、冷汗三斗の気恥ずかしさに襲われる。だが私は、旧稿にほとんど手を入れず、あえて収録することにした。（略）このような稚い熱に浮かされた文章を、私は書いてきたのである」（八七年六月、朝日文庫版での復刻版のあとがき）

そんな竹中の『美空ひばり』がなんだったのか、後に『完本　美空ひばり』が出版されて初めてわかることになる。竹中が本の中で田岡一雄のことを書いたことで、ひばりと暴力団のつながりを暴露されたと喜美枝が怒って言い合いになったことを書いている。

「実にまったくもって、ラチもないババアであると、そのときは思ったものだ。が、怒りは間もなく消え、深刻な反省がはじまる。私の書いた『美空ひばり』、それはけっきょく、母子の真実に迫り得なかったのだ、と」（『完本　美空ひばり』二〇〇五年）

そう書いて、六五年に『美空ひばり』を書いたことを深く反省した。復刻はするが、新たに〝完本〟とすることで反省の意を表したのだろう。

「竹中労はひばりと、ひばりの歌を愛している。ゆえに、献身と奉仕をもっぱらにして然るべきなのである。それが、喜美枝さんの唯一絶対の論理であった。抵抗できぬのだ、逃げ出すほかにすべはないのだ！（略）私のようなヤンチャに幇間《ほうかん》は勤まらない、会うは別れのはじめであった」（同）

やっと気がついたのか、とも思うが、不思議なことに、私はそんな竹中に共感しないわけではない。もともと〝河原乞食〟といわれた弱者の芸人が肩を寄せ合って生きてきたはずの芸能界に巣食う、興行資本の搾取の構図を一人暴こうと奮闘しながら、結局、ひばり親子は竹中が思うような〝弱者〟ではなく〝戦後の勝者〟だったことに後で気がつくのである。日本とアメリカの「戦後体制のペテン」を最も憎んでいた竹中のまっすぐで純な反骨精神が、私にはどこかいじらしい。

元祖ステージママといわれた加藤喜美枝は笠置より一歳年上。東京下町・荒川の石炭屋の娘で、若い頃から苦労というものをよく知っていた。謝る者は許す人情深い人間でもあり、ひばりをゲテモノ呼ばわりしたサトウハチローや、菊田一夫とは和解している。では なぜ笠置とは和解できなかったのか……。笠置の生涯を通して感じることだが、笠置には はっきりと、「人のものはとらない、だが自分のものは誰がなんと言おうと守り抜く」という強い意志が感じられる。今となっては笠置の胸中を知るすべはないのだが、推測はできる。事実関係として、笠置はひばりについて何一つ言ったわけではないが、結果的に、笠置はひばりに自分のブギを渡さなかった（そこにはもはや笠置のかたくなな意地さえ感じる）。喜美枝に言われっぱなし、書かれっぱなしだったが、もしかしたら黙することで喜美枝を〝悪者〟にしなかったとも言える。なぜ笠置はかたくなにひばりのことを一切語らなかったのか。私はこのことを、さらに別な角度から考えてみたい。笠置とひばりには芸や育った環境などいくつかの共通点があるが、そうではない決定的な違いがあった。

芸能界の〝闇〟

表面の華やかさとは裏腹に、嫉妬や裏切りが渦巻き、庶民とは桁外れのカネが動く芸能界の非情さ・厳しさを、ほとんどの人々は知ることはないが、そこには少なからず人間の本質が隠されている。

美空ひばりの人生で重要な役割を果たしたにもかかわらず、出版された三冊の〝自伝〟

『虹の唄』『ひばり自伝　わたしと影』『川の流れのように』の中で一度もその名前が出てこない人物がいる。戦前に神戸の山口組に入り、ヤクザを死傷させた罪で高知刑務所を出所し、戦後に山口組三代目組長、港湾事業会社社長、芸能会社社長、ひばりプロダクション副社長となった田岡一雄（一九一三〜八一）である。ひばりはわずか十一歳で、〝裏街道〟に生きるこの人物と運命的な出会いをする。

ひばりはデビューする前年の一九四八年二月、田岡に初めて会ったとされる。紹介したのは、同年五月に横浜国際劇場でひばりと出会って以後、その年の秋にはひばりの才能を見抜いて自分の巡業に加え、面倒を見るようになった川田晴久（一九〇七〜五七）である。川田は戦前から川田義雄の名前でボードビリアンとして活躍し、三七年に「あきれたぼういず」を結成して吉本興業に所属。三九年に他のメンバー三人が新興キネマに引き抜かれても一人吉本に義理立てして残った、根っからの義理人情に厚い性格だった。戦前から川田のファンだった田岡は、四六年に三代目山口組組長を襲名して山口組興行部（後の神戸芸能社）も引き継ぐが、この直後、田岡は大阪・大劇の舞台で脊椎カリエスに侵された痛々しい車椅子の川田を見る（この頃、劇場などで一緒に出演した笠置が川田の車椅子を押していたというエピソードもある）。病身で生活に追われていた川田の身の上話を聞き、すぐにその任侠肌でマネジメントを買って出た。田岡は自伝にこう書いている。

「わたしはさっそく、川田の委任状を持って吉本興業へでかけて川田の身柄をもらいうけ、その足で神戸の『新開地劇場』へ直行し、ギャラ四万円で売り込んでやった。一世を風靡したスターとはいえ、いまは落ち目の川田に四万円の出演料は当時、破格であった」（田岡一雄著『山口組三代目　田岡一雄自伝』）

吉本興業は病身の川田を哀れみ、過去の功績に報いて月給を支払っていたが、その額の安さに田岡が驚いたのである。田岡のおかげで川田は病気治療ができ、四八年には新たに「川田義雄とダイナ・ブラザーズ」を結成して戦後の再出発を果たした。浪花節が好きだったという田岡はのちに港湾荷役業で莫大な利益を得て〝興行は趣味〟とうそぶくほど、芸人たちには評判がよかったという。「川田はわたしの手をとって感涙した」とも自伝には書かれている。

川田がひばり親子に田岡を紹介したのは、芸の道で生き延びるにはいい興行師を味方に得ることが重要であることを、身をもって知っていたからだ。田岡一雄の自伝によれば、田岡が初めてひばりに会った時期は四八年二月とされる。「神戸松竹劇場」に出演することになったひばりが喜美枝と一緒に、マネジャーの福島通人につれてこられたと書かれているが、四八年二月なら福島はまだ横浜国際劇場の支配人でひばりのマネジャーにはなっていないし、川田とひばりが初めて会ったのもこの年の五月である。いずれにせよひばりと田岡の出会いは、田岡と川田との縁が引き合わせたものだ。その席で川田が田岡にひばりと、少女で一発当てようとしていたマネジャーと、娘に人生のすべてを懸けた母親を紹介した。川田の顔を立てたのか、それとも純粋にひばりが気に入ったのか、田岡はこの小さな少女を応援すると約束するのである。戦後間もない神戸の一隅で、極道の男と、落ち目の芸人と、小学校もろくに行っていない内気な少女が出会ったことに、私はやはり運命的なものを感じる。やがて田岡は〝伝説の侠客〟といわれるようになり、ひばりの師匠となった川田は戦後の黄金期を迎え、ひばりは〝世紀の大スター〟になる。このときすでにひばりには、人を惹きつける一種のカリスマ性があったのかもしれない。笠置が横浜国際劇場の楽屋で初めてひばりに会い、笑顔で一緒に写真を撮ったのもちょうどこの年だった。

名前さえ知らなかったひばりに初めて会った田岡が、服装も質素で身につける装飾品一つなく、白いズックを履いていたというひばりに、新開地商店街で赤い靴を買ってやったと書いているが、これが四八年二月というのは田岡の記憶違いと思われる。田岡はちょうどそのとき「赤い靴のタンゴ」という歌が流行っていて、街にはそのレコードが流れていたと書いているので調べてみると、「赤い靴のタンゴ」（西條八十作詞、古賀政男作曲、奈良光枝歌唱）が作られたのは一九五〇年である。自伝には「とらや」という靴屋で田岡がひばりを抱いて赤い靴を買ったとき、商店街に群衆が殺到して歩けないほどで、ひばりの人気はすごかったと書かれている。ひばりがメジャーデビューするのは四九年秋に発売されたレコード「悲しき口笛」とその直後に封切られた同名の映画で、それまではひばりはまだ無名である。全国的に名前と顔が知られたのは映画というメディアの力であり、人気が出るのは四九年末から五〇年に入ってからだ。田岡が喜美枝や福島と一緒にひばりに初めて会ったのは四八年冬の二月と明確に書いているが、もしかしたら二月ではなく十二月あたりではないか。また、赤い靴を買ってやったのはそれより数年後の五〇年頃のことだと考えられる。いずれにしても、戦後間もないころ、神戸の商店街で極道の男が小さなひばりを抱いて赤い靴を買ってやるというのはなかなかドラマティックで、どこかエロティックでもある。まるで映画のシーンを観ているようだ。田岡の自伝はこのエピソードだけで価値があるといってもいいだろう。ひばりにとって田岡が〝陰の父親〟といわれる所以も、なんとなくわかる気がする。

一九四九年、田岡は港湾労働者の集まる小さな組・中小荷役会社十五社を束ねて〝港洞会〟という〝親睦団体〟を組織した。

「弱い者同士が集まって団結し、生活の向上を計っていこう」というのが目的だったと田岡は書いている。なかなかいい言葉だ。そこへ五〇年六月、朝鮮戦争が勃発。田岡の縄張りの神戸港は朝鮮半島に駐軍する米軍への補給基地となってたちまち港湾荷役業務が活性化し、荷役は急激に増大した。田岡はこの特需景気に乗じて事業を拡大させる。五三年、田岡は自らの力で荷役業・甲陽運輸株式会社を設立。戦前からあった船内荷役業の単独経営が復活し、自由競争となって小さな下請け荷役業者が乱立するが、田岡は持ち前の〝親分肌〟でリーダーシップを示して頭角を現す。第一次・第二次下請業者を説得して一本化を図り、いわば業界の統合再編に尽力する。田岡の自伝が興味深いのは、戦後の繁栄が田岡のような人物を生み、元請業者の大資本と互いに利用し合ってきたことが実にわかりやすく描かれていることだ。当時、神戸港には三井、三菱、住友倉庫、上組、日通、日本運輸などの大手元請業者があり、元請は莫大なマージンを取って一次・二次下請業者に丸投げする。田岡はあくまで仕事の供給源である元請の存在価値を認めた上で、「下請の仕事というものは、元請があってこそ成り立つものであって、下請はむしろ強力に元請を支援し、バックアップすべきものである。協力を惜しんではおたがいの利益は成り立たない」という立場だった。田岡はまるで労組の委員長のように元請と掛け合い、元請が取るマージンを下げさせる手腕も発揮する。こうして田岡は、当時約三千人の港湾労働者の三分の一を集めて神戸港湾労連を結成する。労組から見れば、むろん田岡の組合は〝御用組合〟である。俗に言う「大資本と結託した組合潰し」、ということになる。

「どう解釈されるのも結構だが、労働者だからなにかといえばストだ、赤旗だと騒ぎたて、なんでも会社をつぶしにかかればいい、というものでもあるまい。会社をつぶしては身も蓋もあるまい。会社を生活の基盤にしている以上、自分の首を自分で絞めているようで、傍目にも滑稽千万である」と、田岡はタンカを切っている。ヤクザの親分がマルクスを笑い飛ばしているのである。まだ労働組合というものが頑張っていた時代の話だが、この構図は面白い。労組の味方になっても何も得をしないが、大資本の片棒を担げばおこぼれを頂戴できる。この判断は一応、正しい。だが大資本から見れば、都合のいい「〝御用組合〟対〝本物の労組〟」という〝貧乏人同士〟のいがみ合いにしかすぎない。

名著『美空ひばり』を書いた竹中労は、その著書の中でそんな田岡一雄を「いわゆる無頼漢といいきってしまうのには惜しい人物」と書いている。そこでまた「資本主義社会とヤクザ集団は、東京都と夢の島のごときものである」と持論をぶつ。暴力団は社会の必要悪で、ゴミを生み出す社会のシステムそのものに問題があると、竹中は言いたかったのだろう。わからないわけではない。だが竹中もまたなんと思い込みの激しい、浪花節的な男なんだろうと、私は竹中のファンとして頭を抱えてしまう。ひばりを崇拝する竹中はこんなふうに書くのだ。

「ともあれ一時期において、田岡一雄と山口組は、美空ひばりにとって強力な同盟軍であった。権威の序列から疎外された庶民社会のスターと暗黒街の顔役とは、がっちり手を組んで彼らのテリトリー（縄ばり）をひろげていった。私は、田岡がひばりの売り出しに果たした功績を、それはそれなりに評価しなければならないと思う。そして、彼がひばりに対して抱いた友情も、決してにせものではなかったと思う」

ひばりや田岡への〝熱い〟思いで『美空ひばり』を書いて、喜んでもらえると思っていたであろう竹中は、あとで喜美枝からいきなり「オヤブンのことなんか、どうして書いたのよ！」と怒声を浴びせられ、憤然とするのである。

一九五二年七月、田岡は当時人気沸騰の俳優で歌手の鶴田浩二（一九二四〜八七）の興行を計画。それを鶴田のマネジャー兼松廉吉に打診したが、兼松はその場でそれを断った。同年暮れ、翌年正月早々に大阪・大劇で自らの手で鶴田の興行「百万ドルショー」を打つことにした兼松は、田岡の下に興行の挨拶に訪れ、浅草海苔と五万円の金包みを差し出した。田岡の自伝によると、田岡はその金包みにいたく自尊心を傷つけられたようだ。

「兼松さん、それは失礼やないか。わたしはあなたから、いわれのない金を戴くほど困っていない。持って帰っていただこう」と田岡は言い、兼松の前に金包みをぽんと置いた。ただしその田岡の自伝には、前年の七月に自分のほうから鶴田の興行を持ちかけ、兼松に断られたことは書いていない。そしてこの直後の五三年一月、鶴田が襲われる事件が起きる。天王寺の旅館で食事をしていた鶴田は、山口組組員四人に奇襲されて頭と手に十一針縫う大怪我を負う。その場で食事をしていた水の江瀧子と高峰三枝子は呆然と立ち尽くしていたという。やがて山口組興行部にいた西本一三が逮捕されるが、襲撃は田岡の指示だったことを認めて保釈され、田岡は全国指名手配されたのち自ら出頭して逮捕される。だが証拠不十分で田岡は不起訴、口を割らなかった実行犯の山本健一（通称・ヤマケン、後の山口組若頭）は懲役十年の判決（三年で出所）となる。田岡の自伝では、鶴田襲撃は「親分が、失礼なやつやと怒っていた」とある組員から聞かされた山本健一が勝手にやった、とされている。

この後、五四年二月十一日に鶴田のマネジャー兼松が、鎌倉の稲村ケ崎防空壕跡で青酸カリ入りのウイスキーを飲んで遺体で発見され、「水の江瀧子のマネジャー自殺」と当時の新聞などで報道された。享年四十三。兼松廉吉は貴族院議員を父に持ち、明治大学から松竹に入社。松竹少女歌劇宣伝部で才能を発揮し、水の江瀧子をスターに育てる。一九四二年に水の江が松竹を退団後も水の江が作った劇団たんぽぽの実質的主宰者となり、戦後、五二年に鶴田浩二が興した新生プロ（戦後の俳優の独立プロ第一号）で水の江と鶴田のマネジャーになる。妻は松竹少女歌劇のスターだった西條エリ子。だが兼松が水の江瀧子の実質的な夫であったことは周囲には知られていたようで、田岡も自伝で兼松を「水の江瀧子の亭主」と書いている。

まるでヤクザ映画のような鶴田浩二襲撃事件は、戦前の林長二郎襲撃事件（一九三七年、林長二郎が東宝へ移籍すると知って激怒した松竹の大谷竹次郎が、後の大映社長・永田雅一に指示し、暴力団に顔を切らせた。このことは戦後、林が本名の長谷川一夫に改名して新東宝に移籍後に作った借金を、永田が肩代わりし、大映に幹部俳優として迎えることで解消したとされる）とともに芸能界を震撼させ、神戸の一暴力団だった山口組の名前が全国的に知れ渡るきっかけになった。

一九五一年に大阪難波スタジアムで打った山口組の自主興行「歌のホームランショー」にひばりが出演して以来、田岡がひばりの興行に表立って入り込んできた頃から福島は危惧を抱いていた。いわば田岡のひばりのための〝警護料〟の増大によって、福島のマネジメントとしての取り分が減らされたというのが福島の不満だったが、喜美枝から見れば福島の経営は以前から不透明で、信用できなくなっていた。言い換えれば、福島か田岡かどちらかを選ぶことを迫られたとき、私腹を肥やしているとしか思えない福島より、喜美枝が何かと頼りになる田岡を選んだのは当然だったかもしれない。そして五八年六月に設立されたひばりプロダクションで、田岡は副社長になる。

八一年、田岡と喜美枝が相次いで死去。ひばりは田岡の葬儀・山口組組葬に参列した。

戦後から田岡の権力が失墜する一九六〇年代半ばまでの約二十年間に、田岡のマネジメントを受けた歌手や芸人のリストには、美空ひばりを筆頭に当時の人気歌手たちがズラッと並んでいる。だがそこに、笠置シヅ子の名前はない。神戸芸能社のマネジメントにブギの女王・笠置シヅ子の名前がなかったということの意味は大きい。人一倍潔癖な笠置が最も嫌ったもの、それはかつて芸能界の〝闇〟といわれたものの存在だった。

男装の麗人

水の江瀧子と笠置との接点を語ると、ともに松竹の東西少女歌劇が生み出した同年代のスターとして二人の類似と相違点も興味深い。厳密には水の江のほうが半年余り年下で、笠置が大阪で松竹楽劇部に入った翌年の二八年、水の江は十三歳で東京松竹楽劇部第一期生になっている。『松竹百年史』によると、一九三〇年九月の松竹楽劇部公演「松竹オンパレード」（川口松太郎演出）で、司会役を務めた水の江瀧子が断髪姿だったことから、レビュー史上初めての〝男装の麗人〟の登場とされる。宝塚では三二年八月、門田芦子が初めて断髪で登場した。断髪・男装の水の江はたちまち人気を得て「男装の麗人」と謳われ、「ターキー」「タアキイ」の愛称で日産自動車のキャンペーンガールに選ばれるなど、好感度満点の彼女は一九三〇年代のレビューの黄金期を飾る大スターとなり、国民的大スターだった。日中戦争後はＳＳＫ（松竹少女歌劇団）による松竹女子挺身隊リーダーとし

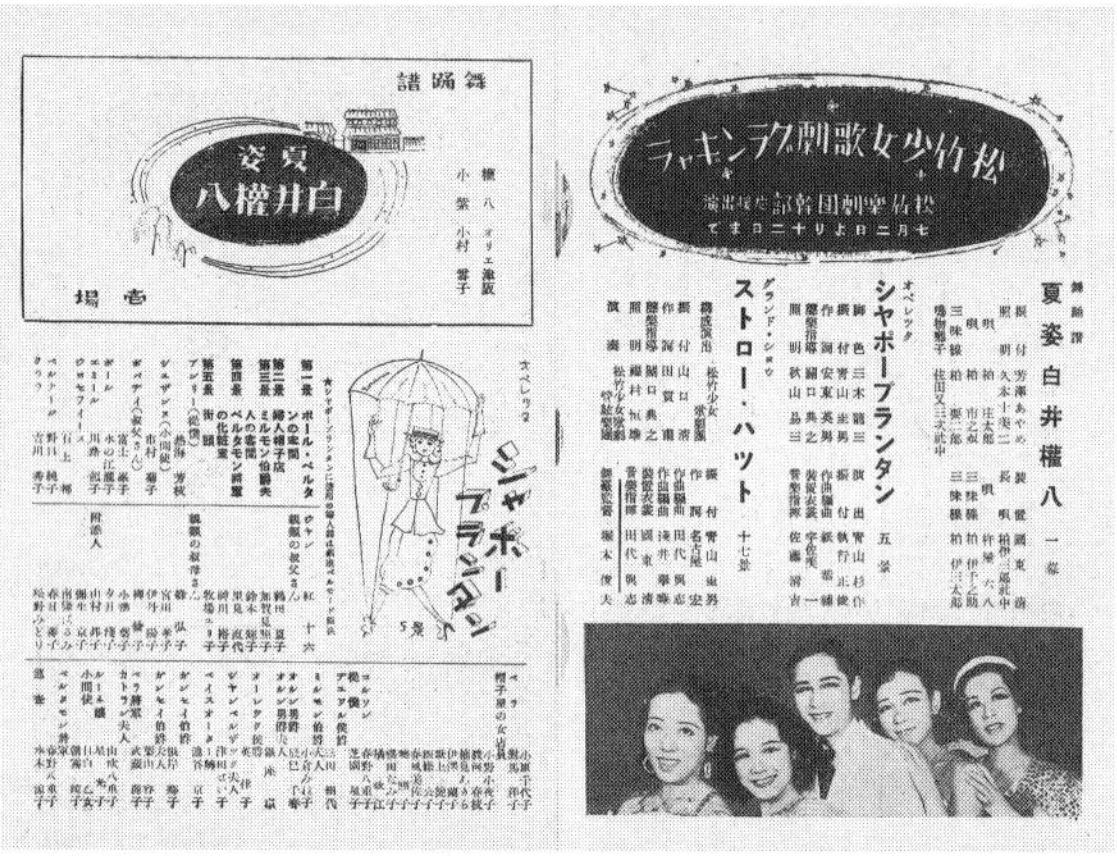

SSK 帝劇公演「ストロー・ハット」パンフレット。中央が“男装の麗人”水の江瀧子、その左に笠置シヅ子。1938 年 7 月。

て北支慰問、工場慰問公演などを行っている。

一九三八年七月、帝劇でＳＳＫ特別公演「ストロー・ハット」を行うことになり、人気絶頂の水の江やオリエ津坂らが出演したという資料がある。そのときの応援組としてＳＧＤ（松竹楽劇団）のスター笠置シヅ子、春野八重子らが出演して実質的にＳＳＫとＳＧＤの合同公演になった。出会いとなった二八年の松竹楽劇部旗揚げ公演から十年、笠置と水の江瀧子の共演舞台が確認されているのはこのときしかない。この「ストロー・ハット」の公演を音楽評論家の瀬川昌久は自著『舶来音楽芸能史　ジャズで踊って』に、

「この楽劇団応援組の達者な歌と踊りが、ＳＳＫ大スターのターキーとオリエを完

全に食って、この年最上のショーとまで絶賛された」

と書いて、笠置のほうを絶賛している。当時のジャーナリズムを調べてみると、二人のファン層がまったく分かれていることがわかった。ハンサムな青年を感じさせる中性的な魅力を持つ水の江瀧子のファンは、当然ながら女学生や女性といった〝素人〟。レビューのスターというより、時代のアイドルだったのだろう。一方、笠置のファンはインテリ男性、いわゆる〝通〟が多く、二葉十三郎や南部僑一郎、瀬川昌久などの評論家に新聞雑誌などで絶賛された。当時から「水の江は容姿一〇〇、踊り七〇、唄〇《ゼロ》」と言われていたようで、水の江と笠置は同じ昭和のレビュースターでも全く異質だったようだ。何よりも二人の大きな違いは、二人とも同時代にレビューガールでスタートしたが、水の江は戦前の軍国主義時代の大スター、笠置は戦後占領下時代の大スターだったことだ。この違いが、二人の特色をよく表している。

〝男装の麗人〟と謳われた水の江の魅力は当時のブロマイドなどでも想像がつく。〝男装の麗人〟とは歌舞伎役者の〝女形〟同様、少女歌劇で異性を演じるという〝芸〟なのだ。そこに価値があることは今日では誰もが認めている。たとえ歌や演技が少々劣っていたにせよ、〝タアキイ〟の存在そのものが〝芸〟だった。当時の彼女のスターとしての価値は絶大なものがあっただろう。生の舞台を見てみたかったが、今となっては不可能だ。ただし映画『花くらべ狸御殿』（一九四九年、大映）に、彼女がかつてレビュースターだった頃の魅力的な面影が残されている。

水の江瀧子と笠置シヅ子、松竹が生んだ二人のこのレビュースターは、笠置が四一年にSGDを退団し、水の江も四二年にSSKを退団。その後二人は独立してそれぞれの道を歩いた。笠置は服部良一という師匠を得て歌手の道に精進し、水の江は兼松廉吉というパートナーを得て自分の劇団を持った。笠置も水の江もさっぱりとした性格は似ていたが、どうも水の江にはカリスマ性や芸能界独特の処世術、社交性があったようで、それも彼女の魅力の一つだったのかもしれない（その点に関しては、笠置シヅ子は芸能人らしくなかったかもしれない）。やはり水の江瀧子という人は余人を以って代えがたい、なんとも不思議な雰囲気をたたえていたようだ。

私は彼女の名前を子どもの頃にテレビで知ったのだが、自分のことを「アチシ」という人は彼女だけだったような気がする。NHKの人気番組『ジェスチャー』（一九五三～六八年まで）で柳家金語楼とともに活躍したことは子ども心にも印象に残っている。断髪にアロハシャツ姿で、ジェスチャーのうまさは抜群だった。えくぼが印象的で、どこまでも陽気でおおらかで、その笑顔が多くのファンを魅了した。性的な魅力というより、何事にもこだわらない、さばさばしたような、人間的な寛容さをたたえているような感じがした。彼女が昭和三十年代から昭和四十年代にかけて、日活映画のプロデューサーとして石原裕次郎らをスターに育てたことは有名だ。そうした反面、鶴田浩二の襲撃事件現場や翌年の長崎の暴力団・長井末広殺害現場に偶然居合わせていたというような、暗いエピソードがつきまとうことがどう考えても私には解せない。

話を鶴田浩二襲撃事件に戻すと、田岡から反感を買ったもう一人の人物、「襲撃は田岡の指示によるもの」と供述した西本一三は、五六年一月十五日、乗船していた別府航路の関西汽船「ひかり丸」から深夜に投身して水死、という不可解な死に方をする。警察は兼松と西本を自殺と断定した。西本について田岡は後に自伝で、田岡の指示だと自供した彼の供述は「理解に苦しむ」、とだけ書いている。兼松廉吉の自殺について田岡の自伝には全く触れられていない。無視である。

兼松の自殺は、鶴田浩二が大きく絡んだ末のことだった。兼松は鶴田と出会い、鶴田のスター性を見抜いて一旗上げようと、五二年に新生プロを作って鶴田と水の江のマネジャーになった。『弥太郎笠』と『ハワイの夜』を製作したが、鳴り物入りで製作した『ハワイの夜』は興行として失敗。兼松は五四年に自殺。鶴田の興行の金策に行き詰まっての自殺ではないかという噂も流れた。鶴田との関係は深い友情で結ばれていたようだが、鶴田は兼松に、自分を取るか水の江を取るかを迫り、兼松は悩んでいたという。水の江はそのことを後にこう語っている。

「鶴田浩二ってのは、ホモじゃないんだけど、それに近いような男同士の友情も大事にするような人だったの。友情っていうより、愛に近い感情ね。で、私の彼氏に惚れちゃってね、その、私に焼きもちを焼いてね。『水の江君をとるか、僕をとるか』なんて、女みたいなことを言い出したんですよ」（『ひまわり婆っちゃま』）

水の江から見れば兼松の死は、自分より鶴田を選んだ結果であり、それによってもたらされたものということになるのだろう。心ならずも愛する兼松のために自分から去ることにした水の江は、五三年六月、浅草国際劇場で舞台生活の引退興行をする。このときの水の江の気持ちがどれほど深く重いものであったか、他人が想像する以上のものがあったのかもしれない。

「そして翌年の兼松さんの死が、それまでの私のすべてを締めくくったって感じでね。言葉にはいい尽くせないほどの悲しみ苦しみを味わったし、いまでもそのつらさは忘れられないけど、舞台の上でのスターとしての水の江瀧子は兼松さんと一緒に昇天したんです」

(水の江瀧子『ターキー放談　笑った、泣いた』)

兼松廉吉はとても魅力的な人物だったようで、誰からも好かれるような男性だったらしい。女性のみならず男性からも好かれ、マネジャー仲間では羨望の的だったと興行師・永田貞雄も証言している。兼松が借金を抱えていたという噂はあったが、その借金は女性関係の多かった鶴田が作った女性たちへの手切れ金で、当時の金額で三千万円ともいわれている。鶴田はその始末をみんな兼松に押し付けた。たしかに当時の鶴田の人気なら、三千万円は仕事で返せない額ではない。それぐらいの借金ならなんとかできたのにと、水の江も後に語っている。遺書があったというので自殺と断定されたようだが、どうも不可解だ。というのも、兼松は田岡を怒らせたことの重大さに気づき、鶴田襲撃事件の後の五三年秋、兼松自ら興行界の顔役・永田貞雄に仲介を依頼し、新橋の料亭で田岡との和解の席を設けて〝毒流し〟をしているにもかかわらず、〝自殺〟した。そもそも五二年七月、田岡が持ちかけた鶴田の興行を兼松が断って田岡を怒らせることがなかったら、兼松は死ぬことはなかっただろう。それにしてもスターのマネジャーというのは、つくづく因果な職業らしい。マネジャーだけではない。本人や兄弟など家族を含め、かつて芸能界と暴力団の関係には黒い噂がつきまとい、虚も実も含め、芸能ジャーナリズムを賑わした。このように芸能人と暴力団の関係は、近代興行ビジネスが生んだ兄弟のようなものだった。

一九二八年に東京松竹楽劇部に入団した水の江瀧子は、四二年に松竹少女歌劇を退団し、翌年に劇団たんぽぽを旗揚げ、戦後の五三年六月、浅草国際劇場で「さよならターキー・輝く王座」を公演し、花道を飾る。十日間の引退興行で一万人を動員し、レビュースター・水の江瀧子は舞台生活から引退したが、翌五四年、パートナーの兼松廉吉が自殺し、彼の借金（つまり鶴田の借金）を背負った水の江は同年三月、ある人物の計らいで日活に入社し、映画プロデューサーとして再スタートする。そしてたちまち石原裕次郎を見出すなど、手腕を発揮していった。ともに十代のときに浅草松竹座の楽屋で出会い、やがてスターになった笠置と水の江だったが、二人のその後の人生は全く違ったものとなった。水の江は一九九三年、思うところあってか華やかに生前葬を行い、周囲を驚かせた。以後は隠居生活に入り、芸能界からぷっつりと姿を消した。そして二〇〇九年十一月、ひっそりと九十四歳の生涯を閉じた。

山あり谷ありの人生を自ら振り返って、
「過ぎてしまえば、どうってことなかったわ」（『タアキイ　水の江瀧子伝』）
と、かつての〝男装の麗人〟ターキーさんは言う。この言葉は深い。

テレビ最初の日

日本が戦後めざましい復興を遂げていく過程に、私は強い関心を持つ。マッカーサーは着任早々、財閥解体、農地改革、教育基本法、憲法制定などさまざまな改革に着手する一方で、昭和天皇に戦争責任はないとし、極東国際軍事裁判、そして警察予備隊新設の後、一九五一年四月、突如解任されて日本を去った（理由は四八年の大統領選に共和党候補として立候補するも敗退して以後、朝鮮戦争に関する発言などで政敵トルーマン大統領と対立したといわれる）。対日政策で民主化しながら、日本を「反共の砦」として労働争議を弾圧するという、いわば飴と鞭を行使し、五〇年の朝鮮戦争勃発で非武装化は実行されなかった。マッカーサー解任後に日米安保条約締結、平和条約調印を経て占領政策は終わった。この間、GHQの検閲・指導を受けたとはいえ、最も輝いたのは戦前からの大衆文化を受け継ぐ娯楽・映画産業だった。やがて日本は米ソ冷戦構造に組み込まれ、核開発競争にいやおうなく荷担していった。同時に、「逆コース」といわれる政治と経済発展の時代がやってくる。とくに経済復興のスタートとなった象徴的な出来事が、テレビ本放送開始だった。

一九五三年二月一日午後二時、東京・内幸町のＮＨＫ放送会館第一スタジオ（といってもテレビ専用スタジオは一つだけだった）でテレビの本放送が開始された。カメラは全部で五台しかなく（スタジオカメラが三台、中継用カメラが二台）、フィルムは貴重でニュース・映画などの他はすべて生放送だった。全国の受信契約が八百六十六件で、当時は受像機がまだ普及しておらず、うち四百八十二件はアマチュア自作のものだったという。大卒の初任給が八千円当時、テレビ受像機はアメリカ製で約二十五万円、国産で十八万円という高額。そのため多くの人々は日曜日のこの日、テレビ普及のため駅前や繁華街に設置された街頭テレビに群がった。

この日の番組表では、まずスタジオで古垣鉄郎ＮＨＫ会長が「テレビは文化のバロメーターだといわれています。国民生活全体の上に革命的とも申すべき大きな働きをもつものであります」と挨拶。続く国務大臣や都知事らの祝辞のあと、尾上梅幸らによる歌舞伎「道行初音旅」が披露。三時半から藤原義江らによる「オペラよもやま話」、六時半から古賀さと子「子どもの時間」など。七時から天気予報・ニュースなどに続いて七時半から「今週の明星」が、日比谷公会堂からラジオと同時生中継された。この「今週の明星」は一九五〇年一月（当初はラジオ）から六四年四月まで続いたＮＨＫ人気歌謡番組で、毎週日曜日の午後七時半から八時までのゴールデンタイムに生放送された。この夜の出演者は霧島昇、笠置シヅ子、高倉敏ほか、となっていて、「出演者はベテラン歌手が多かったが、テレビは初めてとあって前奏の間どこを向いていいのかわからず、ソワソワする出演者もいた。しかし笠置シヅ子だけは衣装の模様にも気を配り、もう慣れきっているという雰囲気で歌った」（『戦後昭和史』講談社）と紹介されている。慣れきっていたかどうかは別として、たしかに笠置はこれまで「今週の明星」には数多く出演していたようで、歴史的なこの日、第一線のベテラン歌手として霧島昇とともに出演した（ちなみにちょうど一カ月前の一月二日に行われた第三回NHK紅白歌合戦に笠置は出演し「ホームラン・ブギ」を歌い、同年十二月三十一日の第四回には「東京ブギウギ」を歌っている）。この夜の「今週の明星」で笠置が歌った曲目は不明。五三年に発表・発売された笠置の歌には「たのんまっせ」（藤浦洸作詩、服部良一作曲）、「おさんどんの歌」（同）、「恋はほんまに楽しいわ」（同）などがあるが、この時期になると、かつてのようなブギブームは去っていた。

「戦前からジャズを歌う〝敵性歌手〟だった笠置シヅ子を、戦後〝ブギの女王〟というスターにしたのは進駐軍である」という考え方があるが、半分は当たっているが半分は間違っている。理由は、笠置シヅ子がジャズやブギを歌う一見アメリカナイズされた歌手ではあっても、実体は極めて日本的な文化・風土から生まれた表現者だったからだ。たしかに進駐軍の兵士や在日米人に笠置のファンは多かったようで、六年半にわたる占領下時代、笠置が出演する日劇などの劇場に連日のように詰めかけたほか、米軍キャンプの慰問コンサートや外国人記者クラブでのカクテルパーティーに出演（『毎日新聞』一九四九年二月十五日の記事に写真入りで紹介）したこともある。また他にも、四五年十一月から五八年五月までGHQに接収された巣鴨プリズンが五〇年に開設した「巣鴨ホール」で、東京裁判被告や受刑者たちへの慰問興行に笠置が出演したという資料もある。十一月十九日のホール開設初日には石井獏バレエ団の上演で、その中には当時五歳の松島トモ子がいた。彼女は数百人のB級C級戦犯の前で洋舞「かわいい魚屋さん」を踊った。

「有名なコメディアンのエンタツも、柳家金語楼も、巣鴨ホールに出演した。バイオリニストの諏訪根自子も演奏したし、子ども時代の美空ひばり、ブギウギで知られた笠置シヅ子、灰田勝彦、赤坂小梅、藤山一郎などをはじめ、この国でもっとも有名な人気歌手たちが歌った」（ジョン・ダワー著『敗北を抱きしめて』下巻より）

こうした進駐軍の関係する場所で、とりわけブギの女王として黄金時代にあった笠置シヅ子が米兵たち外国人の人気をさらったのは、笠置の歌うジャズやブギがアメリカナイズされているというより、逆に日本的だったからともいえる。服部良一はこう書いている。

「他の歌手とは全然発声法が違うので、外国の発声法のどれにも当てはまらない。それはアメリカ式でさえないのである。まあ強いて言えば、笠置シズ子は日本式の発声をもつジャズ・シンガーということになるが、日本式といっても、地声の良さを巧みに捉えての作り声（鶯《うぐいす》歌手といわれる人のそれ）ではなく、自然の声でよくジャズのリズムとニュアンスを醸し出している」（『映画ファン』一九四八年五月号）

しかしなによりも国民の多くが笠置のブギに生きる活力を見出し、敗戦の荒廃から立ち上がったことに、ブギの女王の最大の存在価値がある。その意味でも、進駐軍が去った後のテレビ時代の到来は、笠置シヅ子の新たな境地の幕開けでもあった。やがて昭和三十年代の本格的なテレビ時代の到来は、アメリカ文化を視覚化し、日本人を急速に〝アメリカかぶれ〟にしていく。戦前に服部と笠置が生み出した〝日本式ジャズ〟のよさを、敗戦後に本場アメリカのジャズを知ったばかりの日本人が理解しなくなるのは、しごく当然だったのかもしれない。

スターの豪邸 「笠置に追いつく貧乏なし」

古川ロッパの日記を読むと実に面白く、興味が尽きない。かつて芸能人がどんなことを考えていて、どこで何をし、どんなものを食べ、誰と会って何を話し、誰と誰が仲良くて、誰と誰が仲が悪いかがあからさまに書かれているからだ。当時、スターといわれた人たちの私生活が庶民とはかけ離れていたものだったにせよ、歴史の教科書よりも実に鮮やかに、時代が見えてくる。

一九五〇年代になると日本は朝鮮戦争をきっかけに繊維・金属産業などの発展で特需景気となり、五二年にはＩＭＦに加盟。五五年には神武景気と呼ばれる好景気を迎えた。敗戦後十年、経済成長に伴って映画などの娯楽産業も急成長し、メディアはさまざまな娯楽情報を伝えた。当時の映画娯楽雑誌や婦人雑誌などを見ると、「スターのお宅拝見」と題されたグラビアに、華やかなスターたちが毎号のように登場している。敗戦後の日本人は食糧難と同時に住宅難だったから、スターの成功の証である豪華な邸宅やプール・自家用車は庶民の羨望の的で、まるで夢のような生活だった。

笠置のファンで親交もあり、笠置の渡米の際に振袖を贈った大女優・田中絹代（一九〇九〜七七）は戦前には人気女優となり、一九三六年、二十七歳で鎌倉山に〝絹代御殿〟を建て、母や兄姉と住む。戦後の四九年、その家を売却。同じ鎌倉山に元司法大臣が住んでいたという豪邸を購入した。この年の十月、彼女は渡米して翌年一月に帰国。この頃が戦後の田中の最も華やかな時代となる。五四年に鎌倉山の家を売却。その後五八年まで帝国ホテルに居住し、六五年、鎌倉山に自宅を新築した。同じく戦前からスターだった木暮実千代や高峰三枝子、戦後派では五三年に十六歳で〝ひばり御殿〟を建てた美空ひばりなど、自宅を披露するグラビアの中のスターたちは光り輝いていた。昭和三十年代になると百花繚乱の映画スターたちがこぞって豪邸を建て、松濤や代官山、成城、田園調布、目黒などのプールつきの豪邸が雑誌メディアによって披露された。中でも東映時代劇スターの京都の豪邸などが人々の羨望の的となった。

一九五一年に完成した笠置の世田谷の邸宅は、ハリウッドスタイルということだが、豪邸というよりすっきりとした平屋で、合理的で慎ましく洒落ていて、いかにも笠置らしいセンスが光るものだった。〝スターの豪邸〟とは趣が異なるが、笠置はこの家と広い庭が自慢であり、三十六歳から死去するまでの半生をこの家で暮らした。

一九五二年一月の日劇正月公演は「笑ふ宝船」で、笠置とエノケン・ロッパ・清川虹子・三木のり平といった豪華メンバー。古川ロッパが楽屋入りし、雑誌の原稿を書いているところへ清川虹子と笠置が遊びに来る。三人でアマンドのミルクコーヒーを飲みながら雑談。

「清川は世わたりのうまい奴で、シボレーの一九五〇年を買って乗りまわし、京都へも持っていくという一流ぶり。全く俺は金もうけの下手さに自ら嫌になる。清川は自動車、笠置は家を建てた。笠置に追いつく貧乏なしと、洒落はすぐ出るが、つくづく俺は金が無い。二人の稼ぎ女王と話してて、全く悲観する」（『古川ロッパ昭和日記』昭和二十七年一月六日）

〝笠置に追いつく貧乏なし〟などとダジャレを思いつきながら、そんな自分に嫌気がさし、悲観するロッパ。戦後の笠置は一時「カセギスルコ」などと言われたほど売れっ子になった。笠置は世田谷の三百六坪の土地を購入し、一九五〇年三月に建坪四十坪の家を新築する。完成したのが年末で、五一年から入居。二十七坪の別棟には雇い人の親子三人とお手伝いの若い女性が二人住んだ。五二年一月、笠置シヅ子主演映画『生き残った弁天様』の撮影がクランクイン。撮影を終えたある日、笠置は自分の車で共演者の古川ロッパ、森繁久弥、星十郎らと撮影所から銀座へ食事に出かける途中、三人を自宅に案内する。そのときの事をロッパは、昭和二十七年一月二十五日の日記にこう書いている。

「なるほど立派な家、門から庭、玄関とハリウッド風。見てくれ見てくれと、方々の部屋を案内する。わずか三、四十万円の離れ一つ、それも借金だらけで漸っとこ建てた俺なんてものは、何をしとる、全くいやになる。そう思うから、うまい言葉で誉めることができない」

ロッパが日記に、自らの不甲斐なさを思わずこぼしてしまう心境もわからないではない。戦前から贅沢三昧に慣れてきたロッパは、戦後のインフレがもたらした食糧難や物資不足に想像以上の苦痛を強いられただろう。戦後のロッパは、仕事への不満、他人への非難、金のない愚痴、健康への不安、弱さや傲慢さ、自己嫌悪をあらわにし、時代に翻弄されるスターの生き様を日記に正直に綴っている。

一九五一年六月一日、笠置は娘ヱイ子の四歳の誕生日に自宅でガーデンパーティーを開く。招待客二百人余り。以後数年間、毎年のように開かれ、この日の様子が雑誌メディアに紹介される。五四年六月一日の誕生パーティーに招かれた古川ロッパは、やきとり、おでん、そば、すしの店が出ていて豪華さに驚く。すでに来ていたエノケンに日劇での企画を持ちかけるが、エノケンはその話に全く乗り気なしの様子。笠置に招かれた笠置の親衛隊というべき「ラク町（有楽町）のパンパン女」（ロッパの弁）の一群にロッパは不快になり、「エノケン、すっかりこの連中と意気投合、車で送ってやるとて帰っちまい、我、気がらくになった」と、この日の日記に書いている。いつも仕事と金のことが頭から離れないロッパと、どこでも人気者のエノケンの性格の違いがよく表れている。

この頃、芸能人の邸宅を披露し、私生活を覗かせるかのようなメディアの風潮に、冷水を浴びせかける事件が起きた。

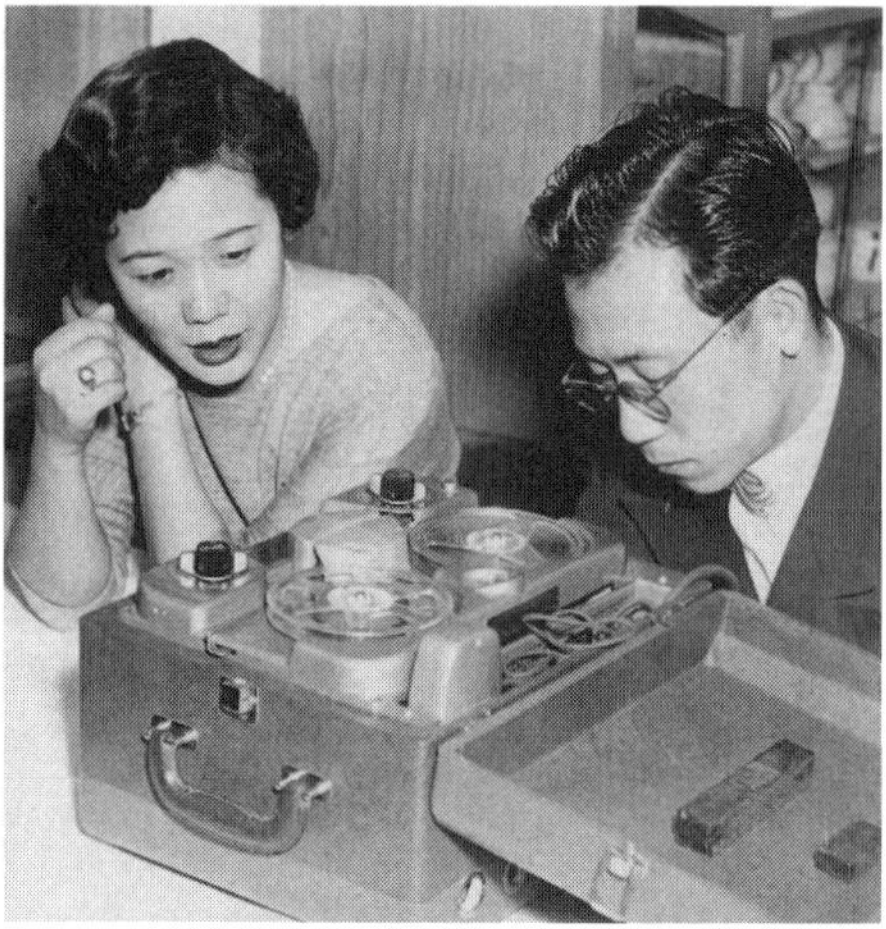
1954年4月8日、テープレコーダーで犯人からの脅迫電話の声を聞く笠置シヅ子。（朝日新聞社所蔵）

一九五四年三月三十一日、笠置宅に「オレたちの結社に金がいるから天神橋下に六万円おけ。さもないと一人娘を殺すぞ」という脅迫状が届いた。笠置は警察に通報。以後、電話を含めて計九回、脅迫を受けた。四月八日朝、犯人の脅迫電話をテープレコーダーに録音。笠置のマネジャーが犯人の要求通り、指定場所で金を渡そうとした瞬間、自由ヶ丘駅前の街頭テレビで野球を見るふりをして張り込んでいた四人の刑事が、犯人を取り押さえて逮捕した。あっさり捕まった犯人は三十歳の無職の男で、「六月に結婚することになっていたのに失業、金に困って思いついた」と自供。六万円（当時、庶民の一カ月の平均収入が約一万円）という金額がなんとも切実さを表している。この春に小学校へ入学する娘には幸いにも危害はなかったが、笠置の心労を思えば許されない犯罪である。笠置は新聞記者に「母親の一番の弱みをついてこられたので、家に閉じこもったままおびえていました」と語った。犯人の男は翌五五年九月にも同様の手口で笠置を脅迫し、再び逮捕されている。笠置はこのことに、子どもを持つ芸能人として、大きなショックを受けた。

　主に昭和二十年代、多くのスターたちと同じようにブギの女王・笠置シヅ子も、さまざまな雑誌のグラビアに登場し、舞台・映画・地方巡業と目まぐるしく働いて手に入れた邸宅と、最愛の一人娘を披露した。その表情から、スターとしての貫禄や多くの同居人の生活を支える逞しさ、娘を愛する母親として笠置がいかに充実し、幸福を実感しているかが伝わってくる。だがこうした雑誌は庶民にとって、豊かに暮らすスターへの憧憬を膨らませる一方で、同時に自分たちの貧しさを実感させることにもなった。仮にそれを見てスターを妬む者がいたとしても、残念ながら不思議なことではなかったかもしれない。今では考えられないことだが、高級住宅地に住むスターたちの住所（中には生年月日や出身地、家族や同居人、お手伝いさん、ペットの名前まで）といった個人情報まで掲載された一部の娯楽雑誌は、数誌が競い合うように売り上げを伸ばした。興行会社は映画・ラジオ・レコード・雑誌などのあらゆるメディアを駆使して宣伝の相乗効果を上げた。これは今でいうメディアミックス戦略で、こうしたやり方は戦前からあり、戦後はさかんに行われた。昭和二十年代後半頃から、芸能人や金持ちを狙った身代金目的の脅迫・誘拐事件が起きている。それを当時の社会はどこかで、スターの〝有名税〟と考えていたふしが感じられる。卑劣な犯罪だが、経済成長の陰で日本はまだまだ貧しく、社会への反感を募らせる者が少なくなかったようだ。

笠置の事件の翌年、日本中を騒がせる事件が起きた。五五年七月十五日、人気絶頂期だったボードビリアンのトニー谷（一九一七〜八七）の長男（六歳）が誘拐されたのだ。身代金二百万円を要求する脅迫状が届き、「日本版リンドバーグ事件」とセンセーショナルに報じられた。二十一日に犯人が渋谷駅前へ金を受け取りに来たところを逮捕され、長男は無事保護された。三十七歳の犯人は動機を「人を小バカにしたようなトニー谷に反感を持った」と語り、メディアの一部は犯人に同情する。トニー谷は被害者であるにもかかわらず、

「占領下時代にへんな英語をしゃべって急に裕福になった成り上がり芸人」

という、なんとも理不尽な理由でマスコミからバッシングを受けたのである。以後、人気は急落し、トニー谷はメディア不信に陥る。彼がボードビリアンとして復活するのは一九六〇年代後半からだ。だが彼の心の痛手は深く、マスコミ嫌いは終生変わらなかった。

第五章「高いギャラはいりまへん」――大阪弁の東京タレント――

赤い靴

一九四八年イギリス映画『赤い靴』(マイケル・パウエル監督、モイラ・シアラー、アントン・ウォルブルック主演)は、五〇年に日本で公開され、たちまち大ヒットとなった。バレリーナが芸の道を全うするか愛に生きるか悩むというストーリーで、多くの女性たちを感動させた名作。名声を取るか女としての幸せを取るかという永遠のテーマだ。この映画の結末もそうだが、結局は、両方は無理ということか……。

一九五〇年春、笠置は新劇の名女優・田村秋子と雑誌で対談し、田村から「この間の『赤い靴』を御覧になりました?」と訊かれて、「ええ、三回も四回も」と答えた。田村が感動したシーンは映画の白眉で、「幕の中の激しさ、あれに打たれて涙がぽろぽろ出た」という。

抜擢された新人バレリーナ役のモイラ・シアラーが、劇中劇でアンデルセン原作の『赤

い靴』を十六分間踊る名シーンである。一方、笠置は、

「わたしはおしまいの、ストッキングが破れて、血のにじむのを見て涙が出ました」（『芸術新潮』一九五〇年七月号「舞台から観客へ」）

と答えた。絶頂と敗退、二人のこの答えは対照的だ。

当時の新劇界では文学座の看板女優・杉村春子が圧倒的な実力と人気で台頭し、大正末に創立された築地小劇場（その後、築地座）の看板女優だった田村秋子の時代は過ぎようとしていた。かつて田村に憧れて女優を目指した杉村は、昭和初期に築地小劇場の研究生を経て築地座の女優になった。やがて築地座が解散後の一九三七年には岸田国士が創立した文学座に所属した杉村に、田村は人気・実力ともに追い抜かれる。その田村が絶頂期のプリマが踊るシーンに感動し、一方、まだまだブギの女王として絶頂期にいた笠置は、主人公が〝赤い靴〟を脱いで死ぬラストシーンに感動して、二人はともに涙を流した。表現者として、まさに逆の立場を答えているようで興味深い。日々、多忙なスケジュールをマイペースで懸命に取り組んでいた笠置だが、この時すでに〝赤い靴〟を脱ぐときを予感していたようだ。この前年に美空ひばりという天才少女がデビューしていて、対談の直後、笠置とひばりは相次いで渡米した。一部のメディアが、新劇での田村と杉村、歌謡界での笠置とひばりの動向を対比し、シニカルに注視し始めていた頃と思われるが、『芸術新潮』という雑誌での十二ページにわたるこの対談は、互いにジャンルこそ違え、一世を風靡した二人の舞台人が自分たちの芸とは何かを真摯に語る、実に興味深い内容になっている。

舞台から舞台、レコード会社の録音スタジオから撮影所へと駆け巡るスターの座にいながら、笠置にはいつかは必ず〝赤い靴〟を脱ぐときが来る、という思いが頭の隅から離れなかった。モイラ・シアラーが赤い靴を脱ぐラストシーンに涙を流し、三回も四回も見た笠置の心情が汲み取れる。

戦前に東京帝大から三菱商事に入社し、その後に小林一三に認められて東宝に入社した秦豊吉（一八九二～一九五六）は、戦後、日本で最初のストリップショーを上演して成功した人物だ。帝劇社長、日劇社長、東宝社長となったが、演出家、興行家、エンターテイナープロデューサーとして、笠置シヅ子にも強い関心を持っていた。随筆家でもあった秦は自著に笠置のことをこう書いている。

「笠置の全身を貫く芸人魂、他人に負けずに驀進しようという魂は、はっきり芸人魂だ。これが舞台から見物に真っ向からぶつかってゆくから、一番先に丸の内の姐さん方がファンになって、花束を投げつけるという風景になった。世界の芸人で姐さん方が劇場に押し寄せて歓声を挙げるなんて例は、どこにもありはしない。（略）しかしどんな人でも芸は結局人柄である。一生ブギで通すわけにもゆくまい。残るものは、やはり芸術家としての力である。この力は、今の笠置の人気よりは、もう少し深いところにある。これだけの見上げた芸人魂が、芸術魂に磨かれてゆくことこそ、笠置の将来の問題であろう」（秦豊吉『藝人』）

これを書いたとき秦はすでに、エノケン・笠置コンビで開花し成功した敗戦直後の大衆喜劇界の次の手を打っていた。五一年二月、帝劇ミュージカル第一回コミックオペラ「モルガンお雪」の主演に宝塚歌劇団にいた越路吹雪（一九二四〜八〇）を抜擢したのだ。笠置より十歳年下の、歌って踊って演技もできる新しいスターの誕生だった。秦は自分が笠置に代わるスターを探し出しておきながら、芸人魂から芸術魂へ、ブギから脱皮せよ、などと笠置にエールも送っている。難しくて、冷たいように思えるが、なかなか深い言葉だ。冷たいのは移り気な芸能界や時代であって、人ではないのだろう。笠置がこれを読んだかどうかは不明だが、笠置はもはや近い将来、歌手を引退するときが来ることを意識していた。自分が不器用な芸人であることを最も認識し、自分に与えられた役柄は何かをよく知っていたから、自分がどうすべきかを常に模索していた。と同時に、笠置は芸術家であることよりも、芸人であることに誇りを持っていたと私は思う。

歌手廃業宣言

歌謡界では昭和二十年代後半にブギが下火になり、世界的ブームとなったマンボが日本でも大流行すると、いろんな歌手がマンボの曲を歌った。笠置も五五年に「ジャンケン・マンボ」「エッサッサ・マンボ」（ともに服部良一作曲）を吹き込んでいる。だが、ブギの女王・笠置のマンボは注目されなかった。ヒットしたのは美空ひばりの「お祭りマンボ」（五二年）や江利チエミの「パパはマンボがお好き」（五五年）、雪村いづみの「マンボ・

イタリアーノ」（五五年）だった。時代はすでに三人娘の全盛期となる。一九五六年にはキューバからペレス・プラードが来日している。レコード業界も技術革新が進み、それまでのSP盤からLPやEPシングル盤に切り替わる。

五六年一月、日劇「ゴールデン・パレード」。三月、日劇「たよりにしてまっせ」（主演はミヤコ蝶々、南都雄二）の公演を終えた後、突然、笠置は舞台活動を停止した。実はこの五六年は笠置シヅ子の謎の年で、それまでから一転して活動が激減し、空白の一年といってもいい。笠置の活動を前年までは追えたが、五六年の彼女の資料がそれまでより極端に少ないのである。ラジオ出演や雑誌のインタビュー記事がいくつかあるが、舞台や映画などの活動をほとんどしていないと思われる。五六年春、「ジャジャンボ」「たよりにしてまっせ」の二曲を吹き込み、これが笠置の最後のレコードとなった。十二月三十一日、第七回NHK紅白歌合戦に出場して大トリを務め、「ヘイヘイブギー」を歌う。そしてこれが〝ブギの女王の花道〟を飾るものとなった。この年のいつの時期かは不明だが、笠置は歌手を辞める決意をしたのではないかと思われる。笠置は後に、「それまで『歌う喜劇女優』として望外の知遇を得たが二足のわらじを履くことを断念した」と述懐している。そう割り切るまでには苦悩もあったと正直に述べていて、それがちょうどこの年だったことになる。

五七年早々、笠置は「歌手を廃業し、これからは女優業に専念したい」と公表した。五六年の空白の謎が、これで氷解した。

歌手廃業の理由を笠置ははっきりとこう述べている。

「自分が最も輝いた時代をそのままに残したい。それを自分の手で汚すことはできない」

いかにも自分に厳しい笠置らしい理由だ。一度こうと決めたら切り替えは早く、しかも頑固だ。その発言どおり、ブギの女王・笠置シヅ子はスポットライトから静かにフェードアウトした。歌手廃業の理由を笠置は後年、自分が太ってきて踊れなくなったからだと述べている。笠置の声は肉体と一体であり、笠置の歌は踊りと切り離せない。踊れなくなると、「歌って踊るブギの女王・笠置シヅ子」ではなくなる。自分に厳しい笠置はそう考えたのだろう。私は〝踊る笠置シヅ子〟を知らない世代の一人だが、四八年の映画『春爛漫狸祭』のフィナーレで踊る笠置の脚が、あまりに高く上がるのを見て驚いた。しかも体形はスリムである。このシーンで彼女がレビューダンサーだったことを改めて思い知らされた。この時の笠置は三十四歳だったから、戦前の二十代ではもっと高く上がっていたかもしれない。だから五〇年代半ばになり、四十歳を過ぎた笠置が引退を考えた気持ちは理解できないこともない。もはや自分のあとを追いかけるスターたちのはじけるような若さには勝てないと気づき、歌って踊る歌手としての限界を悟ったのだ。この頃、巷ではロカビリーが爆音のように流行の兆しを見せていた。笠置は背中で、容赦なく新しいスターを次々と登場させる時代の厳しさを感じていたのではないだろうか。

五七年大晦日の第八回NHK紅白歌合戦では、前年の大トリだった笠置に代わって、出場二回目で二十歳の美空ひばりが女性陣のトリを務めたのは象徴的だ。その陰で、時代に捨てられる前に自分から身を引き、ファンに惜しまれながらスパッとやめてしまうスター、笠置シヅ子。なんてかっこいいんだろうと思う反面、たとえ太って踊れなくても、少々声が出なくても、皺や白髪も含めて、容姿の履歴もまたスターの勲章だ。〝ブルースの女王〟のように、中高年になって貫禄たっぷりの〝ブギの女王〟もいいではないか。ステージに現れるその存在だけで聴衆には懐かしく、嬉しいという思いがある。笠置シヅ子の歌は笠置シヅ子が歌ってこそ価値があるのだ。潔く颯爽と消えて行こうとする本人の固い意志と、いつまでも歌ってほしいというファンの願い……。その両方の思いがせめぎあい、今でも人々の心に揺れ動く。おそらくスター自身にも、年月を経ると同時に、スターの座に留まるべきか否かの深い葛藤があるに違いない。だが、笠置には笠置の美学があった。表現者として不可欠な挑戦意欲、緊張感やある種の烈しさが、年月とともに穏やかで円熟したものへと転化していくのは自然なことなのかもしれない。それもまた前向きだ。

笠置は映画会社やテレビ局を訪れ、

「これまでの歌手・笠置シヅ子の高いギャラはいりません。これからは新人女優のギャラで使ってください」

と挨拶して回った。ギャラのランクを上げてくれというのではなく、自ら下げてくれと頼んだ芸人はみたことがない、と業界では評判になった。人気というのは泡みたいなものだと、笠置は知っていた。スターの座や過去の栄光にすがることなく常に前向きで、溌剌とした笠置の姿が目に浮かぶ。そしてこれを機に、戦前から〝笠置シズ子〟と表記されて

ラジオ東京テレビ連続ドラマ「雨だれ母さん」の台本を手にする笠置シヅ子。左は監督の五所平之助。1957 年。

いた芸名を廃し、女優・タレント〝笠置シヅ子〟としての新たな船出となった。この年から、ラジオ東京テレビ連続ドラマ「雨だれ母さん」（五所平之助監督）などのドラマやラジオ番組に出演する。

それまで歌う女優として舞台に映画にと活躍していた笠置が、歌手を廃業した理由をこう述べている。何事も一途に努力する笠置の、生一本な性格がよく表れている。

「歌える女優として望外の知遇を得ましたが、民放ラジオの各局からドラマ出演の交渉を受けるようになったのを機会に、二足のわらじを履くことを断念しました。（略）三十四歳でブギウギに挑戦し、四十歳をすぎてドラマを克服しなければならない〝老いたる戦後派〟です。もともと一本気の私なのですから、〝なんでも屋〟になりきれるわけがありませんもの」（『婦人公論』一九六六年八月号「ブギウギから二十年」）

笠置が女優業に転身してすぐの頃、南原繁が笠置の出演するテレビ局のスタジオを訪問したという話を、私は南原の長男・南原実さん（東大名誉教授、一九三〇～二〇一三）から直接伺った。

「昭和三十年頃、父から、笠置さんが母親役で出演しているホームドラマのテレビスタジオを見学してきた、と聞いたことがあります」

と実さんは語る。そのとき実さんは二十代後半だったという。南原は五一年十二月に二期目の東大総長を任期満了で辞任し、以後は著作と講演活動で多忙な日々を送っていて、〝昭和三十年頃〟は南原が六十代後半ということになる。笠置は一九六一年から四年間、フジテレビの「台風家族」でも母親役を演じているが、時期から考えて、その前のラジオ東京テレビ（現在のＴＢＳ）の「雨だれ母さん」のときで、南原が見学した時期はずばり五七年か五八年だと考えられる。二人が五一年に初めて会って以来、笠置は南原を父のように慕ってきたが、互いに多忙でなかなか会う機会がなかった。このとき笠置が南原をスタジオに誘ったのではないだろうか。

笠置が歌手を廃業して女優に転身した当時、

「笠置さんはズルイ。目先を利かせて、うまいこと看板を塗り変えたわね」

と言われたと、後に笠置は雑誌の手記に書いている（言った人物の名前は書かれていない）。笠置に面と向かってそんな〝皮肉めいた冗談〟を言える人物は、淡谷のり子以外にはいない。やがてその人物はこうも言っている。

「すっかり〝お母さん女優〟がイタについたわね。案外やるじゃないの」

そんな〝ゴマをすられて〟、笠置は「襟すじをムズムズさせております」と書き、ユーモアでお返ししている。笠置と七歳年上の〝ブルースの女王〟淡谷のり子は、ともに服部良一に〝女王〟として世に送り出された先輩後輩の関係である。この先輩は実に逞しく生活力が旺盛で、人を見る目が鋭く毒舌家だった一方で、何事にも裏表がなく姉御肌という人徳もあり、戦後は〝歌謡界のご意見番〟として存在感を増していく。

淡谷は笠置が戦後〝ブギの女王〟となってから、マスコミで堂々と笠置の批評・批判を繰り返した。その一つ、「東京ブギウギ」が大ヒットした一九四八年一月、週刊誌で淡谷が笠置をこう評している。

「最近人気が湧き、自分でも〝日本一〟のつもりでいるようですが、未だ苦しそうで、日本人の誤ったジャズ観が、あの人を台なしにしてしまうような気がします。私と合舞台で邦楽座ではじめて一本立ちでデビューしたころのあの人がなつかしく思われます」（『週刊朝日』一九四八年一月十八日号「笠置シヅ子　流行歌手」）

この〝合舞台〟というのは、四一年に笠置がSGDを退団後、独立してすぐに服部良一の計らいで淡谷と笠置が邦楽座で上演した「タンゴ・ジャズ合戦」を指している。タンゴを淡谷、ジャズを笠置が歌ったのだろう。淡谷はそれを懐かしく思い出し、先輩歌手として後輩の声を心配しているようだが、それにしてはちょっとイヤミだ。記事ではこの淡谷のコメントに続き、服部良一が笠置をこう評しているのが面白い。

「地声そのままの歌い方は、とかくの批評もあるが〝日本的〟という但し書きつきで、やはりジャズシンガーの第一人者だろう。弟子としても、実にかわいい。ぼくの歌だけしか歌わぬところなど、当否は別として、うれしい」(同)

服部は笠置を手放しで擁護しているのだ。ここは淡谷の完敗である。

服部が自分よりも笠置を可愛がっていたのは百も承知だったのか、淡谷は態度を変えず、批評はエスカレートする。笠置の歌を「どうにも聞いていられないときがある」と言い、「それは彼女の不自然な発声法とオーヴァーすぎるゼスチュアと、不必要にドナリたてる大きな声から受けるもの」であり、「歌を勉強したものにとっては、恐ろしささえ感じます」と、一九五〇年五月二十一日付『朝日新聞』の芸能欄記事に書く。自分は音楽学校でちゃんとした発声法を勉強したが、笠置はそうではない、だから心配だというのだ。「上京したころの彼女の歌い方には、一種の非常に好感のもてる特徴があり、そのまま伸びてゆけば実にいい歌手になれると思いました」(同)。戦前と戦後の笠置がどう違うのか不明だが、売れっ子になった今は好感が持てないと淡谷は言う。結局、自分たち戦前派の歌手は、若い戦後派の歌手に道を譲れとも書いている。「最近多くの人たちから聞くこと」と念を押しているところをみると、この前年にデビューした美空ひばりと笠置との確執の噂を指しているのは間違いない。淡谷は最後にこう止めを刺す。

「はなやかな生活が出来る時は、だれでも大切にされますが、もし人気を失ったとき相手にされなくならないように心掛けて、素直な気もちをもってほしいと思います。いま人気のある彼女のためにも憎まれ口を一くさり」（同）

娘の亀井ヱイ子さんはこう証言している。

「母と淡谷さんは晩年になっても親交がありました。家へも時々来られて、そのたびに私は淡谷さんから、お母さんに感謝しなさいよ、と言われました」

淡谷は笠置がいかに娘を愛していたか、身近に接して知っていたのだろう。淡谷のり子と笠置シヅ子はおそらく互いの性格を知り尽くし、ともに戦前戦後を生き抜いた先輩・後輩歌手として〝盟友〟だったのかもしれない。

人形遣いと人形

「段々高い声が出にくくなって来たので、よく音程を下げて楽譜を書き直ししていた事はあったが、これは年を取れば当然の事で、誰でも歌手ならやっている事である。しかし彼女の場合は或る日突然歌を止めてしまったので驚いた。はたから見た限りでは全然変わらないのに、彼女は自分自身の限界をさとってしまったのか、（略）常に妥協を許さないきびしい人で、うっかり冗談もいえない人だったが、ほとんど最盛期といってもよい時期に、ファンに最高の思い出を残して音の世界から消えてしまったのである。全く美事というほかはない」（『文藝春秋』一九八五年六月号、「回想の笠置シヅ子」より）

これは八五年三月の笠置の死の直後、服部良一が愛弟子を回想して月刊誌に書いた手記の一部である。五七年の笠置の歌手廃業宣言をマスコミや周囲の人々は、最盛期の歌手がファンに最高の思い出を残して去って行ったと、その潔さを称えた。高峰秀子も自伝で〝小気味のいいほど見事な引退ぶり、見習いたい〟と書いたほどだ。服部もこの手記では笠置の歌手引退を〝美事な引き際〟としている。だが笠置が歌手を引退した五六、五七年当時、肝心の服部がどう思ったのかがわからない。戦前に笠置を見出し、戦後〝ブギの女王〟に育てた師匠として、愛弟子の突然の〝宣言〟を実際のところはどう受け止めたのだろう。その資料が見当たらない。〝驚いた〟と手記に書いているから唐突で残念に思ったことは想像できるが、そのとき服部がそれを聞いて笠置になんと言ったのか。笠置にねぎらいの言葉でもかけたのだろうか。

私は先日、作曲家の服部克久さん（一九三六〜、服部良一の長男）にお会いしてそのことを尋ねてみた。すると意外な答えが返ってきた。

「おやじさんは怒りましたよ。俺の作った歌を葬り去るつもりか、と。たしかにブギは笠置さんのために書いた。でもそれは彼女一人のものではない。服部良一にも相談せず、笠置さんは勝手にやめた。作曲家は歌手が歌ってくれないと、せっかく作った歌がこの世から消えてしまうことになる。もう踊れないからなんて、言い訳にはなりません。歌手は声が出る限り、死ぬまで歌い続けないといけないんです」

この言葉に私は一瞬ハッとした。まさに〝目からウロコ〟だった。そうなのだ、選ばれた表現者は死ぬまで〝赤い靴〟を脱いではいけないのだ、と。杉村春子も美空ひばりも淡谷のり子もみんなそうだったように。笠置が絶頂期、田村秋子との雑誌の対談で、映画『赤い靴』の主人公が死ぬラストシーンに感動して涙を流したことを私は思い出した。服部克久さんの言葉を「意外」と思った反面、正直なところ私はどこかで、そうではないかという予感もあった。笠置が歌手を廃業すると公表した当時の服部のコメントが、まったくないというのはおかしいと思ったからだ。

服部の怒りも、わからないではない。これまでに二度、笠置は服部の手から離れようとしたことがあった。一九三九年に笠置が益田貞信の誘いでSGDから東宝へ引き抜かれようとしたとき、服部は前面に立って笠置を奪い返した。四七年には笠置が吉本頴右との結婚を約束して芸能界引退を決心したが、頴右の死で果たせず、笠置は出産後に再起の曲を書いてくれと服部に頼んだ。結局、二度とも笠置は服部のもとに帰ってきたのだ。それなのに、今度はなんの連絡もなしに笠置は勝手に歌手を引退してしまった。そんな弟子に対する師匠の、やり場のない怒りが爆発するのは当然だろう。

服部は後年、「私は笠置君というバイタリティー豊かな歌手がいたからこそブギの曲が書けたわけであり、また私がいたからこそ彼女もブギが歌えたわけだ」と語っている。一方、笠置は服部との関係を、

「人形遣いと人形、浄瑠璃の太夫と三味線のように切っても切れない関係」

と自伝『歌う自画像』に書いている。服部にとって笠置は創造の泉、笠置にとって服部

は道を拓いてくれた恩師。だが互いの才能に惚れ合った関係にも、幾多の葛藤があったに違いない。とくに戦後、ブギが爆発的にヒットして笠置は時代の寵児になるが、服部はあまりにも売れっ子になった〝笠置のブギ〟に当惑するのである。服部が生み出したブギとは別に、笠置のバイタリティーあふれるボディーアクションの魅力に人々が熱狂したのだ。笠置の魅力はそこにあると知りながら、ブギウギ本来の音楽性からはみ出していると服部は苛立つようになり、音楽家として自分が生み出したブギに悩み、スランプに陥っていく。真摯な表現者ほどぶつかる道かもしれない。まるで一心同体のような〝人形遣いと人形〟とはいえ、いつかは表現者として別の美学、別の道が生じるのは避けられないものなのだ。どうやら服部が笠置の歌手引退を〝美事な引き際〟と思えるようになるまでには、長い時間が必要だった。

服部は四七年に笠置のために「東京ブギウギ」を作曲し、それが図らずも爆発的に流行し、四八年に笠置が一躍ブギの女王になって、服部もやっと二人の音楽が受け入れられる時代の到来を喜んだ。やがて老人から子どもまで猫も杓子もブギウギと、ブギの意味もわからず歌うようになっていく。むろん二人はそんな現象になるとは想像もしていなかった。二年も経たないうちに服部はそんなブギブームに違和感さえ持つようになる。作曲家としての自分と、歌手としての笠置の人気に微妙なズレを感じ取り、笠置にブギ以外の曲を歌わせようとするが、もはや客のほうが承知しない。服部の苛立ちは本来のブギウギを理解しない世間へも向けられ、その思いは数年で爆発する。

「私自身は笠置シズ子が適当なブギ歌手とは思っていないのである。ステージの上で、必要以上のアクションで飛び回って歌う笠置シズ子には閉口するのである。それは笠置の持つステージの魅力であって、ブギの持つ魅力ではない。（略）新聞や雑誌は、ブギの女王と言ったり笠置のブギと誇大広告のように書き立てているが、これは笠置のもつあの迫力や、大胆なステージ振りに幻惑されているのである。時々私自身もゴッチャになってわからなくなることもあるが私は常に、笠置がリズムに対するより良き理解と反省を持つ事を祈っている」（『文藝春秋　花見読本』春の増刊　一九五〇年三月号より「ブギウギ誕生」）

服部がこう書いたのは、まだまだ日本中でブギウギが流行している最中だった。服部はここで、「東京ブギウギ」だけが一番ブギらしい要素を持っているとし、そのあと自分が次々と書いた笠置のブギはそこから逸脱しているというのである。そのまま自分が〝正調ブギ〟を作曲し続けていたら、子どもまで歌うというようなブギの大衆化は見られなかっただろうと嘆く服部。その上、師として弟子に反省を迫る。

「ブギの笠置、笠置のブギと騒がれたところに日本のブギの宿命があるように思われる。笠置シズ子の舞台を見て或る人は『ブギって面白い』と感嘆し、或る者は『ブギはやけくそ節である』と、のたまうのである」（同）

と、書かずにはいられない服部。歌って踊る笠置が〝見せる歌〟を歌う最もふさわしい歌手であると理解しながら、苛立ちを隠せないもう一人の服部。だが、今のブギは自分の求めるブギではないといくら服部が叫んでも、服部のブギは笠置のブギとなって日本中を席巻していく。面白くて、やけくそ節で、浮かれ調子で、歌って踊って、何もかも忘れて元気を取り戻そう……、流行歌とはそういうものであり、人々に愛され、老人も子どもも歌いやすいように、思い思いに歌い継がれていく。そうしたブギの大衆化はまぎれもなく敗戦後の日本人に必要だったのであり、服部の言うようにまさに宿命だったのだ。服部の苛立ちは、自分から笠置を奪おうとする大衆への苛立ちであり、そんな大衆から支持されるスター・笠置への嫉妬のように思えなくもない。

この時期、笠置は歌以外に喜劇女優としての道が開けていったことが、ブギ歌手としては逆に苦しみでもあった。世間は「服部良一のスランプ」と見て新聞雑誌はそう書き立てたりもしたが、服部の苛立ちや怒りを笠置は弟子として黙って見ているほかはなかった。服部が自らの音楽に悩み、ブギが衰退していっても、笠置は服部から離れず、二人の師弟関係が壊れることはなかった。笠置が新聞のインタビューに答えた記事がある。

「ブギが古いといわれるのは心外や」と笠置シヅ子が憤然と語る。「(略) ただひところあまりに大きく広がりすぎたもんやさかい、ブギの時代が去ったなんていわれるのや。ブギはモダン・ミュージックの一つとして絶対に残ります」……新しい歌を開拓したらどうですか。「歌ばかりでなく映画でも冒険したいのやけどさせてくれません。何しろお正月向きのめでたい顔やさかい出てくるだけでお客はゲラゲラ笑う。たまに二枚目の歌をうたいたい思うて〝ラブレター〟みたいなスローのものを歌ってもパチッとも手が鳴らん。私が出ると明るいというのは喜びでもあり悲しみでもあるわね」……人気は幾分下火になったけど、依然としてひっぱりだこで、正月の日劇公演に引き続き大映映画「生き残った弁天様」に主演中でこれが終ると二月は大阪劇場、三月は帝劇出演といったぐあいに相変わらず〝カセギシヅ子〟で忙しい。

（『東京新聞』一九五二年一月十八日「話題の人」）

五三年、新聞は服部と笠置のスランプ、マンネリズムに注目し、服部はインタビューにこう答えている。

「ボクにしても笠置君にしてもやはり波がある。ことに終戦直後の混乱した時代にブギがあまりに大きくクローズアップされすぎただけに、世間はブギのあとに何かまたやるだろうと期待を大きくする。大変ありがたいことだがボクとしてもつらい。しかし期待にこたえなければいけないとは思っています。ただボクは高からず低からず中間をゆきたいし、もっと多角的に進みたいと思って苦しんでいる、とはいえ笠置君は可愛いので、なんとかしてもう一度人気者にしたい」（『東京新聞』一九五三年一月十九日）

常に時代と大衆を意識していた服部は一九五五年の週刊誌でこうも述べている。

「流行歌のむずかしさは、大衆の好むところにピントを合わすことのむずかしさです。この大衆という主体は常に動き、流れていて、一刻も停滞していない。作曲家はその大衆の流れにつれて、はやからずおそからず、また、低からず高からず、いつも巧みに歩調を合わせて行かなければならない」(『週刊　娯楽よみうり』一九五五年十二月十六日号、「師弟物語第六回　服部良一と笠置シヅ子」より)

〝大衆の好むところにピントを合わす〟、流行歌王・服部良一の真髄がここにある。

そもそも服部良一と笠置シヅ子は似たもの同士と言っていい。大阪の下町育ちで苦労人。〝面食い〟でユーモアがあって一途で頑固。涙もろくて古風な面と、合理的で新しいもの好きでモダンな面が融合していた。そんな二人を運命が引き合わせたのだ。ともに精進し、そして戦後はともに時代の寵児になり、スランプもともに耐え、悩み、師弟として生涯、苦楽を共にしたのである。おそらく二人の心の隅に、互いを誰よりも知っているという自負があっただろう。

笠置は、服部が自分に期待しているものを十分理解していた。笠置シヅ子の歌は歌だけではなく個性も踊りも演技も生き方もすべて含めたエンターテイナー・笠置シヅ子としての魅力であることを。もしもその中の一つでも欠ければ、笠置シヅ子は〝ブギの女王〟ではなくなる。服部もそのことを十分理解していたはずなのに、笠置のブギに苛立ち、〝ブギブーム〟なるものに我慢ならなかった。そして突然、自分に相談なく歌手廃業宣言した笠置に服部は怒りを爆発させた。だがブギの女王として〝見せる歌〟を完璧に歌いたいとする自分自身に厳しい笠置シヅ子は、「たとえ踊れなくなっても、歌手は死ぬまで歌わないといけない」という意味の歌手ではないことを、服部良一は誰よりもわかっていたはずである。作曲家と歌手の、音楽を追求する美学のズレ。服部はそれをわかっていたからこそ、笠置の死後、〝美事な引き際〟という言葉を捧げたのだ。服部は生涯に三千五百曲余りを作曲し、歌手にも恵まれたが、笠置は生涯、ほとんど服部の作曲した歌だけを歌った。二人の関係を振り返ってみると、服部良一は作曲家として笠置シヅ子という一人の歌手を戦中・戦後にわたって十九年間（一九三八年のSGDでの出会いから一九五七年の歌手廃業まで）、ほぼ独占したことになる。日本の音楽史の中でこのような例があるのかどうか私にはわからない。中山晋平と佐藤千夜子の師弟関係とは、似ているようだが違うような気もする（日本最初の流行歌手・佐藤の晩年はあまりに寂しいものだったようで、そこは笠置と異なる）。

作曲家として自らが追求する音楽と、時代が求める音楽のズレに悩みながらも、〝流行歌王〟と言われた服部良一が、流行歌というものがいかにその時代と大衆から生まれるものであるかを知っていたと思えるエピソードがある。「東京ブギウギ」の翌年の四八年秋、ブギが大ヒットして笠置が大阪の梅田劇場に出演していたとき、指揮者の服部は大阪から京都へ向かう電車の中で「青い山脈」のメロディーがひらめいた。東宝のプロデューサー・藤本真澄から、朝日新聞連載小説『青い山脈』（石坂洋次郎原作）の映画主題歌として依頼され、期日が迫っていたのだ。電車の中は買い出しや闇屋の人々でごった返していた。服部が手帳を取り出して頭に浮かんだメロディーを楽譜代わりに数字で書き並べると、それを覗いた周囲の男たちは、闇屋が儲けの金を計算しているのだろうとニヤニヤ笑った。後日、服部はでき上がった曲を東宝のダビング室でタクトを振ったとき、監督の今井正が怒って出て行った。だが藤本はこの曲を気に入った。今井は後にこう語っている。
「あの音楽がきらいでしてねえ。ぼくは、ルネ・クレールの『巴里祭』のような音楽が欲しかったんだ。ところが、あれでしょう。西條八十さんの歌詞も服部さんの曲もあか抜けていない。いまでもあの音楽はきらいですよ」（朝日選書『戦後芸能史物語』朝日新聞学芸部　朝日新聞社）
さすが左翼インテリの今井である。時代の変革を意識し、イタリア映画のリアリズムとフランス映画の洒落たヒューマニズムを映画に取り入れたかったのだろう。その気持ちはよくわかる。だが、藤本は今井とは違っていた。あくまで敗戦後の大衆娯楽映画を作ろうと思っていたのだ。そもそも島崎雪子先生役が原節子で、芸者の梅太郎役が木暮実千代なのである。戦後間もない日本の田舎に、あんなにあか抜けた超美人がいるわけがないではないか。キャスティングにも今井は少々不満だったようで、梅太郎に木暮実千代ではなく杉村春子を推していたという。たしかに杉村春子のほうが、リアリティーがあるだろう。だが当時の大衆が求めていたのはリアリズムではない。
服部は後にこう語っている。
「あれは軍歌の名残ですね」（同）
この言葉が、私はスコブル意外だった。服部が日中戦争に報道班員として従軍したのは中国メロディーを勉強するのが目的で、戦意高揚の軍歌を作曲するのはあまり好きではなかった。中国戦線にいて戦争の現場を肌で知っていたはずの服部が、戦後になって、しかも平和を謳うテーマの映画の中で、軍歌的な要素を取り入れたというのである。リベラルな小説「青い山脈」と軍歌、この二つはどう考えても不釣合いである。服部はこうも言っている。

「(戦地は) 兵隊さんがみんなで歌えるような行進曲風の歌ばかりでした。あの感じがそのまま『青い山脈』のテンポに流れ込んでいます」(同)

考えてみれば、戦争が終わったといってもまだ三、四年しか経っていない。音楽にしても、「巴里祭」をはじめ、シャンソンが大衆の間で流行るのは昭和三十年代の高度成長期になってからだ。藤本も服部も、食料を求めて東奔西走する買い出し列車や焼け跡マーケットの人々を、よく知っていたのだ。藤本の思惑通り映画はヒットし、服部の曲は戦後の名曲となった。服部が感じ取ったように、疲弊して戦地を歩く〝兵隊さん〟と、敗戦後の大衆はどこか似ていた。両者がともに求めていたのは元気が出る歌である。戦争が終わったといっても、空襲がないだけのことだ。彼らにとっては戦前と戦後はつながっていて、大衆はそう簡単に〝あか抜け〟たりはしないのだ。そういえば「軍艦マーチ」が戦後に大衆の間でもう一度〝流行〟し、それもパチンコ屋の中だった。

服部と笠置の師弟関係に、もう少しこだわってみたい。

「東京ブギウギ」と「買物ブギー」は戦後の大ヒット曲だが、笠置の歌の中で私が最も好きな歌は、デビュー曲の「ラッパと娘」である。戦前和製ジャズの名曲で、笠置がジャズ歌手だったことを証明している。私が知っている中で、スキャットが入っている最も古い歌だ。

楽しいお方も　悲しいお方も　誰でも好きなその歌は
バドジズ　デジドダー　この歌うたえば　なぜかひとりでに
だれでもみんな浮かれ出す　バドジズ　デジドダー
トランペット鳴らして　スイングだしてあふれば
すてきに愉快な甘いメロディー　ラララララ…
ダドジバジドダダー　ドジダジデジドダー

（服部良一作詩作曲、一九三九年）

これを聴いていて、私はふと思った。服部と笠置は大正デモクラシーと昭和モダニズムの洗礼を受けた世代である。いわゆる〝モボとモガ〟だ。昭和ヒトケタ生まれの〝戦中派〟世代のように生まれたときから戦争があった世代とは異なり、その前の、文化的に豊かな時代を知っている世代だ。いわば彼らには、戦前と戦後の二つの黄金時代があったのだ。それに気づけば、服部と笠置の濃密な師弟時代は、二人が時代の寵児になった戦後のブギブームではなく、本当は戦前のモダンなジャズ時代にあったのだということがやっとわかった。若くて野心と希望にあふれていたこの短い時代が二人にあったからこそ、四十歳を過ぎた笠置は歌手を辞めてなんの悔いもなかったのではないか、と。本当に、ブギの女王なんか、なんの未練もなかっただろう……、私にはそう思える。

服部は笠置の、全身でリズミカルにスヰングする声で、自分のジャズを作りたかった。そして笠置のために作曲したのが、この「ラッパと娘」だった。三九年七月、帝国劇場でのＳＧＤ公演「グリーン・シャドウ」の舞台で使われ、斉藤広義のトランペットの掛け合いで笠置が歌って大評判となったが、これは日本ジャズ史の傑作といわれている。今日、ほとんど忘れられているのがとても残念だ。

それまで注目されていたとはいえ、〝ワンサ〟（レビューガールの一人）にすぎなかった笠置は服部に見出されて厳しいレッスンを受け、コロムビア専属歌手になった。地声で歌うように指示されてのどを潰したが、「ラッパと娘」で笠置は「日本のマーサ・レイ」と言われて注目を浴び、評論家から絶賛され、服部の薫陶に報いることができた。ブギの女王と呼ばれるようになった戦後の黄金時代よりも、もしかしたらスヰングの女王と呼ばれたこの時代が笠置にとってははるかに輝かしいものだったに違いない。戦後、服部がブギブームの裏でスランプに陥ったとき、笠置はスランプを師とともにして他の作曲家を求めることはなかったし、やがてあっさり歌手を辞めると、以後決して歌うことなく、懐メロブームにもかたくなにカムバックしなかった。

服部は笠置に終生、自分の歌を歌って欲しいと願ったが、笠置はスターの座に未練はなかった。カムバックの要請にも、「私なんかがのこのこ出て行ったら、今の歌手はダメだということになるじゃないの」と答えている。笠置は本当に、歌うことにまったく心残りはなかったのだろうか。それが私にはどうしても謎だったのだが、「ラッパと娘」を一人夜中に聴いているとき、その謎がなんとなく解けたような気がした。最も輝いていたときの運命的な出会いと精進の日々が、人生のかけがえのない宝物ではないかと私は気がついたのだ。一九三八年に服部と出会い、歌手としてレコードデビューしてSGDのスターになった三年間が、笠置シヅ子の〝ベルエポック〟だったのではないか。笠置を一躍時代の寵児にしたブギよりも、若き日に夢中で薫陶を受けたジャズ、それは心の奥で枯れることのない花であり、誇りだっただろう。師とともに苦しさを経てこそ得られる創造する喜び、胸が震えるような思い、弟子はそれだけでも生きていける。

昭和の流行歌王・服部良一とブギの女王・笠置シヅ子、この師弟関係はさまざまな意味でとても興味深い。二人は一時代を築いた名コンビであり、他を以って代えがたいパートナーだった。互いの性格も私生活もすべて知りながら、どんなときも二人だけの音楽を作るという目的を失わなかった。ドラマティックでドラスティック、クリエイティブでビジネスライク。浪花節的で江戸っ子的。二人の間を結ぶ糸には、恋人とか夫婦を超越した、単なる愛しさとか憎らしさという言葉では説明がつかない、言わばつかず離れず、危うさや反発・嫉妬といったものさえ突き抜けた感情が流れていたに違いない。馴れ合いになることなく常に緊張感を忘れなかったからこそ、互いにかけがえのない相手としての敬愛の

服部良一と笠置シヅ子。1950 年。（亀井ヱイ子氏所蔵）

念、ゆるぎない信頼を持ち続けることができたのである。笠置が自分の歌の限界を感じ、どのように着地させるかという芸に対する価値観が服部とは違っていたにせよ、創造の苦しみも成功の喜びも分かち合ったこの二人は、出会ってから笠置の死までの四十七年間「男女の師弟関係」というものを貫いた、きわめて稀有な関係だった。

自分の一部

服部良一と笠置シヅ子は戦前から師弟関係にあったが、とくに戦後ブギがヒットして服部家が最も華やかな時代、服部家と笠置家は家族ぐるみの付き合いだった。とくに戦後すぐ、笠置が空襲で焼け出されてから一時期、服部の家に同居していた。笠置が巡業に出るとき、まだ幼い娘のヱイ子を服部家に預けて行ったこともある。亀井ヱイ子さんは服部克久さん（一九三六〜二〇二〇）のことを「お兄ちゃん」と呼び、笠置は克久さんのことを「坊や」と呼んだ。笠置にとっては師匠の息子だが、自分の息子みたいなものだったのでしょう、とヱイ子さんは言う。一方、服部克久さんはこう言って笑う。

「僕にとって笠置さんは、親戚の口うるさいおばさん」

彼に笠置の思い出を尋ねると、小学校のときからいつも怒られたことがまず浮かぶという。

「とにかくうるさかったね。行儀・作法にやかましい人。きれい好きだったから、掃除のことでお手伝いさんをよく叱っていたよ。笠置さんはなんでも思ったことをズバッと言う。でも、正しいんだな。だから嫌う人も多かったかもしれないね。そういう人はなかなかいない。あったかい人だったね。今思えば懐かしい」

ではは服部良一にとって笠置シヅ子は、一体どんな存在だったのだろう。

「家族か身内みたいなものでしょう。うーん、おやじさんにとっては、もしかしたら自分の一部なのかなあ……」

この、〝自分の一部〟という克久さんの言葉が、私の胸に響いた。ああ、やっぱりそうだったのか……と私は思った。たしかにこの言葉どおり、服部良一と笠置シヅ子の間には、二人だけの音楽を築いたという暗黙の信頼関係と、二人がいつどこで誰と何をしようと、心のどこかで互いにすべてがわかっているという深い絆があったのだ。あくまで師弟関係としてのものだと思われるが、そうした関係を、互いに相手を「自分の一部」と言い換えていいのかもしれない。

「おやじさんの頭にはいつも音楽のことしかないから、歌手はみな素材。素材として笠置さんは最高に面白かったのでしょう。『ひばり（美空）はうますぎて面白くない』とよく言っていました。歌手は不器用なほうがいい。だから表現の方法を精一杯努力する。おやじのレッスンは厳しくて、笠置さんは舞台を終えて何も食べずに来て、なにか食べさせてくれと言っても、おやじがダメだと言って食べさせなかったからね。それでも（レッスンを）やってましたよ、おやじがいいと言うまで。その点、ひばりさんはなんでも器用に歌ってしまう。そりゃあ作曲家にとっては、笠置シヅ子のほうがいい。今のスターにはいないね、ああいう人は。二人の関係ねえ……。うーん、まあ、いい師弟関係だね、一口に言えば。おふくろさんが笠置さんに焼きもちを焼いたかどうか僕は知らないけど、それはなかったんじゃないかな？……。だって、おやじさんの女性の好みはものすごい美人だからね（笑）。木暮実千代さんや山田五十鈴さんみたいな妖艶な人」

そのことは服部の自伝にも出てくる。その点は笠置も同じで、若い頃から一貫して、二枚目でハンサムで色男が好みだった。雑誌の対談相手になぜ再婚しないのかと何度も訊かれていて、吉本頴右が美男子だったのでなかなか再婚できない、と語っている。師弟ともに自分が〝面食い〟だったことを公言していた。

〝流行歌王〟との異名を取った服部良一は好奇心旺盛で、常に人々が何を欲しているかを考え、時代と人間をよく観察した。日本人の多くが詩に重きを置く風潮の中で、歌においては詩人の書く歌詞よりも作曲家が作る曲（リズム）のほうにより魅力を感じさせ、向上させた功労者は服部良一だといわれている。彼のもとには歌手や作曲家の卵といった、多くの人材が集まった。服部良一の甥（良一の姉・きく枝の息子）で、克久の従兄弟の水谷良一さん（一九二七〜）もその一人だ。現在もテレビの歌番組などで活躍する現役作曲家で、笠置とも交流のあった水谷さんにも同席していただき、話を伺った。

「僕は大阪で育って学生時代は京都、それから音楽をめざして上京しました。僕が初めて笠置さんに会ったのは戦後間もない頃、大阪の十三での実演だったと思います。僕はまだ学生でしたが笠置さんはすでにスターで、ものすごい人気でしたね。それから笠置さん専属のバックバンドだった楽団〝クラックスター〟に入って、笠置さんと巡業でご一緒しました。全国、いろんなところへ行きました。一九五〇年に二人が渡米するとき、僕も羽田まで見送りに行きましたよ」

そう言って水谷さんが持って来てくれた写真には、羽田飛行場で見送りの群衆に応えて手を振る服部良一と笠置シヅ子の周りに、まだ若い水谷さんと克久さんが写っていた。

「服部良一と笠置シヅ子が最も輝いていた頃だね。それにしてもみんな若いな」。水谷さんは写真を見ながらそうつぶやいた。

「僕なんか中学生だ」と克久さんは笑う。

克久さんはしみじみとこう言った。

「服部良一はつくづく幸せな人だったと思うね。好きな音楽やって一生暮らしたんだから。作曲家としてこれほど〝素材〟に恵まれた人はいないんじゃないかな」

そしてちょっと笑ってこうつけ加えた。

「おかげで僕は、『別れのブルース』（の印税）で小学校、『蘇州夜曲』で中学校、『東京ブギウギ』で高校、『青い山脈』でパリに留学できたんだよ。これは半分冗談だけど、半分は本当」

三人の墓参り

新派の女王・水谷八重子（一九〇五～七九）とブギの女王・笠置シヅ子が親しかったと知って、意外に思うのは私だけではないだろう。新派とブギ、組み合わせは妙で興味深い。私はその話を確かめようと女優の二代目・水谷八重子さん（一九三九～、初代・水谷八重子の長女。九五年、それまでの水谷良重から二代目・水谷八重子を襲名）にお会いし、話を伺った。水谷さんはこう切り出した。

「母と笠置先生がいつどこで出会ったのか、本当のところはわからないんです。私が物心ついたときには、二人はもう親交を持っていました。おそらくご贔屓筋かどなたか共通の知人がいて、二人を引き合わせたんじゃないかしら」

笠置が九歳年上の水谷八重子といつどこで出会ったのか調べたら、やっと参考になる記事が見つかった。雑誌のグラビア写真に笠置が登場し、そこに水谷八重子が笠置について語った文章が添えられていた。

「私が笠置さんとお知り合いになったのは、まだ、笠置さんが大阪の松竹少女歌劇団に籍を置いていらっしゃった頃ですから、もうふた昔も前になるでしょうか。その頃から私は、笠置さんをよきご相談相手としてご交際して頂いていますが、私は自分の声が悪いので笠置さんについて発声法などの具合を勉強させて頂いていますから、現在の私にとっては笠置さんは大変よい先生でもあるわけです。また笠置さんは、新派の一ファンとして私たちの舞台をよく観に来てくださいますが、東京、大阪を問わず、ご一緒になれば必ずといってよい程、前の席に座って見物され、時によると二日も続けておいでになることもあり、舞台が面白い時にはよく笑い、悲しい時には本当に涙を流して御覧になっており、喜怒哀楽には人一倍激しいものを持っていらっしゃるようです」(『藝能画報』一九五四年三月号)

この記事でわかったのだが、なんと二人は戦前の昭和十年前後から知り合っていたことになる。笠置は常々、男優は長谷川一夫、女優は水谷八重子と田中絹代のファンだということを新聞・雑誌のインタビューで語っていたが、親しい友人などとの交際の詳細についてはほとんど語っていない。

笠置シヅ子と水谷八重子を結びつけたものは何だったのだろう。

「母はそんなに人付き合いがいいほうではなく、どちらかといえば孤独でした。おそらく笠置先生もそうではないかしら。邪道なものがなく、ピュアで純なものが二人を結びつけたのだと思います」

娘から見た母・水谷八重子は〝楽屋が自分の家〟だったという。この意味は深い。いわば〝女優であることが人生〟だったのだろう。このことは、家に帰れば仕事の話はいっさいしなかったという笠置にも言えることかもしれない。一歩家を出ると、どうやったら観客を喜ばせることができるかで頭がいっぱいになる。舞台などの出番前にはほとんど話さず厳しい表情になり、エネルギーを集中させた。水谷と笠置の芸への厳しさと情熱……、おそらく二人の頭にはそれしかなかったに違いない。だがそれ以外に、一つだけ共通するものがあった。ともに娘を持つシングルマザーだったことだ。新派とブギの女王が出会い、二人でどんなことを語り合ったのだろう。ある日、水谷八重子は娘・良重のことで笠置に相談する。良重は当時すでに高名だった声楽家・松田トシ氏に歌を習っていたが、ちょうど十二、三歳の変声期の頃、松田から先生を代えたほうがいいと言われる。そこで笠置が紹介したのが服部良一だった。良重は早速、服部良一に師事する。良重にとって笠置は母の友人だが、ここでは先輩歌手である。

「私がこれまで出会った人物の中でベスト5に入るくらい、怖い人でした。みんな陰では〝笠置のおんばあ〟なんて言ってたんですよ。服部先生はやさしい人でした。先生の歌はどれも難しくて苦労しましたが、私を〝納豆売り的・哀愁のある声〟って褒めてくれました。どういう意味かわかりませんけど」と、水谷さんは笑う。

五五年、水谷良重は十六歳でジャズ歌手としてデビューし、女優としても活動の場を広げる。五八年、NHKテレビ連続ドラマ「幸運の階段」で女優・笠置シヅ子と共演。五九年、ともに服部良一にレッスンを受けていた朝丘雪路、東郷たまみと「七光り会」を結成し、服部が命名した三人娘〝ドラネコシスターズ〟がデビュー。その披露会では三人の親である新派の水谷八重子、日本画家の伊東深水、洋画家の東郷青児、それに服部と笠置が列席し、華やかさを添えた。このときの芸能ニュースフィルムも残されている。以後、水谷良重は歌手・女優として活躍。映画『漫画横丁　アトミックのおぼん』（六一年）では笠置と共演した。

「私は歌手としては服部良一音楽事務所に所属していましたから、笠置先生は服部先生の第一のお弟子さんで私にとっては大先輩。ある時、私がつけていたピンクの口紅の色がいけないと叱られました。笠置先生は『女優はきれいな赤でなければダメ』って言うんです。当時、ピンクの口紅が流行っていたのに……」

そう言って水谷さんは笑ったが、しばらくしてこう言った。

「若い頃は、怖い、おっかない、やばい！　なんて思っていたけど、私に芸の厳しさを教えてくれた、貴重な人でした。そういう人は、もう今の芸能界にはいません。今でもピンクの口紅を見るたびに、笠置先生を思い出します」

今の芸能界に笠置のような人はいない、と言ったときの水谷さんの目は、私には少し寂しいように見えた。

「毎年、母の墓参りをしていますが、そのとき私は必ず三人のお墓にお参りするんですよ。母と笠置先生と服部先生。偶然ですけど、同じ墓所にあるんです。三人は天国できっと楽しく話をしているんでしょうね」
そう言って、水谷八重子さんは微笑んだ。

困った癖

一九五九年、笠置は週刊誌の「私のないしょ話」というコラムで、記者のインタビューに、「あんまり公開しとうはないんですが、わては悪いくせをもっているんです。アルコールに関することです」と答えている。アルコールといっても笠置は若い頃からお酒は一滴も飲めない。笠置はそう言って、記者の前でハンドバッグから小さな瓶を取り出し、その中の脱脂綿で手をふき始めた。そこには消毒用のアルコール（エタノール）が含ませてあった。

「人から物を受け取って、すぐに手を消毒するなんて、失礼なことですけど、やめられへん。店で買物をする時も、金をはろうて釣り銭もらうと、とたんに消毒しな、気がすみまへん。以前、友だちの握ったトビラのハンドルをその友だちのいる前でふいてしもうて、えろうおこられました」（『週刊読売』一九五九年十月十一日号、「私のないしょ話　困った〝消毒ぐせ〟」）

笠置がきれい好きだったことは周辺にいた人物はほとんど知っていたようだが、それも並外れたものだったことを自分でも認めている。

「人に気づかれんように気をつこうてやるんですけど、まったくいかん癖です」(同)

こんな〝困った癖〟には、実は理由があった。

「といいますのも、二十五年前の室戸台風の置きみやげでしてなア。大阪でその台風におうて、わての家は壁がくずれ落ちてしまうようなひどい被害を受けましたんや。その時に周囲があんまり汚いもんやから、何かにつけて消毒せなあかん状態でした。そのとき以来です。まったく恥ずかしいくせです」(同)

一九三四年九月二十一日に襲来した室戸台風は死者・行方不明者三千人以上、負傷者一万五千人。西日本に甚大な被害を及ぼした。当時、笠置は大阪市大正区南恩加島に住んでいて、八軒つづきの長屋が最大瞬間風速六十メートルの強風にあおられ、築港から押し寄せる四メートルを超える高潮にきしんで浮き上がった。そのとき二階に避難していた笠置は母・うめの膝の上で、もう駄目だと念仏を唱えたという。台風が去った後の当時の惨状がいかに不衛生であったか、想像できなくはない。この年、通っていた松竹楽劇部が大阪松竹少女歌劇団（ＯＳＳＫ）に改称し、笠置はちょうど二十歳だった。二十歳の娘が目の当たりにした悲惨な光景はそれ以後、一種のトラウマとなって、忘れようにも忘れられなくなったというのは理解できる。ただ、私は笠置が自分で〝困った癖〟と認めていることに救いがあるように思える。そのことで人に不快感を与えたことに対して、台風での出来事を告白することで笠置は許しを請うている。考えてみれば、生理的に潔癖であることが悪いわけではなく、不潔よりは清潔なほうがいいに決まっている。ただ〝潔癖症〟といわれるように、人よりはその度合いが強いことは確かだったようだ。そこで考えてみたいのだが、笠置が人より多分にきれい好きなことと、道徳的に潔癖な性格であることが何か関係しているのかどうかということだ。道理を重んじ、間違ったことが許せない道徳家で、責任感が強く努力家で、一途でガンコで潔くて裏表がなく、自分にも他人にも厳しい笠置の性格に、生理的な潔癖症が影響を及ぼしていると見る向きもあるようだ。だが私は精神分析の専門家ではないのでそれはわからないし、あえて二つを結びつける必要はないとも思っている。

笠置は一九六〇年代から七〇年代にかけて、殺虫剤と洗剤のCMに長く出演していた。笠置のパーソナリティーにピッタリということで出演依頼され、笠置は快く引き受けた。私はそのテレビCMを見た記憶がある。新聞雑誌に掲載された広告写真も手元にあるが、そのどれもが、きれい好きな大阪のおばちゃん的笠置のキャラクターがにじみ出ていて、ユーモアを感じさせ、不快感などまったくない。八五年三月に笠置が死去したとき、洗剤会社の企画室長が新聞にこうコメントしている。

「ギャラより意気にほれ込んでくれる方で、昭和五二年から笠置さんで続けてきたCMもしばらくお休みです」

（『東京新聞』八五年四月二日）

もう一つ、笠置の潔癖さを示すエピソードがある。笠置が審査員で出演したTBS系列「家族そろって歌合戦」の関係者が、笠置の死後、雑誌の記者に語ったものだ。時期は一九七〇年代後半で、番組の地方収録のとき偶然、新潟発の飛行機内で田中角栄と会う。笠置と田中は互いに一面識もない相手だが、むろん、双方とも相手が誰だかわかっている。田中は七六年にロッキード事件が発覚後、自民党を離脱して無所属になるが総選挙でトップ当選になるなど依然として人気があり、政界の影響力もあった頃である。その田中が笠置に「いやあ、笠置さん」と、いかにも親しそうに言いながら手を差し出した。だが笠置はプイと、そっぽをむいたまま。そのとき田中がどんな表情をしたかはわからない。出した手を引っ込めて、憮然として立ち去ったのだろうか。笠置は飛行機を降りてから同乗者にこう言った。

「あんな政治家がいるから日本が悪くなるのや」

すごい。こんなことはなかなか言えない。生真面目でモラリストの笠置にとって、権力を手にする者が賄賂を取るなどもってのほか、政治家としてあるまじき行為なのだ。田中角栄もまた笠置同様、義理人情に厚い苦労人だったが、笠置は情緒に流されることなくものごとを合理的に判断でき、毅然としたところがあった。それにしても握手ぐらいしてもいいのに……と思う人は、笠置シヅ子の性格を知らない人である。

異色の対談

笠置は戦後すぐにスターとなってから一九六〇年代後半にかけて、新聞・雑誌のインタビュー、対談・座談記事などに実に数多く登場している。ラジオの対談もされたようだが、雑誌の対談・座談はとても面白くて興味深い。笠置がいかにトークに長け、ユーモアのセンスがあったかがわかるのだが、そこにはやはり随所に笠置のひたむきさや潔癖さ、生活信条が見え隠れする。相手は俳優、演出家、映画監督、歌手、作家、評論家、ジャーナリスト、スポーツ選手など多岐に渡っている。名前を挙げれば榎本健一、三船敏郎、清水金一、橘薫、高峰秀子、田村秋子、杉村春子、淡島千影、清川虹子、菊田一夫、山本嘉次郎、灰田勝彦、淡谷のり子、服部良一、田村泰次郎、三島由紀夫、林芙美子、長谷川町子、石黒敬七、和田信賢、淀川長治、大宅壮一、草柳大蔵、水原円裕（茂）など、わかっているだけで数十人に及び、そのほとんどがそれぞれの分野で一時代を築いた人たちだ。

中でもちょっと珍しい組み合わせで、内容もなかなか興味深い異色の対談をぜひとも紹介したい。戦後の風俗雑誌『日光』一九五〇年四月特大号に掲載された「笠置シズ子　三島由紀夫　大いに語る　世相・文学・歌」という対談記事である。笠置シヅ子三十五歳、三島由紀夫二十五歳。当時の三島は四八年に大蔵省を退職して作家に転身し、四九年に「仮面の告白」を発表、新進作家として注目されたばかりだった。このときすでにブギの女王・笠置の大ファン。三島は日劇での公演が終わったあと対談場所に一足先に来て、その後笠置がメーキャップを落として駆けつけた。二人は初対面ではなく前年に一度会っていたようだが、

「今日は笠置さんに片想いを縷々と述べる会ですからね」

と十歳年下の三島が宣言して対談が始まる。対談中の二人のツーショット写真は楽しそうで、とくに三島がとても若い。若い三島が対談早々に、今日は笠置に片想いを縷々述べる、と宣言したように、笠置は最初から三島にかなり押され気味なのである。対談というより、三島による笠置シヅ子論の告白、といったところだ。とにかくその三島の、核心を突いた発言を並べてみよう。

「笠置さんの歌はちょっとした訛りがとてもエロティックですよ。やはりあの訛りに色気があるですね。東京言葉を使っても、ちょっと訛るところに、とてもニュアンスがある」

「僕はあなたの歌は林芙美子さんと共通点があると思うんだ。ちょっとニヒルで、林芙美子さんにも悲しいところがあって、それでいて全然楽天的なところね、林さんが笠置さんを好きだという気持ちもよくわかるんです」

「僕はあなたなんか随分インテリのファンが多いと思う」

「ヒカラビたるインテリはつまり反対の笠置さんみたいなのにファンが多いんですよ。何かしら僕は、天皇陛下みたいな憧れの象徴とでも云おうか、そういった存在ですよ、あなたは……」

「何か社会が面白くなかったりして、だんだん社会の圧迫が大きくなって来るとか、そういうもののハケ口として笠置さんの歌なんか非常に存在理由があると思う」

「日本人の音楽センスは音よりも言葉や調子で入ってくる。音楽だけ独立したものは昔からないでしょう。清元でも義太夫でも常盤津でもみんな語りものでしょう。だから言葉から入ってくるものをとても喜ぶんですね。笠置さんの歌なんか唄と芝居の合いの子みたいで、とてもドラマティックなものが多い。僕は『セコハン娘』なんか好きですね」

「明治以来東京は関西に圧倒的に負けていると思うんですよ。つまりエネルギーをしょっちゅう東京へ供給しているところが関西なんですよ。第一、松竹が向こうから入ってきて、こっちを乗っ取ったでしょう。白井さんも大谷さんもそうですよ。それから宝塚の小林一三さん。それから吉本興業。文学の上でも、東京だけでは全然枯渇してしまう。（略）いつでも東京の歴史は大阪からエネルギーを持ってきている。つまり大阪というところは生活力の都会で、ヴァイタル・フォース（生命源）はあそこからみんな集中して生まれてくるんです」

「今の笠置シズ子のポジションはとても伝統的なものなんですよ。だけれども、つまらない見方をするやつは、『〝東京ブギウギ〟なんか植民地的な歌だ』なんて言うのがいないとも限らない。つまり戦後にGIがやってきて、そしてアメリカ民族がパッとして来て、そこに『東京ブギウギ』が当ったんだと植民地的な見方をするやつがいる。しかし僕はそうは思わない。あなたの歌にしろ踊りにしろ、大阪、京都の古い伝統的なヴァイタル・フォースが流れ込んでいる表現ですよ。（略）それもただの伝統的なものというばかりじゃなしに、歴史的なものですよ」

「これは僕の片想いだけれども、明治以来日本に三人女傑がいるんです。与謝野晶子、三浦環、岡本かの子。そして四番目は笠置シズ子」

「男はポキンと折れてしまうから弱いんです。（略）あなたの歌なんか、ちょうど田植え歌みたいな原始的な生命力からズーンと響いて来るものがどっかにある。都会の末消現象じゃないですね」

「あなたの踊りは、（略）とても近代的な感じがするんです。だから観ていても滅茶苦茶な奔放さがなくて、どっかできちんと辻褄が合ってその中で完全に割り切れた奔放さということがわかるから、厭な感じがちっともしない。ただナマの奔放さは厭なものですよ。それがあなたの歌にしろ踊りにしろ秩序がある。そういう秩序がやはり大事です。秩序がないところに芸術も美もあったものじゃない」


これらの発言から三島の笠置への惚れ込みようがハンパではないことがよくわかる。笠置はただもうこの十歳年下の新進作家に押されっぱなしで、半ばあきれていたのか、笑ってばかりでろくに答えていない。私は未だに三島由紀夫という作家の本質に迫り得ないのだが、この対談での三島の饒舌振りがけっこう冴えていることに驚く。内容も近代から戦後までの社会文明論、芸能・芸術論、大阪・東京論、女性観などに発展しているのは、やはりこのときすでに三島の才能が光っていたからだと痛感する。ただし笠置の聞き上手ということもあってか、「男の人の方が弱いですね」と笠置に核心を突かれて、三島は「男はポキンと折れてしまうから弱いんです」と正直に答えている。

この発言には、二十年後に日本中を騒がせて自決する人の言葉だったのかと、私はふと納得したりした。笠置を〝天皇陛下みたいな憧れの象徴〟と言ったり、戦後にアメリカ民族が来たから東京ブギウギが当たったという植民地的な見方に怒っている発言などは、まだ二十五歳の三島が、もうすでに私たちが知っているあの三島由紀夫だったのかと、当たり前のようなことを考えたりした。進駐軍がやって来てスターになったブギの女王・笠置シヅ子は、アメリカ文化ではなく日本の伝統的な文化が生み出したものだと看破しているのは、さすが三島らしい言葉だ。おそらく三島は〝弱い男〟を自覚する男性として、日劇の舞台に輝く笠置シヅ子という女性のエネルギッシュな魅力に圧倒され、笠置の古さと新しさ、強さ、エロティシズムやアニミズムを、暗い観客席から瞬時に見抜いたのだろう。そのまま二十年間、三島は象徴天皇制と天皇に失望し、〝憧れの象徴〟を追い求め、〝日本男児の強さと弱さ〟、〝男の美学〟に悩まされ続けたのだろうか。そしてとうとう、ポキンと折れた。

対談相手がすべて三島由紀夫のように一方的に喋る、若くて才能あふれる饒舌な男性というわけではない。ユニークでいかにも朗らかな対談・座談が多く、むしろ笠置はこうした一座のほうが楽しそうで自分も盛り上がっている。その一つが、婦人雑誌『主婦の友』（五一年十一月号）の「変り種の会長さんばかりの珍談会」という座談会である。出席者の石川欣一（毎日新聞社友、随筆家）が、

「女が化粧する気持ち、それだけで容色の衰えは、ある程度ふせげる。それと同じ理屈で、ブギウギのあの張り切った調子が、笠置さんを衰えさせなかったとも言えますね。笠置さんのような小さい人が舞台では大きく見える。芸の力ですね」

と言うと、笠置はすかさずこう答えた。

「ハイヒールの力です（笑声）」

芸人のレジスタンス

一九五六年七月に発表された経済白書は「もはや戦後ではない」との副題がつけられ、流行語にもなった。工業生産が伸びて輸出産業が好調になり、経済が太平洋戦争時の最高水準以上に達して復興期が終了した、という意味ではあったが、白書は〝戦後〟が終わったことを手放しで喜んでいたわけではなかった。「もはや『戦後』ではない。われわれは今や異なった事態に当面しようとしている。回復を通じての成長は終わった」と、むしろこの経済発展を、今後どう継続していくべきかという危機意識を強調している。

国連に加盟して日本が国際舞台に復帰したこの年、笠置シヅ子は思うところあって自ら歌手を引退することを決意し、翌年、女優業に転身すると公表した。「自分の役割は終わった」と悟ったブギの女王の引退と「もはや戦後ではない」とする経済白書、単なる偶然とは思えないほど、この二つは意味深い。おりしも空前のロカビリーブームで（五八年には日劇で第一回ウエスタンカーニバルが開かれている)、笠置はこうした時代の変革を敏感に悟っていた。だが娘や老いた養父、多くの使用人を抱える笠置はまだまだ働く必要があった。

五七年、笠置はユニークなキャラクターの女優・タレントとして再出発。早速テレビドラマで主演の母親役からスタートし、新国劇で辰巳柳太郎と共演するなど、多忙な日々を送る。六〇年、「服部良一銀婚式記念　シルバーコンサート」に特別出演し、これが人前で歌った最後となった。一九六〇年から七〇年代にかけてもテレビや舞台で活躍。映画では脇役に転じて数多く出演した。六六年から八〇年まで続いたテレビ番組「家族そろって歌合戦」(TBS)では審査員を務め、とくに落選した家族を「惜しかったア、またいらっしゃい」と励まし続けた。七〇年、芸の恩師・榎本健一死去。新宿コマ劇場「喜劇王エノケンを偲ぶ」にゲスト出演。エノケンの死は、〝大衆がいてスターがいた時代〟の終焉でもあった。七〇年大阪万博の後に急速な経済成長の翳りが生じた頃、雑誌のインタビューで笠置はこう語っている。

「今ちょっと不景気だから、笠置さんのブギが当った時代と似てます、って言われたことあります。似てるってあんた、似てるわけないじゃないかって言ったのよ。食うものはない、着るものはない、住むところがない。その時代と、ちょっと不景気になったからってゆうて今の時代と。これはやっぱしね、体験したんでなきゃわからない。どのくらい今の若い人にわかってもらえるか、わたしたちは不安ね」(『太陽』特集昭和時代

一九七五年七月号、「東京ブギウギの頃」笠置シヅ子）

〝似てるってあんた、似てるわけないじゃないか〟……。相手の目をまっすぐ見て、少しムキになって言う笠置の表情が目に浮かぶ。ここでの〝今の若い人〟というのは当時二十代だった私のような戦後生まれの者で、耳の痛い言葉だ。敗戦の焼け跡に放り出された笠置が、二十五年後の大阪万博に浮かれている日本人を叱っている。まるで目前のバブル経済の破綻を予兆させるかのようだ。大正生まれの笠置のように、戦中・戦後を生き抜いてきた私の親たちの世代には、たいていのことではへこたれない強靭な精神と、底抜けの明るさ、楽天性、ユーモアが備わっている。

七四年、実父の友人で同郷の南原繁が八十四歳で死去。心の支えを失う。八一年、日本劇場が一九三三年以来の幕を閉じた。「サヨナラ日劇フェスティバル　ああ栄光の半世紀」公演最終回の二月十五日、笠置は山口淑子（李香蘭）、長谷川一夫とともにステージに立ち、挨拶した。満場の客席から鳴り止まないほどの拍手が沸いたという。日劇をワンマンショーで一日一万人以上の観客を動員したのは戦前の李香蘭と戦後の笠置の二人だけである。笠置の脳裏にも万感の想いが去来したことだろう。

この年、笠置の右の乳房にガンが見つかった。手術でガンを切除、その後回復する。この頃、笠置の心境に変化が見られた。「天から授かったものは、二つにして一つなのやね」と知人に漏らしている。たしかに、乳房の一つを切り取ればバランスが悪いのだろう。とくに階段を下りるときが怖いらしく、また握手を求められてもすぐ転びそうになった。

〝二つにして一つ〟という笠置のこの言葉は何を意味しているのだろう。二つあるべきものは一つではダメなのだ、と言っているようでもある。二つにして一つのものとは、乳房だけではない。六十歳を過ぎてわかったこととは、子どもは父と母に見守られて育ってこそ幸せなのだということだったのだろうか。もしかしたら笠置は自分の出生や娘の出自を思い、自分たち母子には〝父親〟の存在が欠けていたことを言いたかったのだろうか。たしかに笠置と娘はともに父親を早くに亡くしたが、〝父性〟愛を受けなかったわけではない。逆に普通の人よりも恵まれていたのではないか。〝父性〟愛はなにも、父親からでなくてもいい。笠置にはあまり頼りがいはなかったかもしれないが養父もいたし、服部良一や榎本健一といった師がいて自らの人生を導かれ、南原繁という〝心の父〟というべき人物もいた。そしてなにより、笠置自身が娘にとっての父親でもあったのだ。

服部良一から歌の才能を見出され、吉本頴右から愛と娘を授かり、榎本健一から笑いの芸の薫陶を受け、南原繁から心の支えを得た彼女を、私は同性としてなんて幸せな人なのかと思う。笠置がこうした出会いに恵まれたのは、豊かな男性観・人生観を持っていた女性だったからだ。彼女は芸人として、女性として、自分ひとりだけ成功し、自立できたらいいと思っていたわけではなかった。文字通り身体一つで少女歌劇から身を立て、歌手として努力し、子どもを育て、女優・タレントを続けて家族を養ってきた笠置シヅ子は、社会的視野を持つ女性だった。養父母には尽くし、夜遅い仕事は断り、どんなに忙しくても娘の髪を結って学校へ行かせ、庭仕事にいそしむという良き家庭人として生きた一方で、

〝街娼〟にならざるを得なかった戦争未亡人の境遇に自己を重ねた。自ら育てた花を隣近所に配り、近所の子どもたちにもきさくに声をかけ、寸暇を惜しんで本を読むことも忘れず、映画や演劇を観て回った。

八四年四月、名優・長谷川一夫死去。その訃報に笠置は部屋で一人、ポロポロと涙を流し続けた。そんな母がいじらしかったのか、亀井ヱイ子さんはその姿が今でも忘れられないという。

八月、古希を祝うパーティーに出席。だが直後の九月、再びガンとの闘病が始まる。大正生まれの、頑固だが思いやりが人一倍の笠置は、娘に自分の入院を誰にも知らせるなとかたく言い渡した。

そして〝懐メロブーム〟にもカムバックすることなく、

「わての歌はみんなの心の中に残ってくれたらそれでええ……」

そう言い続けてきた笠置シヅ子は、八五年三月三十日、最愛の娘に看取られて静かに息を引き取った。笑顔と意地で通した七十年の、一途でまっすぐな生涯だった。告別式での葬儀委員長を七十七歳の服部良一が務め、愛弟子の死を悼んだ。

笠置が子育てに関して書いた随筆がある。おそらく雑誌社から依頼されたのだろう。笠置は舞台生活が最も華やかだった〝ブギの女王〟時代、まだ幼い娘ヱイ子を新聞雑誌などのメディアに乞われるまま写真を載せ、テレビにも出演させて話題になったことがある。

しかし、スターの生活は肉親や家族の人生に良くも悪くも影響を及ぼす。娘が小学一年のときに起きた脅迫事件を機に、そうしたことをすべて断り、芸能人の子としてではなく、平凡な家庭の子どもに育てる決心をした。小学校も自家用車ではなく、電車で一時間かけて通学させた。笠置の子育てもまた、自らの生き方を表すものだった。笠置はこのように書いている。

「マスコミにあふられて、うたかたのような華やかさにおぼれるよりも、苦しみ抜いて、平凡な子どもに育ってきたことが、どのくらい、しあわせであったかということを、少しずつかみしめてくれると思います。わたしの子どものしつけは、皆さんからいわれますように、たしかに旧へいです。が、この旧へいであるということは、芸人という華やかな生活から生まれたレジスタンスでありまして、一般の方にはおわかりにくいことだと思います」（『二年生の　母の教室』一九六〇年六月号、笠置シヅ子「おぼれることがこわい」）

ここで彼女の言う〝旧弊〟という意味は、古臭いということではなく、人間として失ってはならない、大事なことを指しているのではないだろうか。そのことが旧弊とされてしまう世の中に断固として抵抗する、と笠置シヅ子は訴えているのだと私は思う。

私は亀井ヱイ子さんに、お母さんはどんなひとでしたか、と尋ねた。

「世間の一般的なお母さんと同じかもしれませんが、けっして人に迷惑をかけてはいけないとよく言われました。厳しい母でしたね。たとえば、私が何か買ってほしいと言っても、『三日間、考えさせて』といつも言われました。家では仕事の話はしませんでしたから、いわゆる芸能人らしくない人でした。はっきりものを言うので、嫌う人もいたと思いますが、それは仕事への熱意や責任感からでしょう。その反面、〝趣味が笠置シヅ子〟という付き人さんがいて、彼女はずいぶん長く母に尽くしてくれました。本当の意味で強い人でした。人に何かを期待したり、押し付けたり、詮索するということはしませんでした」

ヱイ子さんにこんな質問もしてみた。シヅ子さんは頴右さんの死後結婚（再婚）ということは考えなかったんですか？

「母にとって男性は父だけだったでしょう。吉本頴右ひとすじのひとでしたから。母が亡くなったとき、弁護士さんから相続のことで、他にご兄弟がいたら教えてください、なんて職業的な質問をされましたが、いなかったですね（笑）」

そういえば、笠置が終生、肌身離さず身につけていたものに、一枚の名刺があった。それは戦時中の一九四三年、名古屋の劇場で初めて会った頴右が笠置に渡した、古びた名刺だった。後々まで笠置は親しい人にそれを見せ、「夫が始めて会ったときにくれたの」と言いながら、照れたという。

ヱイ子さんは私の愚問にもサラリと答えてくれたが、しばらくしてまっすぐ私の目を見てこう言った。

「娘として言うのではなく、人間として、私には一生越えられないひとです」

〝芸人のレジスタンス〟という言葉が、笠置シヅ子の一生に最もふさわしい言葉のような気がする。戦火で無一物となった笠置は、戦後、かけがえのない二つの宝物を得た。一人娘と〝ブギ〟だ。シングルマザーとなっても子どもは自分の手で育て、天才少女に自分のブギを許さなかった。おそらくそれもまた、笠置のいう〝芸人のレジスタンス〟だったに違いない。ブギの女王にかぎらず戦後復興期に活躍したスターは多かれ少なかれ、大衆を元気づけて牽引する役割を担った。心の奥で〝芸人のレジスタンス〟を守り、芸人として努力を惜しまず、礼節を重んじ、人としてのしあわせを求めて生活力・経済力を身につけた。たとえ高額納税者になってもそれは一時的なものと知っていたし、まだまだ貧しい敗戦後の庶民の側に生きるスタンスをしっかり置いて、心がそこから離れることはなかった。スターには〝闇〟の部分があるからこそ光の輝きが増す、という見方もあるだろう。だがしかし、それをきっぱりと拒否する一人の芸人としての矜持。私はそこに、いささかの反骨精神を感じる。

華やかさと孤独は表裏一体。時代の流行が生むスターこそ、時代に流されない不易の精神が必要であることを、ブギの女王・笠置シヅ子は知っていたのだ。

エピローグ　一九四七年、日本国憲法と東京ブギウギ

　笠置シヅ子と現代を結びつけるファクターは、ブギの女王を生み出した戦後という時代だ。敗戦後の混乱と矛盾は、七十年以上経た現代にも深く問題を積み残している。昭和二年春、十二歳で松竹楽劇部生徒養成所に入った笠置シヅ子は、昭和六十年春に死去するまで、彼女の芸能人生は昭和とともにあった。それがあまりに真っ直ぐで一途なので、時代のほうが曲がりくねっているのが実によくわかる。戦争という暴力的な時代が長く続き、戦前も戦中も、そして戦後も、政治は建前と本音でねじれて、人々は国家の大義・政治の策略に翻弄されてきた。戦後生まれの私が、敗戦の混沌の中で誕生したブギの女王の謎を追ってきてぶつかったのは、図らずも戦後という時代の謎だった。「ブギの女王という歌姫の謎」は、「戦後復興期という時代の謎」でもあった。昭和という時代は人々を何度も裏切り、ねじれとブレを繰り返すが、時代のうねりの中で笠置シヅ子は毅然として、芸人の意地と生活力で自己を貫き、戦後を生き抜いた。そんな「戦後」とはいったい何だったのだろう。

　敗戦から五年後に朝鮮戦争が勃発。ＧＨＱは対日政策を民主化から再軍備へと急転換す

る。軍国主義のファシズムからいきなり議会制民主主義が成熟するわけはないとしても、敗戦で戦争放棄したはずの日本がほんの数年でアメリカの軍事基地化していったことを考えると、愕然とするしかない。今になって、戦前・戦中・戦後はずっと地続きだったことがわかる。いや、もしかしたら〝戦後〟なんてものはなかったのかもしれない。

憲法とブギの女王――、敗戦後の輝かしい二つの象徴だ。日本国憲法と「東京ブギウギ」は、奇しくも同じ一九四七年に誕生した。荒廃の中で戦争との訣別を明記した憲法と、夏の花火のように登場した歌姫・笠置シヅ子は、まるで占領下時代の民主化がもたらした双子の兄妹のようにも思える。だが四八年に帝銀事件、四九年に下山事件、松川事件、三鷹事件――、次々と起こるGHQ陰謀説が疑われる謎の大事件。四九年はブギの女王の絶頂期だったが、憲法にもブギの女王にも、暗雲がたちこめる。この年の秋に共産国家・中華人民共和国が建国し、同時に美空ひばりがデビューしたのだ。世界が西側・東側陣営に分かれて敵対することで日本は冷戦に組み込まれ、憲法九条が脅かされ、そして笠置は天才少女にスターの座を脅かされる。翌五〇年に隣の国で朝鮮戦争が勃発。まだ絶頂期のブギの女王と、デビューしたばかりの天才少女歌手が相次いで渡米。アメリカは対日政策を民主化から再軍備へと方針を明確に切り替え、五一年のサンフランシスコ講和条約調印で日本は独立と同時にアメリカの核の傘下に入る。五二年の占領下時代の終了は、日本のかつて来た道への〝逆コース〟と美空ひばりの台頭を決定づけた。笠置シヅ子と美空ひばり、二人のスターの入れ替わりがまるで歴史の変遷そのものだった。やがてブギ時代が終わってマンボが大流行し、五六年、「もはや戦後ではない」ことを知った笠置は歌手を引退することを決めた。

戦後、憲法もブギの女王も時代の大転換の中で誕生し、人々に変革による活力を与えるという大きな役割を果たした。そして一方は矛盾をはらんだまま生き続け、一方は自ら舞台を去って行った。

スターの人気は泡のようなものだが、それを生み出す興行師もまた時代の泡だ。かつて東宝の小林一三が「興行は虚業だ」と言い、松竹の大谷竹次郎が「興行は実業だ」とやり返したのは有名なエピソードだが、古い話だ。その形態を変えたのが六六年、ビートルズの武道館での興行だったとされている。近代に誕生した小屋掛けの浪曲興行が、百年後には、一度に一万人以上収容できる会場でのビッグイベントになり、興行師は〝イベント・プロデューサー〟に変身した。やがてインスタントにタレントがどんどん製造されて、芸能プロダクションやレコード会社、広告代理店、出版社、テレビ局といった複合体が〝商品〟に仕立てた。メディアがスターを産み出し、次々と消費する。

変わり行く時代の表層、不変の深層。あらゆることが問い直されたり、また戻ったり……。だがどんな時代になっても、時代を象徴するスターが次々と生まれる。刺激的で魅力的な時代のスターが誕生するのは楽しい。人間はいつの時代でも、おもしろうてやがてかなしい摩訶不思議な虚の世界を垣間見て、魂が震えるような思いがしたいのだろうか。

いったい、スターとは何なのだろう。人生の戦いに疲れた弱い者にとって、勝者を演じてくれる輝かしい架空の自分なのか。

勝つなんて思うな。いったい何に勝つつもりなんだんだ？　と坂口安吾が言ったように、たしかに日本人は弱い。しかし、弱くていいのだ。弱い者は人間の弱さに目を向けることができる、それが最大の強みだ――、笠置シヅ子はそう教えてくれる。ブギの女王としての黄金時代はたった四、五年だったが、一途でガンコでまっすぐな亀井静子という女性の七十年の人生は実に豊かなものだった。

スターは〝時代の子〟であり、移り行く時代とともに消え行く運命であることを知っていたから、彼女はスターの座に未練はなかった。スターを取り巻く華やかさや傲慢さにおぼれず、〝虚〟を演じる芸人として、〝実〟を生きる生活者として、精一杯生き抜くこと。それを笠置は〝芸人のレジスタンス〟と表現した。そして〝ブギの女王〟から〝けったいなおばちゃん〟への変身。本当に強い人とはこういう人のことをいうのだ。

「ほんまに、しっかりしなはれ！」と、〝けったいな謎のおばちゃん〟にツッコミを入れられる戦後生まれの私たち。そういえば、笠置シヅ子が歌手を引退すると心に決めた五六年、最後に吹き込んだ歌が「たよりにしてまっせ」だった。

ほんまにたよりにしてまっせ　くよくよせんとまかしとき
アンタの言葉を真に受けて　ここまで来たんやおまへんか
それを今さらなんだんねん　しっかりしなはれ　しっかりし

たのんまっせ　たのんます　ほんまにたよりにしてまっせ
（吉田みなを・村雨まさを作詩、服部良一作曲）

あとがき 「元気、出しなはれ！」

一九五〇年六月十六日、笠置シヅ子は服部良一とともに羽田からアメリカ公演のため渡米したが、その九日後の六月二十五日、朝鮮戦争が勃発する。

日本の敗戦で解放された朝鮮半島の覇権をめぐってソ連軍が侵攻し、アメリカ軍と対立。四八年に大韓民国と朝鮮民主主義人民共和国が成立する。南北に分断されて二年後、スターリンの支援を受けた金日成率いる北朝鮮軍が三十八度線を越えて李承晩の韓国に侵攻した。日本にいたマッカーサーはすぐさま韓国軍を支援すると発表し、この前年に建国した中国は北朝鮮を支援する。日本を拠点に米軍機が飛び立ち、米ソの代理戦争となって東西冷戦の火蓋が切られた。三年後に停戦となったものの、この戦争は未だ正式には終結されず、朝鮮半島は分断されたままだ。ブギの女王は今や多くの日本人に忘れられたスターだが、軍需景気をもたらして戦後日本の経済復興に大きく貢献したこの朝鮮戦争のことを、彼女の存在以上に多くの日本人は忘れている。

渡米中の八月に三十六歳になった笠置シヅ子は、アメリカという大国を自分の目で確かめ、人々に接し、その豊かさに驚愕した。第二次世界大戦に勝利した五〇年代のアメリカはまさに黄金時代を迎えていた。そしてまた、自ら実感していたかどうかは不明だが、彼女自身の絶頂期でもあった。

笠置は帰国後に数多くの新聞・雑誌の取材や座談会に応じ、彼女はそのどれにもアメリカの素晴らしさを素直に賞賛している。たとえば映画の都・ハリウッドの印象を聞かれてこう答えている。

「なんや、びっくりづくめで…。メトロの撮影所の入り口など、GHQのある第一ビルみたいに立派なんです」（『平凡』一九五一年新年号、「おみやげ座談会　アメリカ　ブギの旅」）

笠置はこのあといろんなエピソードを披露するのだが、手放しでアメリカ礼賛に終始したわけではなかった。笠置の真意はこの後の発言にあった。

「今度、向うへ行って、日本を見直した…ほんとうに、日本という国は良いのです。風光も、人情も、こんなに良いところはない…。その日本の良さがにじみ出るような歌を歌いたい…、それがどんなものになるかわかりませんけど、なんだか、そういう気持ちでおります」（同）

人々に日本人としての誇りを取り戻してもらえるような、日本社会の再建に少しでも貢献できるような歌を歌いたい、私にはそれが出来るかもしれない、アメリカが私にそう気づかせてくれた……、笠置はそう言っているような気がする。

それだけではない。生真面目な彼女は、日本にこんな苦言を呈している。

「デパートなんかに日本品は一場所を作ってもらって売り出されていますが、あちらの品物にくらべて、いずれも質が悪く、こわれやすいということでした。（略）アメリカの方は、日本を案じて、私のような者にでも政治のことや、暮らし向きのことなど、いろいろ質問されました。このようにして日本を知ろうとなさる努力。日本と親しもうとなさる心に報いるためにも、あちらの方に満足していただけるような立派な製品を送らねばならぬと思います」（『サンデー毎日』一九五〇年十一月五日号、『ブギの女王』「アメリカ土産話」）

敗戦後、人々が経済復興に立ち上がってさかんに輸出された日本製品が、輸出先で粗悪品だったことを知りショックを受けた笠置。敗戦国・日本人の一人として渡米し、そこで彼女が心から感じたことは、敗戦から五年、敗北から立ち上がろうとする日本という国土や文化、日本人に寄せる思いだった。当時の日本人にはアメリカに対する屈辱と羨望とがまだまだ複雑に絡んでいて、渡米した多くの有名人が〝アメションʺとマスコミから嘲笑された。だが笠置は単なるアメリカかぶれの〝アメションʺではなかった。そこには屈辱と憎悪、羨望と従属の入り混じった、敗者としての被害者意識、反米意識は全くない。またその表裏一体の偏狭な民族意識もない。新たな日本人の一人として誇りを取り戻し、自分はこれから何ができるかという、開かれた精神と自己発見の熱い思いが伝わってくる。

誕生の経緯もさることながら、四歳のときの米騒動から以後、病気や災害、空襲、食糧難など、生涯に何度も危機をくぐり抜け、一途に芸能人生を走ってきた笠置シヅ子。彼女の七十年の人生を振り返ると、まるで昭和史と個人史の二重奏のようにも思える。中でも弟の戦死は笠置の心に深い悲しみと反戦意識をもたらした。

二歳年下の弟・亀井八郎は、一九三五年に十九歳で床屋を開業したが、三八年一月に召集された。丸亀連隊に入営の日、笠置の手を固く握って「生きて帰れるかどうかわからん。僕にかわって家のことはあんじょう頼みまっせ」と言い残して家を出た。「ほんとうに可愛い弟でした」と、笠置は自伝に書き記している。そして四一年七月、日本軍の〝南部仏印進駐〟に出征し、その年の十二月六日、仏領安南沖（現在のベトナム沖）海上で戦火に散った。

四五年八月十五日。この日、笠置は富山県高岡市の東宝劇場で長谷川一夫一座に加わっての工場慰問中だった。玉音放送を聞いて敗戦を知った座長の長谷川は、集った工員を前に、この日の公演は中止にすると伝えた。横にいた笠置はとっさに「いま誰かがジャズを歌え、と言ったら、私は死にます！」と叫んだ。戦時中、当局からジャズを歌うなど不謹慎だと叱責されて悔しい思いをしながら、その戦争に負けたと知った瞬間、彼女の中で何かが変異した。あんなに歌いたかったジャズが、これからは歌えるかもしれない。だが、この虚しさは一体何なのだろう……。「今考えてもちょっと不思議な心境でした」と、彼女は後に雑誌のインタビューで答えている。

五二年四月、笠置は故郷・東かがわ市引田の萬生寺に亀井家の墓を二基、建立した。一つは、養母・亀井うめの墓（後に養父・亀井音吉が眠る）。もう一つは、わずか二十五歳で戦死した亀井八郎の墓だ。両親の傍で弟も眠ってほしいという思いをこめて立てたのだろう。実際には血縁関係のない姉だが、可愛い弟を悼む笠置の思いを私は痛切に感じる。

生死の重さ、命の尊さを知った彼女の体験をもう一つ、ここに記しておきたい。

一九五四年晩夏、笠置は東北・北海道の巡業に出た。北海道巡業は長谷川一夫一行との合同で行われたが、劇場によっては別興行もあった。巡業も終盤を迎えた九月二十六日、長谷川一行と笠置一行が函館で合流して青函連絡船でともに帰京することになっていたが、笠置一行の到着がかなり遅れた。函館に先に着いた長谷川は、東京でのスケジュールが詰まっていたが、乗船予定だった洞爺丸には乗らず、笠置を待つことにした。そしてこの日の夕方、折からの台風十五号が通過中にもかかわらず千数百人を乗せて出航した洞爺丸は、函館港からわずか五キロ先で沈没し、死者千百人以上という大惨事となった。二人は自分たちが間一髪で難を逃れたことを、長い間マスコミには決して語らなかった。それを口にするのは、亡くなった被災者や遺族に対して不謹慎だということを心得ていたからだ。

長谷川は笠置に会うたびに、そっとこう言った。

「あんたのおかげで命拾いしたんやで」

長谷川と笠置は目を合わせ、暗黙のうちにこう確認し合ったに違いない。今の命は、互いに舞台人としてもうしばらく芸の道を精進せよと神様から授かったもの、と。

十代の頃から長谷川の芸道を尊敬してきた笠置は、四八年に出版された自伝の巻頭に、生まれたばかりのヱイ子を抱いた長谷川一夫の写真を添えた。そこでの長谷川と笠置は、新しい生命の誕生をいつくしみ合うような笑みを浮かべていた。


笠置シヅ子の声が私には聞こえる。

「死んだらあかん」

そして、きっとこうも言うだろう。

「元気、出しなはれ！」

だが彼女のこの言葉は、「なにがなんでもがんばれ」ではない。

「やめたいときは、やめてもええ」なのだ。

自分を大切にすること、生きていることをいとおしむこと。


本書は二〇〇七年から八年にかけて、「心ズキズキワクワクああしんど　笠置シヅ子でブギウギ」のタイトルで朝日新聞香川版に連載された記事をもとに、さらに内容を深め、新たに書き下ろしたものである。

とくに今回、亀井ヱイ子さんから数多くの写真や衣装・遺品などを拝見し、貴重なご教示をいただいたことは私にとって最大の幸運だった。また服部克久さんをはじめ、多くの方々からたいへん興味深い証言を得て、ブギの女王・笠置シヅ子の人間像をより豊かなものにすることができた。資料探索や取材には、朝日新聞・東孝司記者にお手伝いいただいた。この場を借りて皆様に厚くお礼申し上げます。

そして現代書館の菊地泰博さんには、分断された連載記事から書き起こした不備の多い原稿にもかかわらず、丁寧な指摘を授かった。私の前作にもお世話になり、〝何かのご縁〟といった以上のものを感じている。同じく編集部の下河辺明子さん共々、最終ゴールへ導いてくれた伴走者に、深く感謝します。

不況から脱出の機を見出せない低迷時代といわれるこの三年、私は笠置シヅ子の歌をCDで聴きながら暮らしたが、人は歌で励まされることがあるのだということを実感した。笠置シヅ子さん、ありがとう。本書を、ブギの女王の芸人魂に捧げます。

二〇一〇年九月

砂古口早苗

解説

鎌田慧（ルポライター）

希望の歌声

笠置シヅ子と言えば、東京ブギウギ。一世を風靡した、この開けっ放しの、明るいメロディは、敗戦二年目の昭和二十二（一九四七）年九月十日にレコーディング、翌二十三年から大ヒットした。そのときわたしは九歳だった、音痴でさえ、この歌を聴けば自然に身体を動かしてしまう。いま六十前後の世代までは、このメロディを耳にすると、東京ブギウギと反応する。笠置シヅ子と聞けばブギウギ、ブギウギといえば笠置シヅ子。

大きな唇の陽気な女性歌手だった。戦後、テレビはまだなかった。が、その歌いながらの激しい動きが、戦後の解放感を表現していた。

「東京ブギウギ　リズムウキウキ　心ズキズキ　ワクワクー」（作詩・鈴木勝　作曲・服部良一）

この解放感あふれる明るいメロディが、ラジオから巷へ流れでていた。「オッサン

オッッサンオッッサンオッッサン」「わてほんまによう言わんわ　わてほんまによう言わんわ
ああしんど」

ブギウギの「ブギ」は西アフリカの黒人英語から派生したことばで、踊ると言う意味のボギ「bogi」が語源。「ウギ」は意味のない反復語で、ブギウギは二十世紀前半にアメリカで発展したポピュラー音楽のリズムをさす、とか。

砂古口早苗さんの『ブギの女王・笠置シヅ子　心ズキズキワクワクああしんど』は、敗戦の焼け跡から復興へむかう、日本の「アプレゲール」（戦後）の、いわばアナーキー（解放的）な時代を、唄と踊りで表現したひとりの女性歌手に焦点を当てて描いた、渾身の評伝である。

アプレゲールとは、この時代の若者たちの無軌道、放縦な犯罪者を指していたりする。たとえば、一九五〇年九月、日大の運転手だった十九歳の男と同大教授の十八歳の娘が共謀、銀行帰りのクルマを襲って職員給料を強奪、高飛び、潜伏先であえなく逮捕されたのだが、そのとき男が「オー・ミステーク」とつぶやいて、その無計画、無責任ぶりが世間をアッといわせた。

銀座メッカ殺人事件というのもあった。証券マンだった二十四歳の正田昭が遊びの資金に行き詰まって殺人、獄中で小説を書いた。遊び好きの若者による「アプレゲール犯罪」といわれたりした。が、「予科練帰り」など、死線を越えて戦地から帰国した若者たちのトラウマには、まだ理解がおよんでいなかった。

犯罪が世相を映すのは事実としても、アプレゲールの時代は、アバンギャルド芸術の時代でもあった。花田清輝が創刊した「アプレ・ゲール叢書」（真善美社）は、野間宏、安部公房、島尾敏雄、中村真一郎など、前衛的な戦後派の小説を生みだした。花田の『復興期の精神』『アバンギャルド芸術』は、戦中から戦後にむけた論文である。

「ウワーオ　ワオワオ　ウワーオ　ワオワオ
わたしは雌豹だ　南の海は　火を吐く山の
ウワーオ　ワオワオ　生まれだ」
日本的情緒とまったく断絶した「ジャングル・ブギー」は、黒澤明作詩、服部良一作曲だった。黒澤監督、三船敏郎主演の『酔いどれ天使』。野獣のように叫びながら笠置シヅ子が歌う。著者はこう書いている。
「彼女の声と舞台での派手な動きは、ほかの誰よりも野性的でバイタリティーあふれる歌手だった。そして観るものに、笠置のボードビリアンとしての気概の凄まじさ、必死で生きている人間としての存在感、生々しさが迫ってくる。黒澤は笠置シヅ子が大きく口を開けたアップを撮り、笠置に〝叫ぶように〟ブギを歌わせ、そのシーンを、〝死〟への道ではなく〝生〟の道へと時代の価値観の転換を促す象徴とした。これは翌年の黒澤映画『野良犬』のテーマにも通じることだが、当時、戦地から復員してもなかなか社会復帰できず自暴自棄に陥り悪の世界に引きずり込まれる若者も多く、戦争はもう終わったのだ、生き抜く希望とエネルギーを持て――と黒澤は訴えたかったのだろう」

砂古口さんは「荒涼たる戦後社会を象徴している」、「ゴミためのような「ドブ池」のカットが何度も出てくる、と指摘しているが、わたしにとっても、子どもの頃にみたこの映画の記憶は、ドブ池や激しい雨脚だった。

舞台せましと踊って歌う、笠置シヅ子の個性が戦後社会のカオスを表現していた。いまテレビを席巻している、型にはまった若者たちの「群」団を、エネルギーに満ちている、と思いながらも、笠置の「個」の力を超えていないように思われてならない。

笠置シヅ子が歌った歌の三分の一は服部良一が作曲したブギだった、という。服部なくして笠置はなかったのだが、その出会いのエピソードが微笑ましい。笠置といえば、戦後のデビューと思われがちだが、戦後のブギの前、すでに「スヰングの女王」だった。服部が笠置を引き立てていたのだが、出会いは、帝国劇場の稽古場。服部はあらたに発足する「松竹楽劇団」の副指揮者として、旗揚げ公演の準備に熱中していた。ＯＳＳＫ（大阪松竹少女歌劇団）から抜擢された「歌姫」のひとりとして笠置がいた。

楽屋に入ってきた笠置は、鉢巻きで髪を引き詰め、下がり眉、トラホームのように目をショボショボさせて、ピョコンとお辞儀をした。服部は落胆したが、舞台稽古がはじまると、まるで別人、服部の振るタクトにピタリと乗って、「オドッレ、踊ッれ」とかけ声をいれながら、激しく歌い踊った。その動きの派手さ・迫力・スイング感は、他の踊り子とは別格だった、という。

本書は、当時を記録した週刊誌など、膨大な資料を駆使して、笠置のブギの時代が終わるまでを、ときおり生の感慨をもらしながら書き込んでいる。

一九五一年、サンフランシスコ平和条約調印。連合国軍による占領が終わった。が、日米安保条約が締結され、米軍支配下に置かれることになる。沖縄返還はその一九年後だから、長い従属関係にあった。いままたさらに、日米（軍事）同盟強化が進められているのだが、ブギウギの時代はGHQによる、「戦後民主主義」の時代だったのだ。

一九五六年の経済白書は「もはや戦後ではない」とのサブタイトルがつけられていた。この年、笠置シヅ子は女優業に転身した。著者はこう書いている。

「この〝占領下時代の終焉〟が、〝ブギの女王の終焉〟と見事に一致していた。そしてそこに入れ替わるように登場したのが、天才少女・美空ひばりだった。〝植民地的浮かれ調子型〟ブギウギから、芸能界もまるで〝逆コース〟を辿るように日本的感傷の復興となる」

本書で特筆されているのは、笠置シヅ子と南原繁・東大総長との関係である。東大総長が後援会会長、とは意表を衝く「関係」といえる。詳細は本文に譲るが、南原の意見を引用しておこう。

一九四九年九月、九州大学などから「赤い教授」への辞職勧告がはじまった。十月、学術会議が「研究機関の人事は政治的な理由によって左右されてはならない」、と決議した。十月十七日、南原総長が談話を発表した。

「わが国は米国と事情が違い、長い間政府の思想統制下に多くの犠牲を払って、学問の自由確立に苦闘して来た。新憲法により〝学問の自由〟が保障された今、われら大学の人は何をおいてもこの〝学問の自由〟をまもらねばならない。（略）我々は研究の結果を学内だけでなく、国民公衆に提供する義務があり、また現実の政治社会問題を論ずるのは大学教授の社会的責務だと考える（略）大学教授は自己の職責を立派に尽くされんことを希望する」

笠置シヅ子。亡くなって三十八年。暗い気持ちを引き立てる、懐かしい歌声は、いまもまだ聞こえてくる。

芸能界にまったく不案内なのに、この本の「解説」を書くことになったのは、高松市に住む著者と裁判所で知り合っていた縁からだ。かれこれ四十年前、冤罪死刑囚・谷口繁義氏をめぐる「財田川事件」の再審裁判だった。

高松地裁丸亀支部長として赴任してきたばかりの矢野伊吉さんが、書棚に放置されていた、無実を訴える手紙を拾い上げ、心を動かされる。裁判官が退官して被告の冤罪を訴えるなど、驚天動地の事態というべきか。友人の編集者・白取清三郎が、たまたま矢野さんが作成、配布していたパンフレットを入手して、『財田川暗黒裁判』（立風書房、一九七五年十月刊）として出版した。わたしはその仕事に協力するため、高松の矢野さんのお宅へ通うようになった。

その本の影響によって、八一年三月から再審裁判が始まった。私は『死刑台からの生還』（八三年八月）を書くために傍聴に通ったのだが、砂古口さんも熱心に傍聴に来られていた。そのころ、彼女は専業主婦だったが、この冤罪裁判のルポルタージュによってライターとしてデビュー、このあと宮武外骨の評伝を書かれるようになった。そして今秋、NHKの朝の連ドラで、笠置シヅ子の歌声がまた流れるようになるという。注目される評伝になりそうだ。

二〇二三年　四月

笠置シヅ子　年譜

西暦	元号	年齢	出来事
一九一四	（大正）三	○	八月二十五日、香川県大川郡相生村（のち引田町、現在の東かがわ市）に生まれる。父・三谷陳平、母・谷口鳴尾は未婚であり、誕生の約半年後、亀井うめと夫の亀井音吉夫婦の養女となって大阪へ。
一九一八	七	四	芸事の好きな養母・うめの勧めで日本舞踊を習い始める。
一九二一	十	七	四月、下福島尋常小学校入学。
一九二二	十一	八	四月、大阪で松竹楽劇部創業。本拠地は道頓堀の大阪松竹座。
一九二三	十二	九	この頃、中津の曽根崎尋常小学校から十三・神津尋常小学校へ転校。翌年は川口の本田尋常小学校と、転居・転校を繰り返す。
一九二五	十四	十一	大正区南恩加島へ転居。
一九二七	（昭和）二	十三	三月、大阪市大正区南恩加島尋常小学校卒業。宝塚音楽歌劇学校を受験するも体格検査で身長が足らず不合格。ただちに松竹楽劇部生徒養成所に入る。八月、大阪松竹座「日本新八景おどり」に三笠静子の芸名で初舞台。

一九二八　三　十四　大阪松竹座「春のおどり」、〝黒い蝶〟の役で出演。松竹楽劇部が東京に進出し、東京松竹楽劇部発足。この年の末、松竹楽劇部の浅草松竹座での初の東京公演に大阪から応援組で上京し、出演する。このとき東京組一期生だった水の江瀧子と初めて会う。

一九三一　六　十七　秋、三谷家の法事に行く。このとき、実の両親の存在を知る。

一九三二　七　十八　東京松竹楽劇部、松竹少女歌劇部（ＳＳＫ）として発足。

一九三三　八　十九　六月、松竹少女歌劇部のレビューガールたちが労働争議を起こす。新聞で〝桃色争議〟と呼ばれた。この年、トップスター十選に選ばれる。松竹少女歌劇部が松竹少女歌劇と改称、松竹本社直轄となる（四五年に松竹歌劇団・ＳＫＤとなる）。大阪劇場（大劇）が開業し、松竹楽劇部の本拠地となる。

一九三四　九　二十　十月、コロムビアから「恋のステップ」（高橋掬太郎作詞、服部ヘンリー〔服部良一〕作曲、ＯＳＫ「カイエ・ダムール」の主題歌）を三笠静子の名前で吹き込む。一月、東京宝塚劇場が創立し丸の内・有楽町に進出、宝塚少女歌劇の東京での本拠地となる。松竹楽劇部が大阪松竹少女歌劇団（ＯＳＳＫ）に改称。

一九三五　十　二十一　十二月二日に大正天皇第四皇子・澄宮崇仁親王が三笠宮家を創設したのに伴い、芸名を三笠静子から笠置シズ子と改名。
一九三六　十一　二十二　服部良一、日本コロムビア専属作曲家となる。七月、松竹が浅草国際劇場を創立し、松竹少女歌劇団の本拠地となる。十月、上京し浅草国際にて「国際大阪踊り」に出演。
一九三七　十二　二十三　松竹側に目に留まり、翌年の松竹楽劇団（ＳＧＤ）旗揚げ公演にスカウトされる。七月、日中戦争始まる。
一九三八　十三　二十四　春、上京。四月、丸の内・帝国劇場でのＳＧＤ旗揚げ公演「スヰング・アルバム」に出演、副指揮者の服部良一と出会う。
一九三九　十四　二十五　四月、帝劇「カレッジ・スヰング」に出演、雑誌「スタア」で〝スヰングの女王〟と評される。コロムビア専属歌手となり、レビュー曲の服部良一作曲「ラッパと娘」（Ｂ面「センチメンタル・ダイナ」）レコーディング。高田浩吉主演・松竹下加茂映画「弥次喜多　大陸道中」に初出演。春、笠置の東宝への引き抜き・移籍問題が起きるが、松竹に留まることで決着。九月十一日、養母・亀井うめ、胃がんと心臓病で死去。
一九四〇　十五　二十六　二月、ＳＧＤの本拠地が帝劇から邦楽座に移る。この頃、警視庁から丸の内界隈の劇場への出演を禁じられる。歌「紺屋

一九四一　十六　二十七　高尾のハリウッド見物」「ホット・チャイナ」など。
一月、正月公演「桃太郎譚」を最後に松竹楽劇団解散。それに伴いSGDを退団し独立する。三月、「笠置シズ子とその楽団」を結成。淡谷のり子との「タンゴ・ジャズ合戦」を邦楽座で上演。
十二月六日、弟・八郎、仏印（ベトナム）海上で戦死。十二月八日、太平洋戦争始まる。

一九四三　十八　二十九　六月、吉本興業社長・吉本せいの一人息子の吉本頴右と出会い、交際を始める。歌「アイレ可愛や」など。
三月封切映画「音楽大進軍」（東宝）の中で服部良一作曲「荒城の月ブギ」が、ブギとして初めて歌われる。
一九四四　十九　三十　川田義雄（後の晴久）主演の全線座舞台「鼻の六兵衛」に出演。
秋、楽団のマネジャーが無断で楽団を他の興行師へ転売したため、「笠置シズ子とその楽団」が解散。

一九四五　二十　三十一　五月二十五日、京都に巡業中、東京大空襲で三軒茶屋の自宅が焼失。市ヶ谷の吉本宅も焼失し、年末まで頴右とともに荻窪の林弘高隣家フランス人宅に仮住まいする。八月十五日、富山県高岡市で巡業中、敗戦を知る。十一月二十日から有楽町・

日本劇場再開第一回公演「ハイライト」出演。十二月、服部良一が上海から帰還。

一九四六　二十一　三十二　一月から服部良一宅二階に仮住まい。三月、日比谷・有楽座「舞台は廻る」「リリオム」で榎本健一（エノケン）との初共演。音楽は服部良一。四月、知人の荘村正栄宅へ。頴右、早稲田を中退し吉本興業での仕事に専念。コロムビアから吉本に入社していた山内義富、頴右の要請で笠置のマネジャーに。七月、日劇「銀座千一夜」。八月、有楽座「エノケンのターザン」。歌「コペカチータ」。並木路子「リンゴの唄」が大ヒット。

一九四七　二十二　三十三　一月十四日、病気治療のため帰郷する吉本頴右を東京駅で見送る。二月、笠置はこの公演を最後に引退するつもりで、日劇フェスティバルショー「ジャズカルメン」に主演。五月十九日、吉本頴右が西宮の実家で死去。享年二十四。六月一日、ヱイ子誕生。九月十日、服部良一作曲の「東京ブギウギ」をレコーディング。同月、大阪梅田劇場で「東京ブギウギ」を初披露。十月、日劇「踊る漫画祭・浦島再び龍宮へ行く」で「東京ブギウギ」を踊り歌う。それと前後してＮＨＫラジオで連続七回放送されて流行し始める。十二月三十日封切りの東宝映画「春の饗宴」（山本嘉次郎監督）に出演し「東京ブギウギ」を挿入歌として歌う。歌「セコハン娘」「浮かれルンバ」。映画新東宝・吉本提携「浮世も天国」（斉藤寅次郎監督）出演。五月、日本国憲法施行。

一九四八　二十三　三十四

一月、「東京ブギウギ」レコード発売。一月、日劇「キューバの恋歌」で灰田勝彦と共演。三月、浅草国際劇場「ハッピー・アンド・ハッピー」。四月、東宝映画「酔いどれ天使」（黒澤明監督、三船敏郎主演）に出演「ジャングル・ブギー」を歌う。四月、有楽座でエノケンと共演「一日だけの花形」。五月一日、横浜国際劇場の開館一周年記念特別公演で、十一歳の美空和枝（美空ひばり）が前座で笠置の持ち歌「セコハン娘」を歌い、同劇場支配人・福島博（通人）に認められる。五月二十七日、作家の林芙美子と対面、林から自著『暗い花』を贈られる。八月、有楽座で小夜福子らと共演「声は曲者」。九月、日劇「ジャングルの女王」で灰田勝彦と共演。十月、横浜国際劇場に出演し、美空ひばりと楽屋で写真を撮っている。歌「さくらブギウギ」「ヘイヘイブギー」「恋の峠路」「博多ブギウギ」「大

一九四九　二十四　三十五

阪ブギウギ」「ブギウギ時代」など。映画他に「舞台は廻る」「春爛漫狸祭」「びっくりしゃっくり時代」「音楽二十の扉」「歌うエノケン捕物帖」に出演。九月二十五日、自伝『歌う自画像』（北斗出版社）出版。四月、東宝争議始まる（～八月）。

一月、有楽座「愉快な相棒」でエノケンと共演。日劇「歌う不夜城」に主演予定の山口淑子が急病で笠置が代役となり、有楽座とのかけもち出演。日劇小劇場「ラブ・パレード」で美空ひばりが「ヘイヘイブギー」を歌いたいと申し出るが、「東京ブギウギ」を許可したとされる。二月、有楽座でのコロムビア大会で、急遽、笠置の代役で出演した美空ひばりが「東京ブギウギ」を歌ったとされる。四月、香川・高松にて高松東宝公演。四月十五日、生まれ故郷の香川県引田町・朝日座で公演。五月、日劇「ホームラン・ショウ」「ライラックタイム」で灰田勝彦と共演。六月、日劇ワンマンショー「歌う笠置シヅ子・服部良一ヒットメロディー」。この公演で観客動員数一週間に七万人という記録を作る。七月、有楽座「エノケン・笠置のお染久松」「ああ世は夢か幻か」。十一月、新東宝・エノケンプロ映画「エノケン・笠置の極楽夫婦」（森一生監督）。

一九五〇　二十五　三十六

十二月、新東宝・エノケンプロ提携映画「エノケン・笠置のお染久松」（渡辺邦男監督）。映画他に「脱線情熱娘」「結婚三銃士」「銀座カンカン娘」「果てしなき情熱」。歌「あなたとならば」「ホームラン・ブギ」「ジャブジャブ・ブギウギ」「ブギウギ娘」「名古屋ブギー」「情熱娘」「ハリウッドブギ」（デュエット・榎本健一）など。この年、藤山一郎「青い山脈」、美空ひばり「悲しき口笛」大ヒット。四月に東京財務局が発表した昨年度の著名人の高額納税者は、トップが作家の吉川英治二百五十万円、次いで笠置シヅ子二百万円で、女性ではトップ。美空ひばり正式デビュー。

一月、有楽座「ブギウギ百貨店」「天保六花撰」でエノケンと共演。この公演中、エノケン発病、脱疽と診断される。二月、日劇「ラッキイサンデー」。引き続き大阪梅田劇場。三月、吉本頴右の母で吉本興業創始者・吉本せい死去。享年六十。五月、浅草国際劇場「オペレッタ　東京カルメン」で主演。五月十六日、美空ひばり、川田晴久ら渡米（七月二十四日帰国）。このとき、服部（笠置）が音楽著作権協会を通じてひばりに米公演でブギを歌うことを禁じる。六月六〜十二日、日劇で「笠

一九五一　二十六　三十七

置・服部渡米歓送ショー」開催。十六日、羽田から服部良一、服部富子、宮川玲子と日系人慰問公演のため渡米、ハワイ・ロサンゼルス・サンフランシスコ・オークランド・ニューヨークを回り、四カ月後の十月十七日帰国。歌「ペ子ちゃんセレナーデ」「買物ブギー」（レコード売り上げ四十五万枚）。映画「大岡政談　将軍は夜踊る」「ペ子ちゃんとデン助」「懐かしの歌合戦」。世田谷弦巻町に家を新築。六月二十五日、朝鮮戦争勃発（〜五三年、休戦）。

暮れから正月にかけて、日劇「ラッキー・カムカム」。世田谷弦巻の新居に引越し。二月、実父・三谷陳平と中学校の同級生だった南原繁と会い、出生のことを知る。二月十一日、NHKラジオ番組「歌の明星」で美空ひばりと共演し、スタジオで〝和解会見〟。三月、九州巡業。四月、笠置の後援会発足、会長に南原繁。五月、日劇「ヘイ！　オン　ジャズ」。六月、帝劇「ジャングルの女王」主演。十一月、日劇「服部良一作曲二千曲記念ショー」に出演。歌「アロハ・ブギ」「ロスアンゼルスの買物」「ザクザク娘」「モダン金色夜叉」「黒田ブギー」など。映画「歌う野球小僧」「ザクザク娘」「女次郎長ワクワク道中」「桃の花の咲く下で」。この年の雑誌『平凡』四月号の人気投票で岡晴夫、小畑実に次いで美空ひばり第三位。笠置は十位。
一月、第一回NHK紅白歌合戦。九月、サンフランシスコ平和条約締結。

一九五二　二十七　三十八

暮れから正月にかけて、日劇「笑ふ宝船」公演。一月三日、第二回NHK紅白歌合戦に初出場し、「買物ブギー」を歌う。二月、大阪・大劇公演。三月、帝劇ミュージカル「浮かれ源氏」でエノケンと共演。ちょうどこの時期、五〇年の渡米で会ったベティ・ハットンが来日、十一日、帝劇に来場して笠置と再会。五月、日劇「珍版オペラ騒動」。十月、エノケン発病で急遽代役を頼まれ広島へ。歌「ボン・ボレロ」「ホット・チャイナ」「雷ソング」「七福神ブギ」「タンゴ物語」。映画「唄祭り清水港」「惜春」「花吹雪男祭り」「決戦高田の馬場」「銭なし平太捕物帖」「生き残った弁天様」。四月、サンフランシスコ平和条約発効により日本独立回復。

一九五三　二十八　三十九

一月、日劇「初笑いスピード人生」。一月二日、第三回NHK紅白歌合戦に出場し、紅組のトリで「ホームラン・ブギ」を

一九五四　二十九　四十

歌う。ＢＫ（ＮＨＫ大阪放送局）で連続音楽劇「おしづどん行状記」開始。二月一日、テレビ本放送開始となったこの日、夜七時半から日比谷公会堂での生放送（ラジオ同時中継）で、ＮＨＫ人気歌謡番組「今週の明星」に霧島昇らとともに出演。八月、浅草国際劇場で淡谷のり子との「世界を駆けるリズム合戦」。八月三十一日、日本テレビ「とんだ忠臣蔵」（小野田勇作）出演。十二月三十一日、第四回ＮＨＫ紅白歌合戦に出場、「東京ブギウギ」を歌う。歌「たのんまっせ」「浅草ブギ」「コンガラガッタ・コンガ」「恋はほんまに楽しいわ」「おさんどんの歌」「東京のカナカ娘」「ウェーキは晴れ」。映画「花形歌手　歌の明星」。

大阪の新日本放送（現、毎日放送）「笠置の特種記者」などのテレビ出演のほか、和歌山、奈良など地方公演。沖縄にも巡業へ。四月八日、子どもの命と引き換えに金を要求する脅迫状が届いていたが犯人逮捕。八月から九月にかけて東北・北海道巡業。このとき長谷川一夫一座との合同興行。十一月、日劇「淡谷のり子、歌手生活二十五年記念ショー」に客演。歌「鬼は外マンボ」「芸者ブギ」。映画「重盛君上京す」「落語

一九五五　三十　四十一　長屋は花ざかり」。三～四月、日劇「春のおどり」。九月、日劇でエノケン・ロッパ・金語楼の「アチャラカ誕生」出演。歌「私の猛獣狩」「めんどりブルース」「ジャンケン・マンボ」「エッサッサ・マンボ」「男はうそつき」「女中奉公の歌」「薮入娘」。映画「のんき裁判」。日本喜劇人協会（会長・榎本健一）設立、参加。

一九五六　三十一　四十二　一月、「ゴールデン・パレード」三月「たよりにしてまっせ」に出演。歌「たよりにしてまっせ」「ジャジャンボ」（デュエット旗照夫）。この二曲が最後の吹き込みレコードとなる。十二月三十一日、第七回ＮＨＫ紅白歌合戦出場、大トリで「ヘイヘイブギー」を歌う。

一九五七　三十二　四十三　この年から歌手を廃業して芸名を笠置シヅ（ズを改め）子とし、放送局、映画、興行会社などを挨拶に回り、女優業に専念すると宣言。ラジオ東京テレビ（ＴＢＳ）連続ドラマ「雨だれ母さん」に母親役でレギュラー出演。五月、新宿コマ劇場「女床屋」に出演。十月、大阪梅田コマ劇場「大阪祭り」出演し、淀君に。

一九五八　三十三　四十四　ＮＨＫテレビドラマ「幸運の階段」に、平幹二郎、水谷良重（当

一九六〇　三十五　四十六　時）らと出演。大阪梅田コマ劇場「女床屋」。NTV「ゆうもあ法廷」、検事役で出演。服部良一「銀婚式記念」シルバーコンサートに出演。人前で歌ったのはこのときが最後か。

一九六一　三十六　四十七　映画「金づくり無法時代」「漫画横丁　アトミックのおぼん女親分対決の巻」。フジテレビ連続ドラマ「台風家族」（六五年まで）。

一九六二　三十七　四十八　十二月、明治座・新国劇「おいろけ説法」。

一九六四　三十九　五十　映画「愛と死をみつめて」「河内ぞろ　どけち虫」「十七歳のこの胸に」「河内ぞろ　喧嘩軍鶏」。

一九六五　四十　五十一　映画「蝶々雄二の夫婦善哉」「河内ぞろ　あばれ凧」「日本俠客伝　浪花篇」。

一九六六　四十一　五十二　四月、「家族そろって歌合戦」（TBS系列）の審査員になる（八〇年十二月の番組終了まで務める）。映画「東京無宿」「落語野郎　大馬鹿時代」「女は復讐する」「兄弟仁義　関東三兄弟」「かあちゃんと十一人の子ども」「落語野郎　大脱線」「三等兵親分」。

一九六七　四十二　五十三　映画「落語野郎　大爆笑」「大番頭小番頭」。

一九六八　四十三　五十四　映画「スクラップ集団」「喜劇　大安旅行」。
一九六九　四十四　五十五　映画「不良番長　どぶ鼠作戦」「待っていた極道」。
一九七〇　四十五　五十六　三月、新宿コマ劇場特別公演「喜劇王エノケンを偲ぶ」出演。映画「極道兇状旅」「新宿の与太者」「最後の特攻隊」。
一九七一　四十六　五十七　映画「おくさまは18歳」「ずべ公番長　ざんげの値打ちもない」「喜劇　いじわる大障害」「夜の手配師」「喜劇　女生きてます」。
一九七二　四十七　五十八　映画「関東緋桜一家」。
一九八一　五十六　六十七　有楽町・日本劇場の閉館にともない、一月二十八日から「サヨナラ日劇フェスティバル　ああ栄光の半世紀」公演始まる。最終日の二月十五日、笠置、山口淑子、長谷川一夫がステージで挨拶。乳ガンが見つかり、手術。その後回復。
一九八三　五十八　六十九　卵巣ガンが見つかり、手術。その後回復。
一九八四　五十九　七十　八月、古希を祝うパーティーに出席。九月、ガン再発、入院。
一九八五　六十　三月三十日午後十一時四十三分、卵巣ガンのため中野区の佼成病院にて死去。享年七十。四月五日午後一時から杉並区永福の本願寺和田堀廟所にて告別式。喪主は長女・亀井ヱイ子、葬儀委員長は服部良一が務めた。戒名は「寂静院釋尼流唱」。墓所は東京都杉並区の本願寺築地別院和田堀廟所。

（注・芸能活動等の記述については、現在残されている資料の中から主なものを取り上げました。資料の引用で〝シズ子〟となっているものは、そのまま表記しました。文中の敬称は略させていただきました。）

主要参考文献

『歌う自画像　私のブギウギ傳記』笠置シヅ子著　北斗出版社　一九四八年
『ぼくの音楽人生―エピソードでつづる和製ジャズ・ソング史』服部良一著　日本文芸社　一九九三年
服部良一公式ウェブサイト
『舶来音楽芸能史　ジャズで踊って』瀬川昌久著　清流出版　二〇〇五年
『敗戦日記』高見順著　文藝春秋新社　一九五九年
『堕落論』坂口安吾著　角川文庫　一九五七年
『肉体の文学』田村泰次郎著　朝明書院　一九四八年
『古川ロッパ昭和日記』戦後・晩年篇　古川ロッパ著　晶文社　一九八九年
『劇書ノート』古川緑波著　学風書院　一九五三年
『エノケンと呼ばれた男』井崎博之著　講談社　一九九三年
『エノケン・ロッパの時代』矢野誠一著　岩波書店　二〇〇一年
『喜劇こそわが命』榎本健一著　栄光出版　一九六七年
『喜劇王エノケンを偲ぶ』榎本健一を偲ぶ会　一九七〇年
『喜劇人回り舞台　笑うスタア五十年史』旗一兵著　学風書院　一九五八年
『黒澤明の世界』佐藤忠男著　三一書房　一九六九年
『虹の唄』美空ひばり著　大日本雄弁会講談社　一九五七年
『ひばり自伝　わたしと影』美空ひばり著　草思社　一九七一年
『川の流れのように』美空ひばり著　集英社　一九九〇年
美空ひばり公式ウェブサイト
『美空ひばり　民衆の心をうたって二十年』竹中労著　弘文堂　一九六五年
『完本　美空ひばり』竹中労著　筑摩書房　二〇〇五年
『イカロスの翼　美空ひばり物語』上前淳一郎著　文藝春秋社　一九七八年
『「戦後」美空ひばりとその時代』本田靖春著　講談社　一九八七年
『川田晴久と美空ひばり　アメリカ公演』橋本治　岡村和恵著　中央公論新社　二〇〇三年

『山口組三代目　田岡一雄自伝』田岡一雄著　徳間書店　二〇〇六年
『興行界の顔役』猪野健治著　筑摩書房　二〇〇四年
『わたしの渡世日記　下』高峰秀子著　朝日新聞社　一九七六年
『酒・うた・男』淡谷のり子著　春陽堂書店　一九五七年
『藝人』秦豊吉著　鱒書房　一九五三年
『李香蘭　私の半生』山口淑子　藤原作弥著　新潮社　一九八七年
『ターキー放談　笑った泣いた』水の江瀧子　文園社　一九八四年
『ひまわり婆っちゃま』水の江瀧子著　婦人画報社　一九八八年
『タアキイ　水の江瀧子伝』中山千夏著　新潮社　一九九三年
『女興行師吉本せい　浪花演芸史譚』矢野誠一著　中央公論社　一九八七年
『なつかしい芸人たち』色川武大著　新潮社　一九八九年
『現代の政治と思想　新しい歴史の転機に立って』南原繁著　東京大学出版会　一九五七年
『ふるさと』南原繁著　東京大学出版会　一九五八年
『引田町史』香川県引田町教育委員会　一九九五年
『戦後芸能史物語』朝日新聞学芸部　朝日新聞社　一九八七年
『戦後史大事典』三省堂　一九九一年
『松竹百年史』松竹株式会社編　一九九六年
『軽音楽の技法　上巻』婦人画報音楽講座5「修業の回想」笠置シヅ子　婦人画報社　一九四八年
『キネマ旬報増刊　日本映画俳優全集』キネマ旬報社「男優編」一九七九年、「女優編」一九八〇年
『別冊1億人の昭和史　昭和の流行歌手』毎日新聞社　一九七八年
『週刊20世紀』001～006号　朝日新聞社　一九九九年
『スタア』一九三九年五月上旬号「笠置シズ子さんとの七分間」（T・F）
『スタア』一九三九年六月上旬号「笠置シヅ子論」双葉十三郎
『婦人公論』一九六六年八月号「ブギウギから二十年」笠置シヅ子
『文藝春秋』一九八五年六月号「回想の笠置シヅ子」服部良一

『太陽』特集昭和時代一九七五年七月号　「東京ブギウギの頃」笠置シヅ子
『文藝春秋　春の増刊　花見読本』一九五〇年三月　「ブギウギ誕生」服部良一
『毎日情報』一九五一年一月号　「未熟な人間」笠置シヅ子　毎日新聞社
『スタイル』一九四八年三月号　「小型自叙伝　宝塚を落第したのが今の芸風の始まり」笠置シヅ子
『東寶　エスエス』一九四八年三月号　「笠置シズ子ステイジ女性寸描」旗一兵
『映画ファン』一九四八年五月号　「マイクに吠える笠置シズ子」服部良一
『婦人公論』一九四八年五月号　「大胆な歌手」服部良一
『婦人朝日』一九四八年三巻六号　「ひたむき人生問答」笠置シズ子和田信賢
『美貌』一九四八年七月号　「笠置シズ子　母の歌」風間四郎
『世界画報』一九四八年六月号　「笠置シヅ子の魅力」旗一兵
『女性』一九四八年八月　「涙の歌姫　笠置シヅ子」旗一兵
『女性改造』一九四八年八月号　「動く横顔　人物点描笠置シヅ子」
『映画グラフ』一九四八年九月号　「笠置シヅ子を描く」旗一兵
『スクリーン　ステージ』一九四八年九月号　「ブギウギ人生　私はこういう女です」笠置シヅ子
『ロマンス』一九四八年十月号　「笠置シヅ子の体当り秘話」野口百介
『サンデーニュース』一九四八年十七号　「笠置シズ子の『ブギウギ』ばなし」松下井知夫
『婦人朝日』一九四九年第四巻三号　「わが母を語る」笠置シヅ子
『サロン』一九四九年九月号　「もう少し楽しくしようという気持ち」田村泰次郎　笠置シヅ子
『婦人世界』一九四九年十一月号　「笠置シズ子表情百態」サトウハチロー
『それいゆ』一九四九年十一月号　「私の家庭日記」笠置シヅ子
『家の光』一九四九年十二月号　「ブギの女王　笠置シヅ子」六浦光雄
『美貌』一九四九年十二月号「人生は果たして思い通りにゆくか」菊田一夫　笠置シヅ子
『映画ファン』一九五〇年一月号　「笠置シヅ子という

人は」藤浦洸
『婦人生活』一九五〇年二月号「対談 笠置シヅ子・三船敏郎 女の魅力 男の魅力」
『日光』一九五〇年四月特大号「笠置シズ子 三島由紀夫 大いに語る 世相・文学・歌」
『松竹』一九五〇年四月号「映画物語 ペコちゃんとデン助」
『芸術新潮』一九五〇年七月号「舞台から観客へ」田村秋子 笠置シヅ子
『平凡』一九五一年新年号、「おみやげ座談会、アメリカ ブギの旅」
『ラッキー』一九五一年五月号「誰も知らない楽屋裏 笠置大ブギ 美空小ヴギ 涙の握手」
『キネマ旬報』一九五二年三月上旬号 映画解説「生き残った弁天様」
『週刊朝日』一九四八年一月十八日号「笠置シヅ子 流行歌手」
『サンデー毎日』一九四八年一月十日号「笑をジャズする」榎本健一・笠置シヅ子
『サンデー毎日』一九四八年五月十六日号「ブギウギ由来記」服部良一
『サンデー毎日』一九五〇年十一月五日号「『ブギの女王』アメリカ土産話」
『映画之友』一九五一年一月号 座談「服部良一 笠置シヅ子を迎えて」
『週刊朝日』一九五一年十月二十八日号「美空ひばり 或る流行歌手の物語」
『週刊 娯楽よみうり』一九五五年十二月十六日号「師弟物語第六回 服部良一と笠置シヅ子」
『週刊 娯楽よみうり』一九五七年七月十二日号「おしゃべり道中」大宅壮一 笠置シヅ子
『週刊読売』一九五九年十月十一日号「困った〝消毒ぐせ〟」笠置シヅ子
『アサヒグラフ 増刊』一九六五年七月二十日号「戦後二十年・人と事件」
『週刊朝日』一九八五年四月十二日号「角栄にそっぽを向く潔癖さ笠置シヅ子の厳格正直人生」

（順不同）

◎本書は二〇一〇年に現代書館より刊行された単行本『ブギの女王・笠置シヅ子　心ズキズキワクワクああしんど』を加筆修正の上、文庫化したものです。
◎現代的な感覚では不適切と感じられる表現を使用している箇所がありますが、時代背景、文献等を尊重し、当時の表現および名称を本文中に用いていることをご了承ください。

砂古口 早苗（さこぐち　さなえ）
ノンフィクション作家。1949年、香川県善通寺市生まれ。新聞・雑誌にルポやエッセーの寄稿記事多数。最近は宮武外骨研究者としても活躍。母方の曽祖父が外骨と従兄弟にあたる。著書『外骨みたいに生きてみたい』『起て、飢えたる者よ〈インターナショナル〉を訳詞した怪優・佐々木孝丸』ともに（現代書館）。

ブギの女王・笠置シヅ子　心ズキズキワクワクああしんど

潮文庫　さ－6

2023年　9月20日　初版発行
2023年　11月18日　3刷発行

著　　者　砂古口 早苗
発 行 者　南 晋三
発 行 所　株式会社潮出版社
〒102-8110
東京都千代田区一番町6　一番町SQUARE
電　　話　03-3230-0781（編集）
03-3230-0741（営業）
振替口座　00150-5-61090
印刷・製本　暁印刷株式会社
デザイン　多田和博

ISBN978-4-267-02382-8 C0195